安全法令ダイジェスト

製造業編 改訂第3版

テキスト版

JN113170

本書の読み方

　本書は、主に製造業で就業されている安全管理者、作業主任者、各作業の有資格者、作業指揮者、作業員等向けの法令ダイジェストです。

　また、製造業全般を網羅しているので、安全担当専門部署や、安全衛生コンサルタント等、専門知識を必要とする方はもちろん、安全教育等にもご活用頂ける内容となっております。

※本書はダイジェスト版であるため、法令内容の全てを網羅したものではありません。また、法令内容については、本書作成時の最新のものに基づいています。

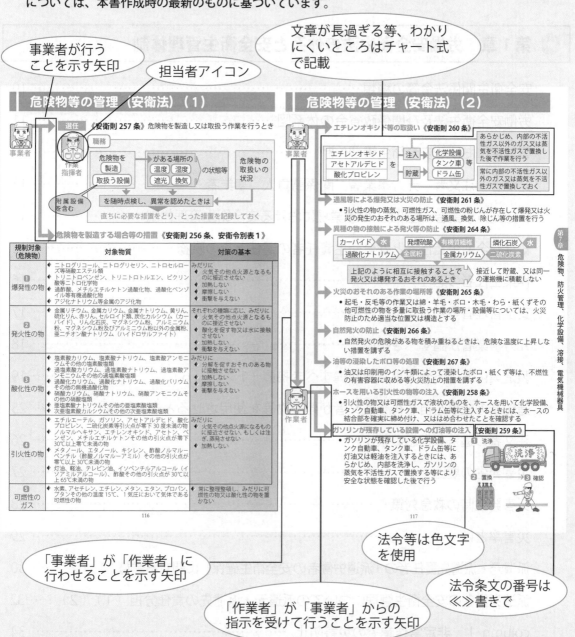

- 文章が長過ぎる等、わかりにくいところはチャート式で記載
- 事業者が行うことを示す矢印
- 担当者アイコン
- 「事業者」が「作業者」に行わせることを示す矢印
- 「作業者」が「事業者」からの指示を受けて行うことを示す矢印
- 法令等は色文字を使用
- 法令条文の番号は≪≫書きで

CONTENTS

第1章　労働安全衛生法の体系と安全衛生管理体制

安全衛生関係法令等の種類 ………………………………………………………………… 10

労働安全衛生法及び関係政省令の体系図 ……………………………………………… 11

事業場における安全衛生管理体制 ……………………………………………………… 12

発注者　注文者　元方事業者　関係請負人　事業者 ……………………………… 13

特定元方事業者（造船業）の事業場における安全衛生管理体制 ………………… 14

統括安全衛生責任者と安全衛生責任者の選任とその職務 ………………………… 15

作業主任者の選任 ………………………………………………………………………… 16

安全管理者等に対する教育等 …………………………………………………………… 17

元方事業者が講ずべき措置 ……………………………………………………………… 18

製造業における元方事業者が講ずべき措置（1）〜（6） ………………………… 19

造船業の仕事を自ら行う注文者が建設物等を使用させるときの措置 …………… 25

注文者の違法な指示の禁止 ……………………………………………………………… 26

災害発生の要因 …………………………………………………………………………… 27

災害発生時の救急対策 …………………………………………………………………… 28

災害率とは ………………………………………………………………………………… 29

派遣元・派遣先責任者の「派遣労働者の安全衛生確保」に関する業務（1）（2）…… 30

派遣労働者の安全衛生管理についての派遣元・派遣先の責任分担（1）（2）……32

column 1　非定常作業での災害防止 ………………………………………………… 34

○ 第2章　リスクアセスメント

リスクアセスメント（1）〜（8）…………………………………… 36

化学物質等リスクアセスメント（1）〜（11）………………………… 44

column 2　救急処置　①骨折 …………………………………… 56

②止血 …………………………………… 57

③心肺蘇生 …………………………………… 58

④熱傷・電撃傷 …………………………………… 60

○ 第3章　労働者の就業に当たっての措置

労働者・職長等への安全衛生教育（1）〜（3）…………………… 62

就業制限業務及び免許・技能講習 ………………………………… 65

年少者・女性の就業制限業務（1）（2）………………………… 66

危険・有害業務従事者への安全衛生教育 ………………………… 68

○ 第4章　機械等並びに危険物・有害物に関する規制

特定機械等に関する規制 …………………………………………… 70

特定機械等以外の機械等に関する規制（1）（2）……………… 72

機械等の検定 ………………………………………………………… 74

機械等の定期自主検査（1）（2）………………………………… 75

危険有害性等の表示（1）〜（4）………………………………… 77

文書の交付等（SDS）とPRTR制度 ………………………… 81

○ 第5章　機械作業等における危険の防止

機械の一般基準（1）〜（3）……………………………………… 84

工作機械 ……………………………………………………………… 87

研削といし …………………………………………………………… 88

木材加工用機械（1）（2）………………………………………… 89

食品加工用機械（1）（2）………………………………………………… 91

プレス機械及びシャー（1）〜（3）……………………………………… 93

遠心機械・粉砕機・混合機 ………………………………………………… 96

ロール機等・高速回転体 …………………………………………………… 97

産業用ロボット（1）〜（3）……………………………………………… 98

第6章　運搬機械・クレーン等の作業における危険の防止

車両系荷役運搬機械等（1）〜（3）……………………………………… 102

フォークリフト ……………………………………………………………… 105

フォークローダー、ショベルローダー …………………………………… 106

構内運搬車 …………………………………………………………………… 107

貨物自動車（1）（2）……………………………………………………… 108

コンベヤー（1）〜（3）………………………………………………… 110

クレーン運転に必要な資格 ………………………………………………… 113

クレーンの管理（1）（2）………………………………………………… 114

クレーン作業における危険の防止（1）（2）…………………………… 116

玉掛け作業の安全に係るガイドライン（1）〜（3）…………………… 118

第7章　危険物、防火管理、化学設備、溶接、電気機械器具

溶融高熱物等による爆発・火災等の防止（1）（2）…………………… 122

危険物等の管理（安衛法）（1）（2）…………………………………… 124

危険物等の管理（消防法）（1）〜（3）………………………………… 126

火気等の管理（1）〜（3）……………………………………………… 129

防火管理と消火設備（1）〜（3）……………………………………… 132

化学設備（1）〜（5）…………………………………………………… 135

乾燥設備（1）（2）……………………………………………………… 140

ガス溶接・アーク溶断の作業（1）〜（3）…………………………… 142

ガス集合溶接装置（1）〜（3）………………………………………… 145

ボイラー ……………………………………………………………………… 148

圧力容器 ……………………………………………………………………… 149

電気機械器具（1）（2）………………………………………………… 150

漏電による感電の防止 …………………………………………………… 152

電気機械器具の点検 ……………………………………………………… 153

column 3　作業等に必要な照度 ……………………………………… 154

第8章　作業方法から生ずる危険防止措置

はい作業における危険の防止（1）（2）…………………………… 156

墜落等による危険の防止（1）～（3）……………………………… 158

足場組立作業における安全管理 ………………………………………… 161

足場の作業床の管理 ……………………………………………………… 162

移動式足場（ローリングタワー）の安全作業 ……………………… 163

高所作業車の安全管理（1）～（3）………………………………… 164

飛来崩壊災害による危険の防止 ………………………………………… 167

通路等（1）（2）………………………………………………………… 168

column 4　腰痛対策 ……………………………………………………… 170

第9章　健康の保持増進のための措置

有害な作業環境に対する措置（1）（2）…………………………… 172

作業環境基準等（1）（2）……………………………………………… 174

粉じんによる障害の防止（1）～（4）……………………………… 176

有機溶剤中毒の予防（1）～（3）…………………………………… 180

特定化学物質障害の予防（1）～（7）……………………………… 183

鉛中毒の予防（1）（2）………………………………………………… 190

酸素欠乏症等の防止（1）～（4）…………………………………… 192

作業環境測定（1）（2）………………………………………………… 196

局所排気装置（1）（2）………………………………………………… 198

労働衛生保護具（1）〜（7） ……………………………………………… 200

騒音障害の防止（1）〜（4） ……………………………………………… 207

振動障害の防止（1）〜（4） ……………………………………………… 211

健康診断（1）〜（5） ……………………………………………………… 215

column 5　熱中症 …………………………………………………………… 220

第 10 章　メンタルヘルス及び快適な職場環境の形成

メンタルヘルス（1）（2）…………………………………………………… 226

快適な職場環境の形成（1）（2）………………………………………… 228

職場における喫煙対策（1）（2）………………………………………… 230

column 6　５S活動 …………………………………………………………… 232

第 11 章　資格・表示・書類の保存・その他

安全・衛生担当者の職務と資格（1）〜（4） ………………………… 234

業務に必要な資格等（1）〜（6） ……………………………………… 238

表示・掲示が必要な場所（1）（2）……………………………………… 244

立入禁止が必要な場所（1）（2）………………………………………… 246

合図の必要な場所 …………………………………………………………… 248

信号・警報の装置設備等 …………………………………………………… 248

安全衛生関係書類の保存（1）（2）……………………………………… 249

計画の届出等〈安衛法 88 条〉（1）（2）………………………………… 251

悪天候時に規制のある作業 ………………………………………………… 252

column 7　地震時の安全対策 ……………………………………………… 253

用語の説明 …………………………………………………………………… 255

索引 …………………………………………………………………………… 266

第 1 章

労働安全衛生法の体系と安全衛生管理体制

・安全衛生関係法令等の種類 …………………………………………………… 10

・労働安全衛生法及び関係政省令の体系図 ………………………………… 11

・事業場における安全衛生管理体制 ………………………………………… 12

・発注者　注文者　元方事業者　関係請負人　事業者 …………………… 13

・特定元方事業者（造船業）の事業場における安全衛生管理体制 ………… 14

・統括安全衛生責任者と安全衛生責任者の選任とその職務 ……………… 15

・作業主任者の選任 …………………………………………………………… 16

・安全管理者等に対する教育等 ……………………………………………… 17

・元方事業者が講ずべき措置 ………………………………………………… 18

・製造業における元方事業者が講ずべき措置（1）〜（6）……………… 19

・造船業の仕事を自ら行う注文者が建設物等を使用させるときの措置 …… 25

・注文者の違法な指示の禁止 ………………………………………………… 26

・災害発生の要因 ……………………………………………………………… 27

・災害発生時の救急対策 ……………………………………………………… 28

・災害率とは …………………………………………………………………… 29

・派遣元・派遣先責任者の「派遣労働者の安全衛生確保」に関する業務（1）（2）… 30

・派遣労働者の安全衛生管理についての派遣元・派遣先の責任分担（1）（2）… 32

・column 1　非定常作業での災害防止 ……………………………………… 34

安全衛生関係法令等の種類

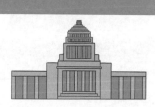

① 法律

- 国会の議決（衆・参両議院で可決）を経て成立する
- 憲法、条約につぐ効力を持つ国法
  ※成立した後、主任の国務大臣（厚生労働大臣）が署名し、内閣総理大臣が連署して、天皇が公布する
（労働安全衛生法、じん肺法、作業環境測定法等）

①から④までが法令で、②から④までを命令と総称することがある

② 政令

- 内閣が閣議決定で制定する
- 法律の実施に必要な細則や法律が委任する事項を定める
  ※閣議によって決定され、主任の国務大臣が署名し、内閣総理大臣が連署して、天皇が公布する
（労働安全衛生法施行令、作業環境測定法施行令等）

①から⑤までの関係法令等は官報に掲載して周知される

③ 省令

- 主管する省庁の大臣（厚生労働大臣）が定めて発する
- 法律や政令を受けた具体的な規制がほとんどである
（労働安全衛生規則、ボイラー及び圧力容器安全規則、有機溶剤中毒予防規則、じん肺法施行規則等）

④ 告示

- 国の機関（厚生労働大臣）が法律の必要事項を一般に知らせる
（構造規格、作業環境測定基準、特別教育規程、技能講習規程等）

⑤ 公示

- 国の機関（厚生労働大臣）が安全衛生に関する詳細な技術基準等を定めて発する
（技術上の指針、自主検査指針、危険性又は有害性等調査等に関する指針等）

⑤については、官報に標題と内容の要旨を掲載し、その全文は、都道府県労働局、労働基準監督署に備え付けて供覧するという方法を取ることもある

⑥ 通達

- 上級機関（厚生労働省労働基準局長等）が下級機関（都道府県労働局長等）に対して、その所掌事務の運用、法令の解釈等を示す文書

指針・ガイドライン

国の機関（厚生労働大臣、厚生労働省労働基準局長等）が、特定の対象について、労働安全・衛生の措置等をまとめたものを指針とかガイドラインという名称で発出している
指針には、告示によるもの、公示によるもの、通達によるものがある
ガイドラインは、通達として出されている

労働基準法（昭22 法49）
- ・労働基準法施行規則（昭22 省令23）・女性労働基準規則（昭61 省令3）
- ・年少者労働基準規則（昭29 省令13）・事業附属寄宿舎規程（昭22 省令7）

労働安全衛生法（昭47 法57）

労働基準法と相まって、労働災害の防止のための危害防止基準の確立、責任体制の明確化及び自主的活動の促進の措置を講ずる等その防止に関する総合的計画的な対策を推進することにより職場における労働者の安全と健康を確保するとともに、快適な職場環境の形成を促進することを目的とする

労働安全衛生法施行令（昭47 政令318）

労働安全衛生規則（安衛則）	（昭47 省令32）
ボイラー及び圧力容器安全規則（ボイラー則）	（昭47 省令33）
クレーン等安全規則（クレーン則）	（昭47 省令34）
ゴンドラ安全規則（ゴンドラ則）	（昭47 省令35）
有機溶剤中毒予防規則（有機則）	（昭47 省令36）
鉛中毒予防規則（鉛則）	（昭47 省令37）
四アルキル鉛中毒予防規則（四アルキル則）	（昭47 省令38）
特定化学物質障害予防規則（特化則）	（昭47 省令39）
高気圧作業安全衛生規則（高圧則）	（昭47 省令40）
電離放射線障害防止規則（電離則）	（昭47 省令41）
酸素欠乏症等防止規則（酸欠則）	（昭47 省令42）
事務所衛生基準規則（事務所則）	（昭47 省令43）
粉じん障害防止規則（粉じん則）	（昭54 省令18）
石綿障害予防規則（石綿則）	（平17 省令21）
労働安全衛生法及びこれに基づく命令に係る登録及び指定に関する省令	（昭47 省令44）
機械等検定規則（検定則）	（昭47 省令45）

作業環境測定法（昭50 法28） — 作業環境測定法施行令（昭50 政令244） — 作業環境測定法施行規則（昭50 省令20）

じん肺法（昭35 法30） — じん肺法施行規則（昭35 省令6）

労働災害防止団体法（昭39 法118） — 労働災害防止団体法施行規則（昭39 省令19）

労働者派遣法（昭60 法88） — 労働者派遣法施行令（昭61 政令95） — 労働者派遣法施行規則（昭61 省令20）

事業場における安全衛生管理体制

事業者

事業者は、単にこの法律で定める労働災害の防止のための最低基準を守るだけでなく、快適な職場環境の実現と労働条件の改善を通じて職場における労働者の安全と健康を確保するようにしなければならない。また、国が実施する労働災害の防止に関する施策に協力するようにしなければならない《**安衛法3条**》

総括安全
衛生管理者
〔**安衛法10条**〕

製造業（物の加工業を含む）では、常時300人以上の労働者を使用する事業場で選任

安全管理者
〔**安衛法11条**〕

衛生管理者
〔**安衛法12条**〕

労働者数が常時50人以上のときに選任

安全委員会及び衛生委員会を設けなければならないときは、これらの委員会の設置に代えて安全衛生委員会を設置できる
〔**安衛法19条**〕

安全衛生推進者
〔**安衛法12条の2**〕
労働者数が常時10人以上50人未満のときに選任

作業主任者
〔**安衛法14条**〕
労働災害防止管理を必要とする業務で選任

産業医
〔**安衛法13条**〕
労働者数が常時50人以上のときに選任

安全委員会
〔**安衛法17条**〕
製造業では、下表の労働者数を常時使用する事業場で設置

衛生委員会
〔**安衛法18条**〕
常時50人以上の労働者を使用する事業場で設置

製造業のうち木材・木製品製造業、化学工業、鉄鋼業、金属製品製造業、輸送用機械器具製造業	50人以上
製造業（物の加工業を含み、上欄の業種は除く）	100人以上

 各職務の詳細については P234 ～ P237 参照

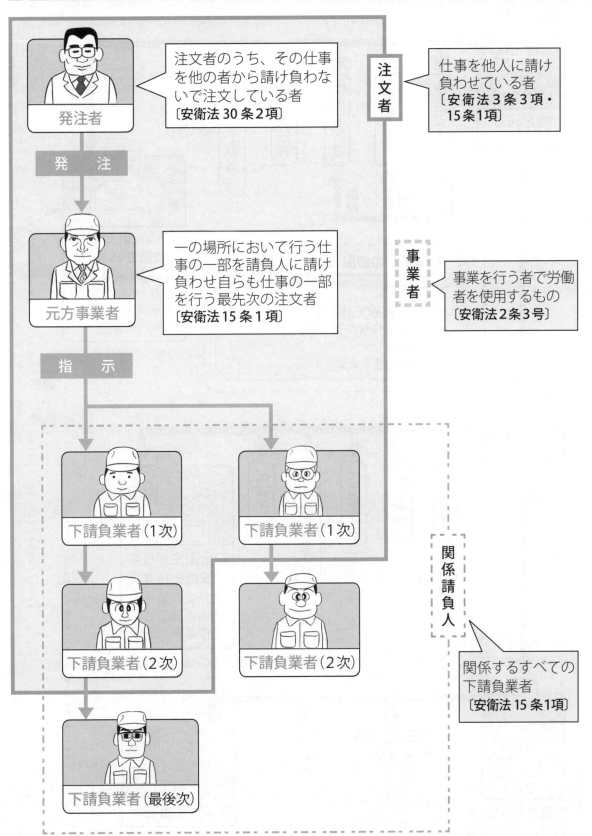

発注者

注文者のうち、その仕事を他の者から請け負わないで注文している者
〔安衛法30条2項〕

注文者

仕事を他人に請け負わせている者
〔安衛法3条3項・15条1項〕

発注

元方事業者

一の場所において行う仕事の一部を請負人に請け負わせ自らも仕事の一部を行う最先次の注文者
〔安衛法15条1項〕

事業者

事業を行う者で労働者を使用するもの
〔安衛法2条3号〕

指示

下請負業者（1次）

下請負業者（1次）

関係請負人

下請負業者（2次）

下請負業者（2次）

関係するすべての下請負業者
〔安衛法15条1項〕

下請負業者（最後次）

特定元方事業者（造船業）の事業場における安全衛生管理体制

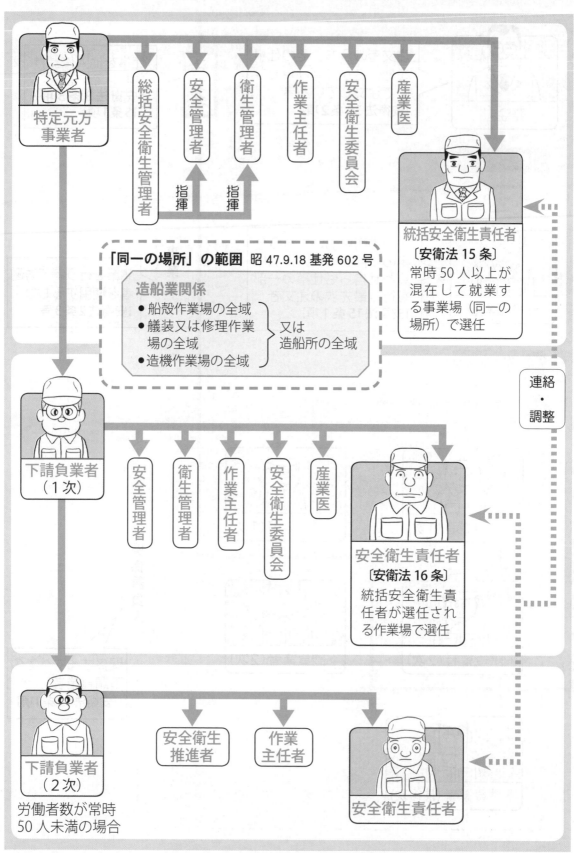

特定元方事業者

- 総括安全衛生管理者
- 安全管理者
- 衛生管理者
- 作業主任者
- 安全衛生委員会
- 産業医

指揮 → 安全管理者
指揮 → 衛生管理者

統括安全衛生責任者
〔安衛法 15 条〕
常時 50 人以上が混在して就業する事業場（同一の場所）で選任

「同一の場所」の範囲 昭 47.9.18 基発 602 号

造船業関係
- 船殻作業場の全域
- 艤装又は修理作業場の全域
- 造機作業場の全域

又は造船所の全域

下請負業者（1次）

- 安全管理者
- 衛生管理者
- 作業主任者
- 安全衛生委員会
- 産業医

安全衛生責任者
〔安衛法 16 条〕
統括安全衛生責任者が選任される作業場で選任

連絡・調整

下請負業者（2次）

労働者数が常時 50 人未満の場合

- 安全衛生推進者
- 作業主任者

安全衛生責任者

統括安全衛生責任者と安全衛生責任者の選任とその職務

事業者

選任

統括安全
衛生責任者

《**安衛法 15 条**》

● 特定元方事業者（造船業）は、事業場の労働者数が関係請負人の労働者を含めて常時 50 人以上（安衛令 7 条）である場合、作業が同一の場所で行われることで生ずる労働災害を防止するため、統括安全衛生責任者を選任し、以下の事項を統括管理させなければならない

職務

協議組織の 設置 運営	作業間の 連絡 調整	クレーン等の運転の 合図の統一等
作業場所の 巡視	関係請負人が行う 安全衛生教育への指導援助	その他 必要な事項

混在作業は連絡調整が徹底しにくいから事故が発生しやすい

○○工業

△△建設

□□製作所

選任

安全衛生
責任者

《**安衛法 16 条**》

● 統括安全衛生責任者を選任すべき事業者以外の請負人で、当該仕事を自ら行うものは、安全衛生責任者を選任し、その者に統括安全衛生責任者との連絡等を行わせなければならない

職務 《安衛則 19 条》

統括安全衛生
責任者
→ との連絡
→ から連絡を受けた事項の関係者への連絡
→ からの連絡に係る事項のうち当該請負人に係るものの実施・管理

請負人の 労働者 労働者以外の者 が	→	同一の場所で行う作業によって生ずる労働災害に係る危険の有無の確認

請負人が仕事の一部を他の請負人に請け負わせている場合	→	他の請負人の安全衛生責任者との作業間の連絡・調整を行う

作業主任者の選任

事業者

選任 →

作業主任者

《安衛法 14 条》

- 労働災害防止のための管理を必要とする作業で、政令で定めるものについては、都道府県労働局長の免許又は登録を受けた者が行う技能講習を修了した者のうちから作業主任者を選任し、その者に作業の指揮等を行わせなければならない

● 選任すべき作業と資格 《安衛令 6 条》

作業主任者を選任すべき作業（製造業関係）	作業主任者名	資格
アセチレン溶接装置・ガス集合溶接装置を用いて行う金属の溶接、溶断、加熱	ガス溶接作業主任者	免許
ボイラー（小型ボイラーを除く）の取扱	ボイラー取扱作業主任者	免許又は技能講習
令別表第 2 第 1 号又は第 3 号に掲げる放射線業務に係る作業	エックス線作業主任者	免許
ガンマ線照射装置を用いて行う透過写真の撮影	ガンマ線透過写真撮影作業主任者	免許
木材加工用機械（丸のこ盤、帯のこ盤、かんな盤、面取り盤及びルーターに限る）を 5 台以上（自動送材車式帯のこ盤を含む場合は 3 台以上）有する事業場において行う当該機械による作業	木材加工用機械作業主任者	技能講習
動力プレス機械を 5 台以上有する事業場で行う当該機械による作業	プレス機械作業主任者	技能講習
一定能力以上の乾燥設備による物の加熱乾燥	乾燥設備作業主任者	技能講習
高さが 2 m 以上のはいのはい付け又ははいくずしの作業（荷役機械の運転者のみによって行われるものを除く）	はい作業主任者	技能講習
つり足場（ゴンドラを除く）、張出し足場又は高さが 5 m 以上の構造の足場の組立、解体又は変更	足場の組立て等作業主任者	技能講習
一定規模以上の第 1 種圧力容器の取扱	第 1 種圧力容器取扱作業主任者	免許又は技能講習
特定化学物質の製造又は取扱（令別表第 3）	①特定化学物質作業主任者 ②特定化学物質作業主任者（特別有機溶剤等関係）	技能講習
鉛業務に係る作業（令別表第 4 第 1 〜 10 号）	鉛作業主任者	技能講習
四アルキル鉛等業務に係る作業（令別表第 5 第 1 〜 6 号・8 号）	四アルキル鉛等作業主任者	技能講習
酸素欠乏危険場所における作業（令別表第 6）	酸素欠乏危険作業主任者	技能講習
屋内作業場又はタンク、船倉もしくは坑の内部等で令別表第 6 の 2 に掲げる有機溶剤を製造又は取り扱う業務で、省令で定めるものに係る作業	有機溶剤作業主任者	技能講習
石綿等の取扱又は試験研究のための製造	石綿作業主任者	技能講習

> 選任時は、作業主任者の氏名及びその者に行わせる事項を作業場の見やすい箇所に掲示する等により関係労働者に周知させる

安全管理者等に対する教育等

事業者

安全管理者等に対する教育等《**安衛法 19 条の 2**》

事業場における安全衛生の水準の向上を図るため、労働災害の防止のための業務に従事する者に対し、能力の向上を図るための教育、講習等を受ける機会を与えるように努めること

● 能力向上教育

能力向上教育の対象者（製造業関係）	種類	教育時間
安全管理者	定期又は随時	7
安全衛生推進者	初任時	7
ガス溶接作業主任者	定期又は随時	6
ボイラー取扱作業主任者	定期又は随時	7
木材加工用機械作業主任者	定期又は随時	7
プレス機械作業主任者	定期又は随時	7
乾燥設備作業主任者	定期又は随時	7
足場の組立て等作業主任者	定期又は随時	7
普通第1種圧力容器取扱作業主任者	定期又は随時	6
化学設備関係第1種圧力容器取扱作業主任者	定期又は随時	7
衛生管理者	初任時	12
衛生管理者	定期又は随時	13
第2種衛生管理者	初任時	7.5
第2種衛生管理者	定期又は随時	7
特定化学物質作業主任者	定期又は随時	7
鉛作業主任者	定期又は随時	7
有機溶剤作業主任者	定期又は随時	7

「定期」はおおむね5年ごと、「随時」は機械設備等に大幅な変更があった時

● 管理者等に対する安全衛生教育の体系

対象者	就業資格	就業時教育	就業中教育
安全管理者	実務経験・研修修了等	能力向上教育（初任時）	能力向上教育（定期又は随時）
衛生管理者	免許試験等		
安全衛生推進者	実務経験・養成講習		
作業主任者	免許試験・技能講習		

元方事業者が講ずべき措置 《安衛法 29 条》

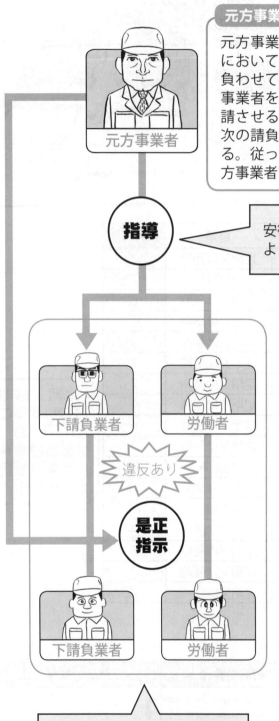

元方事業者とは？

元方事業者とは、業種にかかわりなく、一の場所において行う事業の仕事の一部を下請負人に請け負わせているもので、その他の仕事は自らが行う事業者をいう。なお、その下請負人が孫請けに下請させる数次の下請負関係があるときは、最も先次の請負契約における注文者が、元方事業者となる。従って仕事の全部を請け負わせている者は元方事業者ではない

指導

安衛法令に違反しないように指導

違反あり

是正指示

あらゆる業種にわたって構内下請の使用が一般的となっており、これら下請企業の災害率は、親企業に比べて非常に高くなっているこれらの構内下請企業の作業場所は親企業の構内であることから、災害防止が難しいので権限と責任を有している元方事業者に、関係請負人及び労働者に対する指導、指示義務を負わせることとしたものである

是正の指示を受けた下請負業者又は労働者はその指示に従わなければならない

製造業における元方事業者が講ずべき措置（1）

製造業における元方事業者による総合的な安全衛生管理のための指針

平 18.8.1 基発第 0801010 号

製造業（造船業除く）の元方事業者	特定元方事業者（造船業）
講ずべき措置	
《安衛法 30 条の 2》 ●労働者及び関係請負人の労働者の作業が同一の場所において行われることによって生ずる労働災害を防止するために、作業間の連絡及び調整その他必要な措置を講じなければならない	《安衛法 30 条》 ●労働者及び…以下左記に同じ こちら側の特定元方事業者の欄に記入されているのは左欄の製造業の元方事業者との相違点だけなので、本文が同趣旨のところは省略しています

「同一の場所」の例示　平 18.2.24 基発第 0224003 号

同一の場所とは、請負契約関係にある数個の事業によって仕事が相関連して混在的に行われる場所をいう

鉄鋼業関係
- 製鋼作業場の全域
- 熱延作業場の全域
- 冷延作業場の全域

又は製鉄所の全域

自動車製造業関係
- プレス・溶接作業場の全域
- 塗装作業場の全域
- 組立作業場の全域

又は自動車製造事業場の全域

化学工業関係
- 製造施設作業場の全域
- 用役（ユーティリティ）施設作業場の全域
- 入出荷施設作業場の全域

又は化学工業事業場の全域

事業場とは？

労働安全衛生法は、**事業場単位として、その業種・規模等に応じて適用する**こととしており、事業場の適用単位は、労働基準法における考え方と同一である
つまり、**一の事業場であるか否かは主として場所的観念（同一の場所か離れた場所かということ）によって決定すべきであり、同一の場所にあるものは原則として一の事業場とし、場所的に分散しているものは原則として別個の事業場**とされている

製造業における元方事業者が講ずべき措置（2）

製造業における元方事業者による総合的な安全衛生管理のための指針

平 18.8.1 基発第 0801010 号

製造業（造船業除く）の元方事業者 ／ 特定元方事業者（造船業）

安全衛生管理体制の確立と計画的な実施

製造業（造船業除く）の元方事業者	特定元方事業者（造船業）
• 事業場全体の労働者数（元方事業者の労働者及び関係請負人の労働者を合わせた数）が常時 50 人以上の場合、作業間の連絡調整等を統括管理する者を選任する • 労働災害防止対策として実施すべき主要事項を定めた安全衛生計画を作成し、関係請負人に周知させる。また計画に沿って対策を実施する	• 事業場全体の〜統括安全衛生責任者を選任する 統括安全衛生責任者を選任した場合には、**安衛法第 30 条第 1 項各号**に掲げる事項のほか、本指針に掲げる事項についても統括管理させる • 労働災害防止対策として…以下左記に同じ ※安全衛生管理体制、統括安全衛生責任者は P14 〜 15 を参照

作業間の連絡調整の実施

製造業（造船業除く）の元方事業者	特定元方事業者（造船業）
《**安衛法 30 条の 2 第 1 項**》 《**安衛則 643 条の 2**》 • 混在作業による労働災害を防止するため、関係請負人との間及び関係請負人相互間における作業間の連絡及び調整を以下のような方法等で随時、行う 　1. 具体的な実施事項を作業指示書に記載した上で関係請負人に通知する 　2. 現場における作業開始前の打合せにおいて関係請負人に指示する	《**安衛法 30 条 2 号**》 《**安衛則 636 条**》 • 混在作業による…以下左記に同じ  1. 左記に同じ 2. 左記に同じ

連絡調整が必要な具体例	必要な措置
1 つの作業で用いられる一連の機械等について、ある関係請負人が運転を、別の関係請負人が点検等を行う場合	それぞれの作業の開始・終了に係る連絡、作業を行う時間帯の制限等の措置
複数の関係請負人がそれぞれ車両系荷役運搬機械等を用いた荷の運搬等の作業を行う場合	作業経路の制限、作業を行う時間帯の制限等の措置
ある関係請負人が溶鉱等の高熱溶融物の運搬等周囲に火災等の危険を及ぼす作業を、別の関係請負人がその周囲で別の作業を行う場合	周囲での作業に係る範囲の制限等の措置

製造業における元方事業者が講ずべき措置（3）

製造業における元方事業者による総合的な安全衛生管理のための指針

平18.8.1 基発第0801010号

連絡調整が必要な具体例	必要な措置
ある関係請負人が有機溶剤を用いた塗装作業を、別の関係請負人が溶接作業を行う場合	通風、換気、防爆構造による電気機械器具の使用等についての指導、作業を行う時間帯の制限等の措置
ある関係請負人が物体の落下を伴うおそれのある作業を、別の関係請負人がその下の場所で別の作業を行う場合	落下防止措置に関する指導、物体の落下のおそれがある場所への立入り禁止又は当該場所で作業を行う時間帯の制限等の措置
ある関係請負人が別の関係請負人も使用する通路等に設けられた手すりを取り外す場合、設備の安全装置を解除する場合等	その旨の別の関係請負人への連絡、必要な災害防止措置についての指導等の措置
ある関係請負人が化学設備を開放し、当該化学設備の内部に立ち入って修理を、別の関係請負人がその周囲で別の作業を行う場合	化学物質等の漏洩防止に関する指導、作業を行う時間帯の制限、法31条の2の化学物質等の危険性及び有害性等に関する情報の提供等の措置
その他、元方事業者と関係請負人及び関係請負人相互が混在作業を行う場合	当該混在作業によって生ずる労働災害の防止を図るために必要な措置

製造業（造船業除く）の元方事業者　　　　**特定元方事業者（造船業）**

関係請負人との協議を行う場の設置及び運営

製造業（造船業除く）の元方事業者:
- 関係請負人が少ない場合を除き、関係請負人と協議を行う場を設置し、定期的に開催するとともに協議結果を労働者に周知させる
- 機械等の導入・変更、作業内容の大幅な変更、関係請負人の入替時にも開催する
- 参加者
  （ア）元方事業者
  a 作業間の連絡調整等の統括管理を行う者
  b 安全管理者及び衛生管理者又は安全衛生推進者（以下「安全管理者等」という）
  c 職長等
  （イ）関係請負人
  a 元方事業者との連絡等を行う責任者
  b 安全管理者等

特定元方事業者（造船業）:
《安衛則635条》
- 関係請負人の数に関係なく設置する必要があり 関係請負人と協議を……以下左記に同じ
- 機械等の…以下左記に同じ
- 参加者
  （ア）元方事業者
  a 統括安全衛生責任者
  b 左記に同じ
  c 左記に同じ
  （イ）関係請負人
  a 安全衛生責任者
  b 左記に同じ

製造業における元方事業者が講ずべき措置（4）

製造業における元方事業者による総合的な安全衛生管理のための指針

平18.8.1 基発第 0801010号

製造業（造船業除く）の元方事業者	特定元方事業者（造船業）
作業場所の巡視	
• 定期的に巡視し、現場の状況を確認する • 機械等の導入・変更、作業内容の大幅な変更、関係請負人の入替時にも同様に巡視する	• 毎作業日に1回以上行う
関係請負人が実施する安全衛生教育に対する指導援助	
• 必要に応じ、関係負人が行う労働者の雇入れ時教育、作業内容変更時教育、特別教育等の安全衛生教育について、場所の提供、資料の提供等を行う	《安衛法30条1項4号、安衛則638条》 • 関係負人が行う安全衛生教育について、場所の提供、資料の提供等を行う
クレーン等の運転についての合図の統一等	
《安衛則643条の3》 • クレーン、移動式クレーン、デリック、簡易リフト、建設用リフト等の運転についての合図を統一的に定め、周知させる	《安衛則639条》 • クレーン…以下左記に同じ
事故現場等の標識の統一等	
《安衛則643条の4》 《有機則・電離則・酸欠則》 • 有機溶剤による事故現場、エックス線・放射線等の危険のおそれがあり立入禁止とする場所、酸欠等の危険から労働者を退避させるべき場所等を表示する標識を統一的に定め、周知させる	《安衛則640条》 《有機則・電離則・酸欠則》 • 有機溶剤による…以下左記に同じ

製造業における元方事業者が講ずべき措置（5）

製造業における元方事業者による総合的な安全衛生管理のための指針

平 18.8.1 基発第 0801010 号

製造業（造船業除く）の元方事業者	特定元方事業者（造船業）
有機溶剤等の容器の集積箇所の統一	

有機溶剤等の容器の集積箇所の統一

《安衛則 643 条の 5》
- 有機溶剤等の容器、及びその空容器で蒸気が発散するおそれのあるものを集積する箇所を統一的に定め、周知させる

《安衛則 641 条》
- 有機溶剤等の…以下左記に同じ

警報の統一等

《安衛則 643 条の 6》
- エックス線装置の電源オン時、放射性物質を装備する機器の照射中、火災発生時等における警報を統一的に定め、周知させる

《安衛則 642 条》
- エックス線装置の…以下左記に同じ

関係請負人の把握等

- 連絡調整・協議会の設置運営等の円滑な実施のため、関係請負人に対し、請負契約成立後、連絡等を行う責任者や安全管理者等の選任状況を速やかに通知させ、必要事項を周知させる
- 関係請負人が労働災害発生のおそれのある機械等を持ち込む場合、事前に通知させ、点検等を確実に実施させる

- 連絡調整・協議組織の設置運営等の〜請負契約成立後安全衛生責任者や安全管理者等の…以下左記に同じ

- 関係請負人が…以下左記に同じ

製造業における元方事業者が講ずべき措置（6）

製造業における元方事業者による総合的な安全衛生管理のための指針
平18.8.1 基発第0801010号

製造業（造船業除く）の元方事業者 ／ 特定元方事業者（造船業）

機械等を使用させて作業を行わせる場合の措置

- 関係請負人に自らが管理権原を有する機械等を使用させて作業を行わせる場合には、当該機械等について、法令上の危害防止措置が適切に講じられていることを確認し、当該機械等について法第28条の2第1項に基づく調査等を実施した場合には、リスク低減措置を実施した後に見込まれる残留リスクなどの情報を当該関係請負人に対して提供する
- 関係請負人に定期自主検査、作業開始前点検等を確実に実施させる

- 機械等を仕事を行う場所において関係請負人の労働者に使用させるときは、労働災害を防止するため必要な措置を講じる必要がある《**安衛法第31条、安衛則第644条から第662条まで**》
- また、上記安衛則で規定するもの以外の機械等でも、関係請負人に自らが管理権原を…以下左記に同じ

- 関係請負人に…以下左記に同じ

危険性及び有害性等の情報の提供

《**安衛法31条の2、安衛則662条の3、4**》
- 化学設備等の改造等の作業における設備の分解や内部への立入を関係請負人に行わせる場合は、作業開始前に、製造し、取り扱う物の危険性及び有害性等を記載した文書等を作成し、交付する

作業環境管理

- 作業環境測定結果の評価に基づいて関係請負人が実施する作業環境の改善、保護具の着用等について必要な指導を行う

健康管理

- 自らの労働者に対する健康診断と、関係請負人がその労働者に対して行う健康診断を同じ日に実施するよう日程調整したり、関係請負人に対し健康診断機関を斡旋したりする等の措置を行う

24

造船業の仕事を自ら行う注文者が建設物等を使用させるときの措置

特定元方
事業者

- 造船業の仕事を自ら行う注文者（特定元方事業者）は、建設物、設備又は原材料（「建設物等」という）を下請業者に使用させるときは、建設物等について、労働者の労働災害防止のため必要な措置を講じなければならない

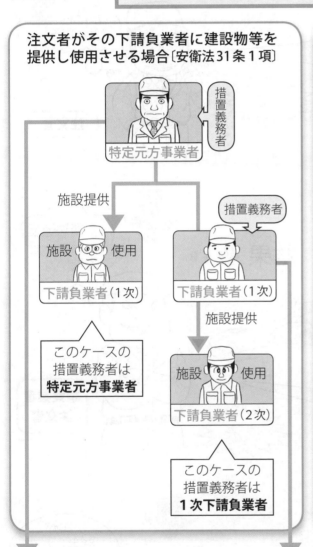

注文者がその下請負業者に建設物等を提供し使用させる場合〔安衛法31条1項〕

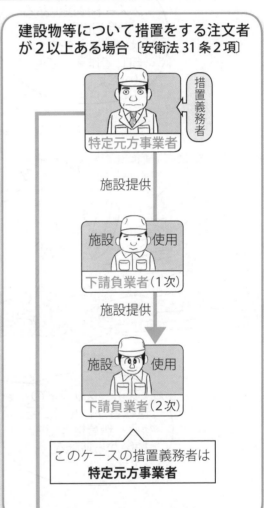

建設物等について措置をする注文者が2以上ある場合〔安衛法31条2項〕

特定事業を行う注文者が行うべき措置（造船業関係）

- アセチレン溶接装置 ……〔安衛則647条〕
- 交流アーク溶接機 ………〔安衛則648条〕
- 電動機械器具 ……………〔安衛則649条〕
- 物品揚卸口等 ……………〔安衛則653条〕
- 架設通路 …………………〔安衛則654条〕
- 足場 ………………………〔安衛則655条〕
- 作業構台 …………〔安衛則655条の2〕
- クレーン等 ………………〔安衛則656条〕
- ゴンドラ …………………〔安衛則657条〕
- 局所排気装置 ……………〔安衛則658条〕
- プッシュプル型換気装置……〔安衛則658条の2〕
- 全体換気装置 ……………〔安衛則659条〕
- エックス線装置 …………〔安衛則661条〕
- ガンマ線照射装置 ………〔安衛則662条〕

注文者の違法な指示の禁止

注文者

違法な指示の禁止《安衛法 31 条の 4》

- 注文者は、その請負業者に対し、注文する仕事に関し、安衛法令違反になるような指示をしてはならない

積み荷の高さは、2メートル以上あるが、今日のところは「はい作業主任者」は、無しで作業してもいいよ

違法

安衛法違反だけど、仕方ないか

注文者

○＋△×…□＋○…!?

結果

安衛法違反だけど、仕方ないな

**請負業者
注文者**

フォークリフトの運転者が休んでいるなら、無資格者でもいいから運転をさせろ

違法

結果

災害が発生したらどうするんだよ～

ドンッ!!

請負業者

26

災害発生の要因

- 災害発生の原因は、不安全な状態や行動が原因となることもあるが、むしろ、複合した形で発生する場合が多い
- 原因となるものには機械、器具、装置、工具等のほか温熱、照明、騒音等の環境条件も含まれる

災害発生の考え方

```
                    ケガ原因
        ┌──────────────┼──────────────┐
    物 的 要 因 ─── 作業的要因 ─── 人 的 要 因     管理的要因
    不安全状態                      不安全行動
        └──────────────┼──────────────┘
                    ケガ　事故
```

労働者の不安全行動		機械、物の不安全状態

労働者の不安全行動

- 防護・安全装置を無効にする
- 誤った動作
- 作業方法の欠陥
- その他の危険場所への接近
- 運転中の機械・装置等の掃除、注油、修理、点検等
- 不安全な行為
- 機械・装置等の指定外の使用
- 不安全な放置
- 保護具、服装の欠陥
- 危険な状態を作る
- 運転の失敗
- 安全措置の不履行

災害発生！

機械、物の不安全状態

- 物自体の欠陥
- 保護具・服装等の欠陥
- 防護措置・安全装置の欠陥
- 物の置き方、作業場所の欠陥
- 作業環境の欠陥
- 部外的・自然的不安全な状態

災害発生時の救急対策

事業者 ▶ 救急用具《**安衛則 633 条**》

- 負傷者の手当に必要な救急用具及び材料を常時清潔に保ち、その備付け場所及び使用方法を労働者に周知する

● 災害発生時の緊急対応 《**参考**》

緊急対応事項

- 被災者の救出
  - 応急手当
  - 負傷状況、意識の有無の確認
  - 社員、職長の呼び出し

- 被災者の病院収容・救急車の要請

- 現場保存の実施
  - 現状保存
  - 現場内作業中止、二次被害の防止

災害発生

緊急連絡先

- 社内へ第一報
  - 緊急時連絡体制による

- 関係官庁、発注者への通報
  - 所轄労働基準監督署 ┐
  - 管轄警察署 ┘ → 捜査
  - 発注者
  - その他（ガス・電気・通信・鉄道等状況による）
  - 被災者の確認、所属会社へ連絡
  - 所属会社から家族に連絡

- 近隣関係へ連絡
  - 影響が考えられる場合

・被災者の身元
　（連絡先、経歴、経験年数、資格）
・健康診断の状況
・雇用形態
・作業員名簿
・作業手順書
・安全衛生管理体制とその活動状況
・作業間の連絡調整記録
・新規入場者チェック記録
・現場パトロール記録
・設備、機械等の点検表
・官公庁への届出書類控
・その他

災害率とは

● 災害発生の指標

年千人率

労働者 1,000 人あたり 1 年間に発生する死傷者数

$$年千人率 = \frac{1 \text{年間の死傷者数}}{1 \text{年間の平均労働者数}} \times 1,000$$

> 年千人率は、算出が簡単でわかりやすいのが長所だが、労働時間数や労働日数に変動が多い事業場には不向き

小数点 3 位以下は四捨五入

度数率

100 万延労働時間あたりに発生する死傷者数をもって災害の頻度を表す

$$度数率 = \frac{死傷者数}{延労働時間数} \times 1,000,000$$

> 海外では 20 万時間を分母にした数字が広く使われている。海外と比較する場合は定義を確認する必要がある

小数点 3 位以下は四捨五入

● 災害の程度を示す指標

強度率

労働災害による労働損失日数で表し、これを 1,000 延労働時間あたりの数で示したもの

$$強度率 = \frac{延労働損失日数}{延労働時間数} \times 1,000$$

> 度数率や年千人率は死傷者の発生頻度を表すのに対して、強度率は災害の軽重の程度を表す

小数点 3 位以下は四捨五入

労働損失日数

死亡や負傷で失われる損失日数は、個々の傷害によって異なるので、同じ程度の傷害については同じ損失があるものと仮定し、一定の基準を定めて個々の傷害の労働損失日数を算定する

- 死亡 …………………… 7,500 日
- 永久全労働不能 ……… 身体障害等級 1 ～ 3 級の日数（7,500 日）
- 永久一部労働不能 …… 身体障害等級 4 ～ 14 級の日数(級に応じて50 ～ 5,500 日)

身体障害等級	4	5	6	7	8	9	10	11	12	13	14
労働損失日数	5,500	4,000	3,000	2,200	1,500	1,000	600	400	200	100	50

- 一時労働不能 ………… 暦日の休業日数に 300/365 を乗じた日数
- 死亡 …………………… 労働災害のため死亡したもの（即死のほか負傷が原因で死亡したものを含む）をいう

重大災害とは？

一時に 3 人以上の労働者が業務上死傷又はり病した災害（不休を含む）

※厚生労働省では、重大災害について詳細な原因調査等を行い、他の災害とは別に統計・分析して重大災害統計を作成している

製造業務専門
派遣元責任者

- 派遣労働者の安全衛生確保義務に関しては、派遣法45条の特例規定により安衛法の適用を受けることになっている。労働者派遣事業では派遣先と派遣労働者との間には指揮命令関係が生じるので、派遣元だけでなく、派遣先も事業者の責を負う事項がある

製造業務専門
派遣先責任者

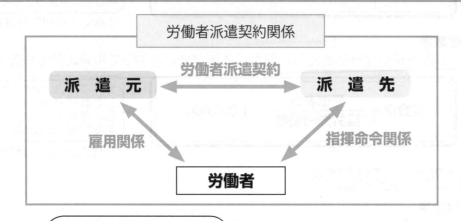

労働者派遣契約関係

派 遣 元 ←労働者派遣契約→ 派 遣 先

雇用関係　　　　　指揮命令関係

労働者

上図のように、派遣労働者の安全衛生の確保に関しては、派遣元、派遣先の両者に責任がある

→

その為、下図のように安全衛生を統括し連絡調整を行う者（派遣元・派遣先責任者）を選任させ、責任区分を定める必要がある

● 派遣元・派遣先責任者の選任

派遣元
事業主

選任　《派遣法36条、派遣則29条3号》

製造業務専門
派遣元責任者

製造業務に従事する派遣労働者数

100人以下	→	100人を超え200人以下	→	以下100人当たり
（1人以上選任）		（2人以上選任）		（1人以上を追加で選任）

派遣先
事業主

選任　《派遣法41条、派遣則34条3号》

製造業務専門
派遣先責任者

製造業務に従事する派遣労働者数

50人を超え100人以下	→	100人を超え200人以下	→	以下100人当たり
（1人以上選任）		（2人以上選任）		（1人以上を追加で選任）

派遣元・派遣先責任者の「派遣労働者の安全衛生確保」に関する業務（2）

● 派遣元・派遣先責任者の業務

派遣元責任者の業務《派遣法36条》
派遣元において安全衛生を統括管理する者及び派遣先との連絡調整を行う

派遣先責任者の業務《派遣法41条》
派遣先において安全衛生を統括管理する者及び派遣元との連絡調整を行う

（注）

- 「安全衛生を統括管理する者」とは、総括安全衛生管理者又は安全管理者、衛生管理者が選任されている場合はその者をいい、それらの者が選任されていない小規模事業場では事業主自身をいう
- 派遣元責任者及び派遣先責任者が行う「連絡調整」とは、具体的には派遣労働者の安全衛生が的確に確保されるよう、例えば、以下の内容に関する連絡調整を行うことをいう
    1. 健康診断（一般健康診断、有害業務従事者に対する特殊健康診断等）の実施に関する事項（時期、内容、有所見の場合の就業場所の変更等の措置）
    2. 安全衛生教育（雇入れ時の安全衛生教育、作業内容変更時の安全衛生教育、特別教育、職長等教育等）に関する事項（時期、内容、実施責任者等）
    3. 労働者派遣契約で定めた安全衛生に関する事項の実施状況の確認
    4. 事故等が発生した場合の内容・対応状況の確認

● 労働者派遣契約の安全衛生に関する事項　《派遣法26条1項》

── 製造業における安全衛生に関する事項とその例 ──

（1）危険又は健康障害を防止するための措置に関する事項
- 危険有害業務の内容
- 使用する機械、器具その他の設備又は原材料の種類
- 危険又は健康障害を防止するための措置の内容

（2）健康診断の実施等健康管理に関する事項
- 一般定期健康診断の実施に関する事項
- 特殊健康診断の実施に関する事項

（3）換気、採光、照明等作業環境管理に関する事項

（4）安全衛生教育に関する事項
- 派遣元で実施する内容等
- 派遣先で実施する内容等

（5）免許の取得、技能講習の修了の有無等、就業制限に関する事項
- 就業制限業務を行うための免許、技能講習の種類等

（6）安全衛生管理体制に関する事項
- 派遣労働者の安全衛生についての管理体制
- 安全衛生管理に必要な事項の派遣労働者への周知に関する事項

（7）その他の事項
- 労働者死傷病報告の提出に関する事項
- その他派遣労働者の安全、衛生を確保するために必要な事項

製造業務専門
派遣元責任者

- 実際に働く場所が、派遣元事業主の管理が及ばない場所であることが多く、派遣労働者の安全衛生を確保するためには、これらの者に指揮命令をし、作業環境や作業に責任を持つ派遣先が使用者・事業者としての責任を負う。労働安全衛生法についての派遣元・派遣先の責任分担は以下の通り

製造業務専門
派遣先責任者

派遣元・先が安全管理者・衛生管理者の選任などの際に、カウントする労働者数には、派遣労働者、パート労働者も含む

《派遣法45条》

責任内容（製造業関係）		責任区分		条文
		派遣元	派遣先	
職場における安全衛生を確保する事業者の責務		○	○	3条1項
事業者等の実施する労働災害防止措置に協力する労働者の責務		○	○	4条
労働災害防止計画の実施に係る厚生労働大臣の勧告等		○	○	9条
総括安全衛生管理者の選任等		○	○	10条
安全管理者の選任等			○	11条
衛生管理者の選任等		○	○	12条
安全衛生推進者の選任等		○	○	12条の2
産業医の選任等		○	○	13条
作業主任者の選任等			○	14条
統括安全衛生責任者の選任等			○	15条
安全委員会			○	17条
衛生委員会		○	○	18条
安全管理者等に対する教育等		○		19条の2
労働者の危険又は健康障害を防止する措置	事業者の講ずべき措置		○	20条〜25条の2
	労働者の遵守すべき事項		○	26条
	事業者の行うべき調査等		○	28条の2
	元方事業者の講ずべき措置等		○	29条、29条の2
	特定元方事業者等の講ずべき措置		○	30条、30条の2
定期自主検査			○	45条
化学物質の有害性の調査			○	57条の3〜5
安全衛生教育	雇入れ時	○		59条1項
	作業内容変更時	○	○	59条2項
	危険有害業務就業時		○	59条3項

項目		派遣元	派遣先	条
職長教育			○	60条
危険有害業務従事者に対する教育		○	○	60条の2
就業制限			○	61条
中高年齢者等についての配慮		○	○	62条
事業者が行う安全衛生教育に対する国の援助		○	○	63条
作業環境測定			○	65条
作業環境測定の結果の評価等			○	65条の2
作業の管理			○	65条の3
作業時間の制限			○	65条の4
健康診断	一般健康診断等	○		66条
	有害な業務に係る健康診断等		○	66条
	健康診断結果についての意見聴取	○		66条の4
	健康診断実施後の作業転換等の措置	○	○	66条の5
	結果通知	○		66条の6
	医師等による保健指導	○		66条の7
医師による面接指導等		○		66条の8～8の2、8の4～9
労働時間の状況の把握			○	66条の8の3
心理的な負担の程度を把握するための検査等		○		66条の10
病者の就業禁止			○	68条
健康教育等		○	○	69条
体育活動等についての便宜供与等		○	○	70条
快適な職場環境の形成のための措置			○	71条の2
安全衛生改善計画等			○	78条
機械等の設置、移転に係る計画の届出、審査等			○	88条
申告を理由とする不利益取扱禁止		○	○	97条
使用停止命令等			○	98条
報告等		○	○	100条
法令の周知		○	○	101条
書類の保存等		○	○	103条
事業者が行う安全衛生施設の整備等に対する国の援助		○	○	106条
疫学的調査等		○	○	108条の2

派遣労働者の安全衛生を確保するためには、責任者を定めるほか、労働者派遣契約において派遣労働者の安全衛生を確保するために必要な事項を含む就業条件を明確にする必要がある

● 非定常作業と3H

「3H＝①変化②初めて③久しぶり」とは、非定常作業の「慣れない作業」であることを特徴づける表現です

● 非定常作業の例

1 保全作業
不定期に、又は長い周期で定期的に行われる改造、修理、清掃、検査等の作業

2 トラブル処理作業
異常、不調、故障等の運転上のトラブルに対処する作業

3 移行作業
原料、製品等の変更作業又はスタートアップ、シャットダウンなどの作業

4 試行作業
試運転、試作等、結果の予測しにくい作業

5 作業手順書等が定められていない作業

6 年末・年度末等の、作業が多忙で錯綜する状態での作業

非定常作業の進め方

① 作業の前に準備
- 現場の下見
- 関連、協力部門との打合せ
- 作業者の手配
- 機械、道具等の段取り

② TBM で打合せ指示
- 作業の計画
- 作業の手順と急所を決める
- 作業の難易度を考える
- 作業を割り当てる
- 部下の意見を十分に聞く

④ 確認、連絡、報告
- 作業の経過及び指示事項を
- 問題点はその背景を
- 出来ばえを評価、調整する

③ 作業中の巡視
- 指示事項の周知徹底の度合いを確認
- 必要に応じて指導する
- 部下の意見を聞く

第2章

リスクアセスメント

・リスクアセスメント（1）〜（8）………………… 36
・化学物質等リスクアセスメント（1）〜（11）…… 44
・column 2 救急処置
　（①骨折②止血③心肺蘇生④熱傷・電撃傷）…… 56

リスクアセスメント（1）

● 労働安全衛生マネジメントシステムとリスクアセスメント

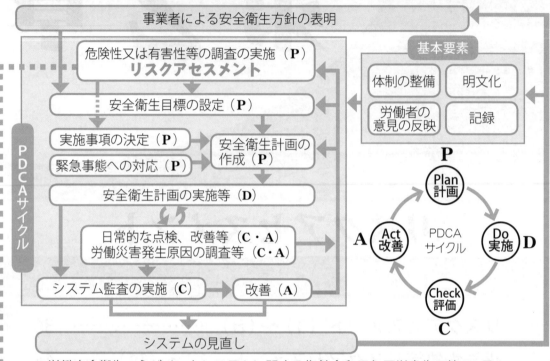

事業者による安全衛生方針の表明

危険性又は有害性等の調査の実施（**P**）
リスクアセスメント

安全衛生目標の設定（**P**）

実施事項の決定（**P**）　　安全衛生計画の作成（**P**）

緊急事態への対応（**P**）

安全衛生計画の実施等（**D**）

日常的な点検、改善等（**C・A**）
労働災害発生原因の調査等（**C・A**）

システム監査の実施（**C**）　　改善（**A**）

システムの見直し

PDCAサイクル

基本要素
体制の整備　明文化
労働者の意見の反映　記録

P
Plan 計画
D Do 実施
A Act 改善　PDCAサイクル
Check 評価
C

※労働安全衛生マネジメントシステムに関する指針令和元年厚労省告示第 54 号

リスクアセスメントについては、ここからスタート

リスクアセスメントは、労働安全衛生マネジメントシステムに欠かせない実施事項の 1 つです

事業者

事業者の行うべき調査等《**安衛法 28 条の 2 第 1 項　（努力義務）**》

●製造業その他政令で定める業種
●化学物質を扱う全業種

安衛法 57 条の 3 の適用のあるものを除く

の事業者は下記の
危険性又は有害性等
を調査する

建設物　設備
原材料　ガス
粉じん　蒸気
　等

作業行動その他業務に起因する

• 安衛法 28 条の 2 第 1 項に基づき、「危険性又は有害性等の調査等に関する指針」が公表されている（**P 37 の指針以下を参照**）
• 化学物質については、安衛法 57 条の 3 に基づく「化学物質等による危険性又は有害性等の調査に関する指針」に準じて実施することとなっている（**P 44 以下参照**）

調査の結果に基づいて

労働者の危険又は健康障害を防止するため必要な措置を講ずるよう努める

※安衛法令による措置がある場合は必ず行う

リスクアセスメント（2）

事業者

政令で定める物及び通知対象物について事業者が行うべき調査等
《安衛法 57 条の 3》

調査対象物質
による
危険性又は有害性等
を調査し

SDS の交付が
義務付けられ
ている物質

安衛法 57 条の 3 に基づき、
「化学物質等による危険性又
は有害性等の調査等に関す
る指針」が公表されている
（P 44 以下参照）

調査の結果に
基づいて → 労働者の危険又は健康障害
を防止するため必要な措置
を講ずるよう努める

※ 安衛法令に
よる措置が
ある場合は
必ず行う

● 危険性又は有害性等の調査等に関する指針　平 18.3.10 指針公示第 1 号

● リスクアセスメントの流れ

STEP. 1	**労働者の就業に係る危険性または有害性の特定**
STEP. 2	特定された危険性または有害性による**リスクの見積り**
STEP. 3	リスクの見積りに基づく**優先度の設定及びリスク低減措置の内容の検討**
STEP. 4	優先度に対応した**リスク低減措置の実施**
STEP. 5	**リスクアセスメント等の結果の記録**

STEP 1 から
STEP 3 までが
リスクアセス
メントで、そ
の結果に基づ
いてリスク低
減措置を実施
する

事業者

① 実施体制

安全衛生委員会等

安全衛生委員
会等の活用等
を通じ、労働
者を参画させ
ること

総括安全衛生管理者等
実施の統括管理

事業場のトップ

安全管理者等

● 実施の管理

職長等

● 危険性又は有害性の特定
● リスクの見積り
● リスクを低減するための
　措置の検討

専門知識を
有する者

● 機械設備等に係る危険性
　又は有害性等の調査等の
　実施への参画

リスクアセスメント（3）

危険性又は有害性等の調査等に関する指針　平18.3.10 指針公示第1号

事業者

② 実施時期

次の時期にリスクアセスメント等を実施する

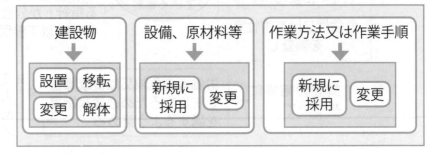

- 労働災害が発生した場合であって、過去のリスクアセスメント等の内容に問題がある場合は再度リスクアセスメント等を実施する
- 以下の事項を考慮して、定期的にリスクアセスメント等を実施する
  1. 機械設備等の経年劣化
  2. 労働者の入替等に伴う労働者の安全衛生に係る知識経験の変化
  3. 新たな安全衛生に係る知見の集積等

> これらの作業の計画を策定する場合は、計画策定時にリスクアセスメント等を実施すること

③ 対象の選定

- 労働者の就業に係る危険性又は有害性による負傷・疾病の発生が合理的に予見可能であるものは、リスクアセスメント等の対象とする

対象となる作業の具体例

- 過去に労働災害が発生した作業
- 労働者が日常不安を感じている作業
- 操作が複雑な機械設備等の操作
- 労働災害を伴わなかった危険な事象（ヒヤリハット事例）のあった作業
- 過去に事故のあった設備等を使用する作業
- 平坦な通路における歩行等、明らかに軽微な負傷・疾病しかもたらさないと予想されるものについては、リスクアセスメント等の対象から除外してもよい

リスクアセスメント（4）

危険性又は有害性等の調査等に関する指針　平 18.3.10 指針公示第 1 号

事業者

④ 情報の入手

必要な情報

作業標準、作業手順書等	
使用する機械設備、材料等に係る危険性又は有害性に関する情報	→ 仕様書、安全データシート（SDS）等
作業周辺の環境に関する情報	→ 機械設備等のレイアウト等
作業環境測定結果等	
複数の事業者が同一の場所で作業を実施する状況に関する情報	→ 混在作業による危険性等
災害事例、災害統計等	
その他参考となる資料等	定常作業だけでなく非定常作業に係るものも含める

- 必要な情報は原則として、作業を行う事業者が自ら収集するが、以下のような理由で独自に入手できない場合は、機械設備等のメーカー等から入手する必要がある

CASE1	新たな機械設備等を外部から導入・購入しようとする場合	→ 機械設備等のメーカーに対し、設計・製造段階にてリスクアセスメント等を実施することを求め、その結果を入手
CASE2	自らが管理権原を有しない機械設備等の使用又は改造等を行う場合	→ 管理権原を有する者が実施したリスクアセスメント等の結果を入手
CASE3	複数の事業者が同一の場所で作業する場合	→ 混在作業による労働災害を防止するために元方事業者が実施したリスクアセスメント等の結果を入手
CASE4	機械設備等が転倒するおそれがある場所等、危険な場所で複数の事業者が作業を行う場合	→ 元方事業者が実施した危険な場所に関するリスクアセスメント等の結果を入手

リスクアセスメント（5）

危険性又は有害性等の調査等に関する指針　平 18.3.10 指針公示第 1 号

事業者

⑤ リスクアセスメント等の手順

STEP. 1　危険性又は有害性の特定

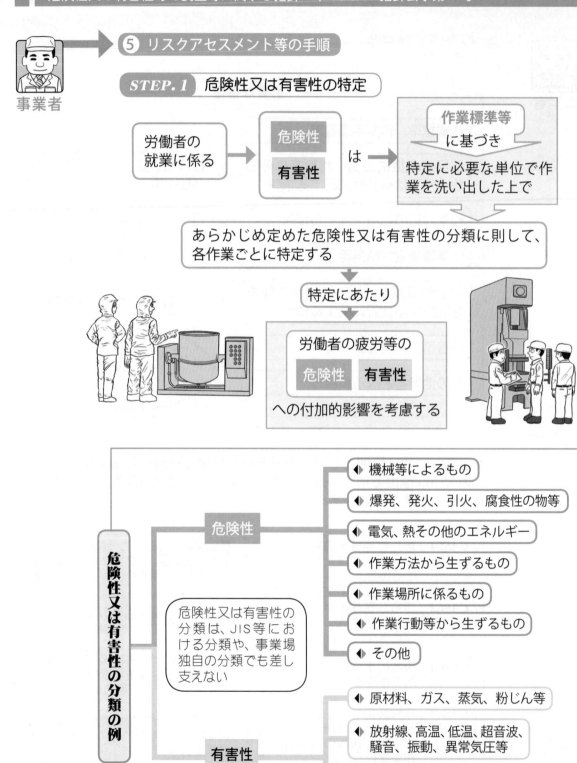

労働者の就業に係る　→　危険性　有害性　は　→　作業標準等　に基づき　特定に必要な単位で作業を洗い出した上で

あらかじめ定めた危険性又は有害性の分類に則して、各作業ごとに特定する

特定にあたり

労働者の疲労等の　危険性　有害性　への付加的影響を考慮する

危険性又は有害性の分類の例

危険性

- ◆ 機械等によるもの
- ◆ 爆発、発火、引火、腐食性の物等
- ◆ 電気、熱その他のエネルギー
- ◆ 作業方法から生ずるもの
- ◆ 作業場所に係るもの
- ◆ 作業行動等から生ずるもの
- ◆ その他

危険性又は有害性の分類は、JIS等における分類や、事業場独自の分類でも差し支えない

有害性

- ◆ 原材料、ガス、蒸気、粉じん等
- ◆ 放射線、高温、低温、超音波、騒音、振動、異常気圧等
- ◆ 作業行動等から生ずるもの
- ◆ その他

リスクアセスメント（6）

危険性又は有害性等の調査等に関する指針　平 18.3.10 指針公示第 1 号

STEP. 2 リスクの見積り

- リスク低減の優先度を決定するため、危険性又は有害性により発生するおそれのある負傷・疾病の重篤度と、それらの発生の可能性の度合をそれぞれ考慮しリスクを見積もる

📖 化学物質については P48 〜を参照

留意事項

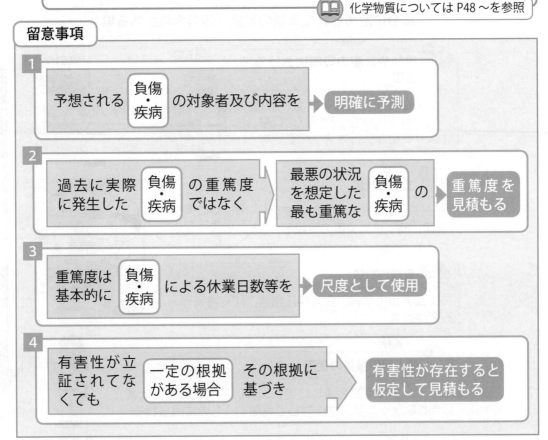

1 予想される 負傷・疾病 の対象者及び内容を → 明確に予測

2 過去に実際に発生した 負傷・疾病 の重篤度ではなく → 最悪の状況を想定した最も重篤な 負傷・疾病 の → 重篤度を見積もる

3 重篤度は基本的に 負傷・疾病 による休業日数等を → 尺度として使用

4 有害性が立証されてなくても 一定の根拠がある場合 その根拠に基づき → 有害性が存在すると仮定して見積もる

考慮事項

- 安全装置の設置、立入禁止措置その他の労働災害防止のための機能・方策等の信頼性及び維持能力
- 安全機能等を無効化又は無視する可能性
- 作業手順の逸脱、操作ミスその他の予見可能な意図的・非意図的な誤使用又は危険行動の可能性

リスクの見積りは機械設備、作業等の特性に応じ、負傷・疾病の類型ごとに行う

負傷・疾病の類型

- はさまれ、墜落等の物理的な作用
- 振動障害等の物理因子の有害性

リスクアセスメント （7）

危険性又は有害性等の調査等に関する指針　平 18.3.10 指針公示第 1 号

STEP. 3 優先度の設定・リスク低減措置の検討
STEP. 4 リスク低減措置の実施

- 法令に定められた事項がある場合にはそれを必ず実施するとともに、以下の優先順位でリスク低減措置内容を検討のうえ、実施する

法令に定められた事項の実施（該当事項がある場合）

1 設計や計画の段階における措置

危険な作業の廃止・変更、危険性や有害性の低い材料への代替、より安全な施行方法への変更等

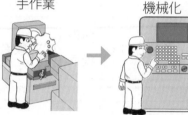
手作業　機械化

2 工学的対策

ガード、インターロック、安全装置、局所排気装置の設置等

レーザーに触れると機械が止まるから安心だ

3 管理的対策

マニュアルの整備、立入禁止措置、ばく露管理、教育訓練等

4 個人用保護具の使用

上記 1 ～ 3 の措置を講じた場合においても、除去・低減しきれなかったリスクに対して実施するものに限られる

リスク低減措置の優先順位　高　低

実施における留意事項

- リスク低減に要する負担が労働災害防止効果よりも大幅に大きく、措置の実施を求めることが著しく合理性を欠く場合を除き、可能な限り高い優先順位のリスク低減措置を実施する
- 死亡・後遺障害・重篤な疾病をもたらすおそれのあるリスクに対し、適切なリスク低減措置の実施に時間を要する場合は、暫定的な措置を直ちに講ずる

STEP. 5 リスクアセスメント等の結果の記録

- リスクアセスメント及びその結果に基づく措置を実施した際には、以下の事項を記録する

洗い出した作業	特定した危険性又は有害性	見積もったリスク	設定したリスク低減の優先度	実施したリスク低減措置の内容

リスクアセスメント（8）

危険性又は有害性等の調査等に関する指針　平18.3.10 指針公示第1号

 化学物質については P48 〜を参照

例1 【マトリクスを用いた方法】

「負傷・疾病の重篤度」と「発生可能性の度合」をそれぞれ横軸と縦軸とした表（行列：マトリクス）に、あらかじめ重篤度と可能性の度合に応じたリスクの程度を割り付けておき、見積対象となる負傷・疾病の重篤度に該当する列を選び、次に発生可能性の度合に該当する行を選ぶことにより、リスクを見積もる方法

		負傷・疾病の重篤度			
		致命的	重大	中程度	軽度
負傷・疾病の発生可能性の度合	極めて高い	5	5	4	3
	比較的高い	5	4	3	2
	可能性あり	4	3	2	1
	ほとんどない	4	3	1	1

		優 先 度
5〜4	高	●直ちにリスク低減措置を講ずる必要 ●措置を講ずるまで作業停止する必要 ●十分な経営資源を投入する必要
3〜2	中	●速やかにリスク低減措置を講ずる必要 ●措置を講ずるまで作業停止が望ましい ●優先的に経営資源投入する必要
1	低	●必要に応じてリスク低減措置を実施

例2 【数値化による方法】

負傷・疾病の重篤度

致命的	重大	中程度	軽度
30点	20点	7点	2点

負傷・疾病の発生可能性の度合

極めて高い	比較的高い	可能性あり	ほとんどない
20点	15点	7点	2点

「リスク」(35点) ＝「重篤度」の数値(重大20点)＋「発生可能性の度合い」の数値(比較的高い15点)

リスク		優先度
30点以上	高	●直ちにリスク低減措置を講ずる必要 ●措置を講ずるまで作業停止する必要 ●十分な経営資源を投入する必要
10〜29点	中	●速やかにリスク低減措置を講ずる必要 ●措置を講ずるまで作業停止が望ましい ●優先的に経営資源投入する必要
10点未満	低	●必要に応じてリスク低減措置を実施

「負傷・疾病の重篤度」と「発生可能性の度合い」を一定の尺度によりそれぞれ数値化し、それらを数値演算（かけ算、足し算等）してリスクを見積もる方法

化学物質等リスクアセスメント（1）

化学物質等による危険性又は有害性等の調査等に関する指針　令 5.4.27 指針公示第 4 号

事業者

● 化学物質のリスクアセスメントの流れ

STEP. 1　**化学物質などによる危険性または有害性の特定**
≪安衛法 57 条の 3 第 1 項≫

STEP. 2　特定された危険性または有害性による **リスクの見積り**
≪安衛則 34 条の 2 の 7 第 2 項≫
≪安衛則 577 条の 2 第 2 項≫

STEP. 3　リスクの見積もりに基づく **リスク低減措置の内容の検討**
≪安衛法 57 条の 3 第 1 項≫

リスクアセスメント

STEP. 4　**リスク低減措置の実施**
≪安衛法 57 条の 3 第 2 項　努力義務≫

STEP. 5　**リスクアセスメント結果の労働者への周知**
≪安衛則 34 条の 2 の 8≫

リスクアセスメント対象物を製造する事業所の
化学物質管理者が受講する必要のある講義

	科目	時間
講義	化学物質の危険性及び有害性並びに表示等	2 時間 30 分
	化学物質の危険性又は有害性等の調査	3 時間
	化学物質の危険性又は有害性等の調査に結果に基づく措置等その他必要な記録等	2 時間
	化学物質を原因とする災害発生時の対応	30 分
	関係法令	1 時間
実習	化学物質の危険性又は有害性等の調査及びその結果に基づく措置等	3 時間

化学物質等リスクアセスメント（2）

化学物質等による危険性又は有害性等の調査等に関する指針　令 5.4.27 指針公示第 4 号

第2章　リスクアセスメント

① 実施体制

総括安全衛生管理者等

↓ 指示

化学物質管理者

> 今後は化学物質管理講習を受けた化学物質管理者が事業所内の化学物質管理を推進すること

選任義務化：リスクアセスメント対象物を製造し、又は取り扱う事業場毎《**安衛則 12 条 5 項**》（2024.4.1 施行）

選任要件：化学物質の管理に係る業務を適切に実施できる能力を有する者

リスクアセスメント対象物の製造事業場	専門的講習※の修了者
リスクアセスメント対象物の製造事業場以外の事業場	資格要件なし（専門的講習等の受講を推奨）

※専門的講習のカリキュラムは、前ページを参照

↓ 指示

〈職務〉
・ラベル・SDS の作成（化学物質を譲渡・提供する場合）
・リスクアセスメントの実施
・リスクアセスメント結果に基づくばく露防止措置の選択、実施
・化学物質による労働災害が発生した場合の対応
・自律的な管理に係る各種記録の作成・保存
・化学物質に係る労働者への周知、教育

↓ 指示

保護具着用管理責任者

選任義務化（ばく露防止のために保護具を使用する場合）《**安衛則 12 条 6 項**》（2024.4.1 施行）

〈職務〉
・呼吸用保護具、保護衣、保護手袋等の保護具の選択、管理等

↓ 指示

職長　◀　職長教育の義務対象業種の拡大
・食料品製造業
・新聞業、出版業、製本業、印刷物加工業

↓ 指示

作業者　◀　雇入れ時・作業内容変更時の危険有害業務に関する教育を全業種に拡大（施行日 2024.4.1）

化学物質等リスクアセスメント（3）

化学物質等による危険性又は有害性等の調査等に関する指針　令 5.4.27 指針公示第 4 号

事業者

② 実施時期

実 施 義 務
《安衛則 34 条の 2 の 7 第 1 項》

1 化学物質等を原材等とし
て新規に採用・変更するとき

2 化学物質等を製造し又は
取り扱う業務の作業方法・
作業手順を新規に採用・変
更するとき

3 上記 **1** **2** のほか、化学物質等
による危険性・有害性などについ
て変化が生じたり、生じるおそれ
があるとき
※新たな危険有害性の情報が、SDS
などにより提供された場合など

指針による努力義務

1 労働災害発生時
※過去のリスクアセスメント
の問題があるとき

2 過去のリスクアセスメント実
施以降、機械設備などの経年劣
化、労働者の知識経験などリス
クの状況に変化があったとき

3 過去にリスクアセスメントを
実施したことがないとき
※既に製造し又は取り扱ってい
た物質がリスクアセスメント
対象物質として新たに追加さ
れた場合など

③ 対象の選定

- 事業場において製造又は取り扱う全てのリスクアセスメント対象物
をリスクアセスメント等の対象とする
- リスクアセスメント等は、対象のリスクアセスメント対象物を製造
し、又は取り扱う業務ごとに行う
- 元方事業者は、混在作業についても、リスクアセスメント等の対象
とする

④ 情報の入手等

1．資料等の入手

| 対象となる化学物質等に係る
危険性・有害性に関する情報 | → | SDS 等 |

| 対象となる作業を実施する状
況に関する情報 | → | 作業標準、作業手順書等、機
械設備等に関する情報を含む |

上記のほか、次に掲げる情報に関する資料等を、必要に応じ入手する

| 機械設備等のレイア
ウト等、作業の周辺
の環境に関する情報 | 作業環境測定
結果等 | 災害事例・
災害統計等 | その他、参考
となる資料等 |

化学物質等リスクアセスメント（4）

化学物質等による危険性又は有害性等の調査等に関する指針　令5.4.27 指針公示第4号

事業者

・留意事項

● 新たに対象となる化学物質等を外部から取得等をする場合	● 譲渡・提供する者から化学物質等に係るSDSを確実に入手する

譲渡・提供者

● 新たな機械設備等を外部から導入しようとする場合	● 機械設備等の製造者に対し設計・製造段階におけるリスクアセスメントの実施を求め、その結果を入手する

機械設備業等製造者

● 自らが管理権原を有しない機械設備等の使用・改造等を行おうとする場合	● 管理権原を有する者が実施したリスクアセスメントの結果を入手する

管理権限者

・**元方事業者によるリスクアセスメント等の結果の提供**

● 混在作業における化学物質等による労働災害を防止するためにリスクアセスメント等を実施したとき	● 複数の事業者が同一の場所で作業する場合
● 複数の事業者が作業を行う場合に、当該場所に関するリスクアセスメント等を実施したとき	● 化学物質等にばく露するおそれがある場所等、化学物質等による危険性・有害性がある場所

● 上記の場合には、元方事業者は、自ら実施したリスクアセスメント等の結果を関係請負人に提供する

⑤ リスクアセスメント等の手順

STEP. 1 化学物質等による危険性または有害性の特定

● 化学物質等について、リスクアセスメント等の対象となる業務を洗い出した上で、SDSに記載されているGHS分類などに即して危険性・有害性を特定する

ラベル

ラベルによって、化学物質の危険有害性情報や適切な取り扱い方法を伝達（容器や包装にラベルの貼付や印刷）

SDS（安全データシート）

事業者間の取引時にSDSを提供し、化学物質の危険有害性や適切な取り扱い方法等を伝達

化学物質等リスクアセスメント（5）

化学物質等による危険性又は有害性等の調査等に関する指針　令 5.4.27 指針公示第 4 号

＜ＧＨＳ国連勧告に基づくＳＤＳの記載項目＞

1	化学品及び会社情報	9	物理的及び化学的性質（引火点、蒸気圧など）
2	危険有害性の要約（GHS 分類）	10	安定性及び反応性
3	組成及び成分情報（CAS 番号、化学名、含有量など）	11	有害性情報（LD$_{50}$ 値、IARC 区分など）
4	応急措置	12	環境影響情報
5	火災時の措置	13	廃棄上の注意
6	漏出時の措置	14	輸送上の注意
7	取扱い及び保管上の注意	15	適用法令（安衛法、化管法、消防法など）
8	ばく露防止及び保護措置（ばく露限界値、保護具など）	16	その他の情報

📖 危険有害性クラスと区分（強さ）に応じた絵表示と注意書きは P77 参照

STEP. 2　リスクの見積もり

- リスクの見積りは危険性及び健康有害性の両方を実施する
- リスクの見積り及びリスク見積りの方法は一つではない。労働者の健康を守るために、事業者自らの責任で選択・実行する
- 化学物質管理者が、その技術的部分の遂行に責任がある

> リスクアセスメント実施義務物質は、2023 年 3 月時点で 674 物質であるが、毎年追加され、最終的に約 3,000 物質まで増加する見込み。それ以外の化学物質のリスクアセスメントは努力義務

化学物質の危険性に対するリスクアセスメント

災害によるシナリオに対して、その発生頻度（可能性）とその災害の重篤度（影響の大きさ）を見積り、リスクを評価する（リスクレベルを決定する）
具体的には以下の方法がある。

- 発生可能性及び重篤度を相対的に尺度化し、それらを縦軸と横軸とし、あらかじめ発生可能性及び重篤度に応じてリスクが割り付けられた表を使用してリスクを見積もる方法
- 発生可能性及び重篤度を一定の尺度によりそれぞれ数値化し、それらを加算又は乗算等してリスクを見積もる方法
- 発生可能性及び重篤度を段階的に分岐していくことによりリスクを見積もる方法
- ＩＬＯの化学物質リスク簡易評価法（コントロール・バンディング）等を用いて

化学物質等リスクアセスメント（6）

化学物質等による危険性又は有害性等の調査等に関する指針　令5.4.27 指針公示第4号

リスクを見積もる方法
- 化学プラント等の化学反応のプロセス等による災害のシナリオを仮定して、その事象の発生可能性と重篤度を考慮する方法

化学物質の危険性に対するリスクアセスメント等を実施するための手法・ツール

分類	手法・ツール	長所（適用する目的）	短所(気に留めておくべき点)
簡易的な手法・ツール	・スクリーニング支援ツール ・CREATE-SIMPLE	何らかの危険性があることを把握することができる GHS や SDS の情報を基に実施することができる	具体的な作業条件を考慮していない（具体的にどのような対策を実施すればよいか決めることができない）
詳細な解析手法	・安衛研手法※1 ・労働省方式※2 ・JISHA方式※3 ・HAZOP※4 など	・危険源を網羅的に洗い出し、できるかぎり想定外を無くすことができる（一度に全てを検討するよりも、継続的に実施・見直しすることが重要） ・具体的なリスク低減措置を検討・実施することができる	化学に関する知識や情報が必要となる（難しい） 膨大な作業となる（時間と労力が掛かる）

※1　労働安全衛生総合研究所技術資料、プロセスプラントのプロセス災害防止のためのリスクアセスメント等の進め方
※2　化学プラントにかかるセーフティ・アセスメントに関する指針（平成12年3月21日付け基発第149号）
※3　中央労働災害防止協会、化学物質による爆発・火災を防ぐ
※4　高圧ガス保安協会、リスクアセスメント・ガイドライン

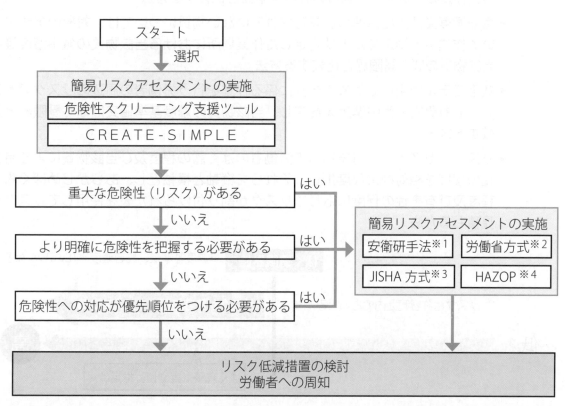

● 化学物質の有害性に対するリスクアセスメント

健康障害のリスクは、有害性と、ばく露の程度で、リスクを評価する

- 濃度基準値が定められている物質については、屋内事業場における労働者のばく露の程度が濃度基準値を超える恐れの把握を含む

> 令和 4 年 5 月の省令改正により、安衛法第 22 条を根拠とした安衛則第 577 条の 2 第 1 項で、リスクアセスメント対象物に労働者がばく露される程度を最小限度としなければならない規定が設けられた。さらに、安衛則第 577 条の 2 第 2 項で、屋内作業場については、労働者がリスクアセスメント対象物にばく露される程度を、厚生労働大臣が定める「濃度基準値」以下にすることが規定された。
> リスクアセスメントにおいては、ばく露の程度が、濃度基準値を超える恐れがあるか把握する必要がある

● 吸入ばく露によるリスクの評価

以下の様な方法がある

- 管理濃度が定められている物質については、作業環境測定により測定した当該物質の第一評価値を当該物質の管理濃度と比較する方法
- 濃度基準値が設定されている物質については、個人ばく露測定により測定した当該物質の濃度を当該物質の濃度基準値と比較する方法
- 管理濃度又は濃度基準値が設定されていない物質については、対象の業務について作業環境測定等により測定した作業場所における当該物質の気中濃度等を当該物質のばく露限界と比較する方法
- 数理モデルを用いて対象の業務に係る作業を行う労働者の周辺のリスクアセスメント対象物の気中濃度を推定し、当該物質の濃度基準値又はばく露限界と比較する方法
- リスクアセスメント対象物への労働者のばく露の程度及び当該物質による有害性の程度を相対的に尺度化し、それらを縦軸と横軸とし、あらかじめばく露の程度及び有害性の程度に応じてリスクが割り付けられた表を使用してリスクを見積もる方法

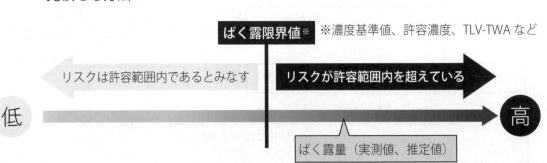

ばく露限界値※　※濃度基準値、許容濃度、TLV-TWA など

リスクは許容範囲内であるとみなす　　リスクが許容範囲内を超えている

低　　　　　　　　　　　　　　　　　　　　　高

ばく露量（実測値、推定値）

化学物質等リスクアセスメント（8）

化学物質等による危険性又は有害性等の調査等に関する指針　令 5.4.27 指針公示第 4 号

● 化学物質による健康障害防止のための濃度の基準の適用等に関する技術上の指針

リスクアセスメントは、労働安全衛生法第 57 条の 3 に基づき、事業者が実施及びその結果に基づく対策が求められるものである。一方、リスクアセスメントとは別に、安衛則第 577 条の 2 をチャート式に表現したのが下記である

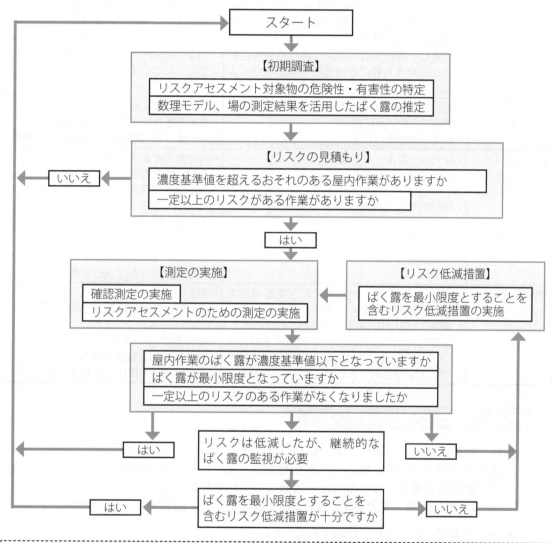

※ 2024 年 4 月から、濃度基準値設定物質を取り扱う業務を行う屋内作業場においては、当該業務に従事する労働者がばく露される程度を、濃度基準値以下にすることが義務づけられた。リスクアセスメントの結果、労働者のばく露が国が定める濃度基準値の 2 分の 1 を超えると評価される場合は、労働者のばく露が濃度基準値以下であることを確認するための測定（確認測定）を実施し、その結果を踏まえて、労働者のばく露が濃度基準値を超えないようなばく露低減措置を実施しなければならない。つまり、CREATE-SIMPLE などの測定を伴わないリスクアセスメントを選択しても、濃度基準値の 2 分の 1 を超える可能性があれば、濃度基準値以下であることを確認するための実測定が必要ということになる。測定は、最も高いばく露を受けるばく露作業において、最も高いばく露を受ける労働者の呼吸域の測定を行う

化学物質等リスクアセスメント（9）

化学物質等による危険性又は有害性等の調査等に関する指針　令 5.4.27 指針公示第 4 号

● リスクアセスメント手法の比較

手法	長所（適用する目的）	短所（気に留めておくべき点）
数理モデル（CREATE-SIMPLE等）	・数多くの物質を簡易に評価でき、リスクが十分低いことが確認できれば実測せずにリスクアセスメントを終了することができる ・リスクアセスメント結果を電子化された共通様式で保存可能 ・付随して経皮吸収や皮膚、眼への有害性が認められる物質の皮膚接触や経皮吸収によるリスクの評価ができる	・リスクが過大評価となることも多い ・短時間の作業の評価ができない ・入力因子に関係しない職場の特別な状況やその変化に対応できない ・常温でガス状の物質（塩素、硫化水素等）および溶接作業や研磨作業等で発生する粉じんについては評価できない
簡易測定（検知管）	・特別な測定技術が不要 ・現場での校正が不要 ・現場で濃度がわかる	・共存ガスによる影響を受ける ・測定可能な物質は 220 物質程度 ・短時間（1 時間以内）の作業にのみ適用
簡易測定（リアルタイムモニター）	・特別な測定技術が不要 ・現場で濃度がわかる ・データロギング機能があり、ばく露状況の時間的推移を把握できる	・共存ガスによる影響を受ける ・測定可能な物質は 220 物質程度 ・測定機器の導入コストがかかる（本体が検知管よりも高価） ・メーカー等の推奨に従った点検・校正が必要
個人ばく露測定	・ばく露測定として最終的な方法であり結果の確実性が高い	・測定のコストがかかる ・専門家（作業環境測定士等）の関与が望ましい ・測定可能な物質は 600 物質程度
作業環境測定	・個人サンプリング法による作業環境測定（C・D測定）は、個人ばく露測定とその結果の統計的な評価を兼ねることができる ・工学的対策の設計と評価を実施する場合には、試料採取箇所は、良くデザインされた場の測定が活用できる	・測定のコストがかかる ・専門家（作業環境測定士等）の関与が望ましい ・場の測定（A・B測定）の場合には、労働者のばく露を評価できない ・測定可能な物質は 100 物質程度

● 眼や皮膚への接触によるリスク

● 目や皮膚に対する影響については、SDS などに下記の情報の記載があった場合、当該物質は経皮吸収や皮膚、眼への影響が想定される。直接接触の可能性がある場合には、リスクがあると考え、接触の防止又は個人保護具等を着用する
〔保護具着用義務・努力義務は、P 205（労働安全衛生規則等の改正）参照〕

● GHS 分類で、以下の表記があるもの

GHS分類における健康有害性クラスと区分	
・急性毒性	区分 1〜4
・皮膚腐食性 / 刺激性	区分 1、2
・眼に対する重篤な損傷性 / 眼刺激性	区分 1、2
・皮膚感作性	区分 1

● 日本産業衛生学会または ACGIH のばく露限界値一覧表で「皮」や「Skin」の経皮吸収注意喚起表示があるもの

化学物質等リスクアセスメント （10）

化学物質等による危険性又は有害性等の調査等に関する指針　令 5.4.27 指針公示第 4 号

STEP. 3 リスク低減措置の内容の検討
STEP. 4 リスク低減措置の実施

◈ 法令に定められた措置がある場合はその措置を実施する

◈ 法令に定められた措置がない場合は以下にあげる優先順位で リスク低減措置の内容を検討し、その措置を速やかに実施す るよう努める

高　→　低

リスク低減措置の優先順位

1 危険性・有害性のより低い物質への代替、化学反応のプロセスなどの運転条件の変更、取り扱う化学物質などの形状の変更など、又はこれらの併用によるリスクの低減

2
・工学的対策
　機械設備等の防爆構造化、安全装置の二重化等
・衛生工学的対策
　機械設備等の密閉化、局所排気装置の設置等

3 作業手順の改善、立入禁止などの 管理的対策

4 有効な保護具の使用

リスク低減措置の実施後に、改めてリスクを見積もることが望ましい

死亡、後遺障害又は重篤な疾病のおそれのあるリスクに対しては、暫定的措置を直ちに実施すること

STEP. 5 リスクアセスメント結果の労働者への周知

周知事項

1 対象物の名称

2 対象業務の内容

3 リスクアセスメントの結果 （特定した危険性・有害性、見積もったリスク）

4 実施するリスク低減措置の内容

周知方法

1 作業場に常時掲示、 又は備え付け

2 書面を労働者に交付

3 電子媒体で記録し、作業場に常時確認可能な機器（パソコン端末など）を設置

化学物質等リスクアセスメント（11）

化学物質等による危険性又は有害性等の調査等に関する指針　令5.4.27 指針公示第 4 号

● 労働災害発生事業場等への労働基準監督署長による指示

労働基準
監督署長

労働災害発生のお
それのある事業場

事業者

1 化学物質の管理が適切に行われていない疑いがあると判断

2 改善の指示を行う

3 化学物質管理専門家から、リスクアセスメントの結果に基づき講じた措置の有効性の確認と望ましい改善措置に関する助言を受けた上で、1か月以内に改善計画を作成し、労働基準監督署長に報告し、必要な改善措置を実施しなければならない〔**安衛則第 34 条の 2 の 10**〕

化学物質管理専門家とは？（令和 4 年厚生労働省告示第 275 号）

労働衛生コンサルタント（衛生工学）5 年実務　｜　衛生工学衛生管理者 8 年実務

作業環境測定士 6 年実務かつ、厚生労働省労働基準局長が定める講習を修了

その他同等以上の知識・経験を有するもの（基発 0907 第 1 号）

- ・労働安全コンサルタント（化学）5 年実務
- ・日本労働安全衛生コンサルタント会　CIH
- ・日本作業環境測定協会認定オキュペイショナルハイジニスト
- ・国際オキュペイショナルハイジニスト協会（IOHA）の国別認証を受けている海外のオキュペイショナルハイジニスト
- ・日本作業環境測定協会の作業環境測定インストラクター
- ・労働災害防止団体の衛生管理士（労働衛生コンサルタント衛生工学合格者のみ）5 年実務

⑤改善計画に基づく改善措置の実施

事業場
労働災害の発生又は
そのおそれあり

①化学物質の管理が適切に
行われていない疑いあり
と判断、改善指示

③②の確認内容と望ましい
改善措置の内容を書面で
通知

④改善計画の
作成・報告

②リスクアセスメントの
結果に基づき講じた措置
等の有効性の確認と望ましい
改善措置に関する助言を求める

労働基準監督署長

化学物質管理専門家

column 2-① / 救急処置 骨折

1. 骨折の判断基準

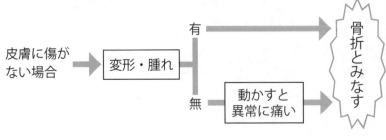

皮膚に傷がない場合 → 変形・腫れ
- 有 → 骨折とみなす
- 無 → 動かすと異常に痛い → 骨折とみなす

複雑骨折は処置が遅れると四肢切断に至ったり死亡したりすることもあるので速やかに医療機関に搬送すること

2. 骨折状態の把握

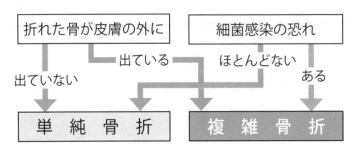

折れた骨が皮膚の外に
- 出ていない → 単純骨折
- 出ている → 複雑骨折

細菌感染の恐れ
- ほとんどない → 単純骨折
- ある → 複雑骨折

単純骨折でも内部で骨が粉々になっていることがある

一見単純骨折に見える骨折でも複雑骨折のことがある

3. 応急処置

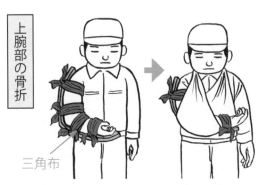

上腕部の骨折

三角布

当て木を肩から指先まで当て三角布などで固定し吊下げる

前腕部の骨折

当て木がなければ、雑誌やダンボールを利用する

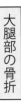

大腿部の骨折

骨折した足を挟むように内側と外側に当て木を当て、三角布等で固定する
外側の当て木は「胸から足関節まで」の長さのものを用いる

下腿部の骨折

固定の範囲は原則として骨折部の両端の関節までとする

骨折端が皮膚から飛び出して出血している場合は、止血と感染を防ぐため、清潔なガーゼなどを厚めに当て包帯をする。また、飛び出た骨端は無理に戻さないこと

column 2−② / 救急処置　止血

1．外出血の種類

種類	色	状態
動脈性出血	鮮紅色	噴出すような出血で、緊急に応急手当を必要とする。大動脈からの出血は自然止血しない
静脈性出血	暗赤色	持続的に湧くように出血する
毛細血管性出血	中間色	にじみ出るような出血で出血量は少なく、ほとんどが自然止血する

血液の20％が急速に失われると出血性ショックという重い状態に。
さらに30％を失えば生命の危険に及ぶ

2．止血の方法

①直接圧迫止血法

出血している箇所に直接圧迫して止血する方法で止血の基本である。創の中に多くの切削屑等が入り込んでいる場合には、感染の危険があるので、直接圧迫止血法は採用できない

②間接圧迫止血法

鼓動と連動して噴出するような出血に適用される。出血箇所より心臓に近い箇所の指圧止血点に向かって圧迫し、動脈の流れを止めて止血する方法

3．止血点

浅側頭動脈
耳の前
鎖骨下動脈
鎖骨上のくぼみ
腋窩動脈
腋の下
上腕動脈
上腕の中央
上腕動脈
肘の内側のくぼみ
指動脈
指の付け根
大腿動脈
足の付け根
膝窩動脈
膝の裏
足背動脈

細い紐などで縛ると圧迫が不十分で、組織や血管、神経を痛める

4．止血帯法
（直接圧迫止血法で止血できない出血）

①出血部位よりも心臓に近い部分を幅の広い三角巾など（幅3cm以上）で縛り、輪を作る

②輪に差し込んだ棒を引き上げながら廻して、出血が止まるまで充分締める

長さ20cm程度の丈夫な棒

③出血が止まったら、ゆるまないように棒を固定する

④止血開始時間を記入し、医療機関到着まで、30分毎に1回止血帯を緩め、血流の再開を図る

● 心肺蘇生の手順

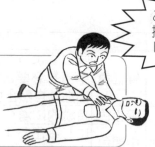

この時、絶対に揺さぶったりしないこと！

1．意識の確認

相手の耳元で「大丈夫ですか」など,大声で呼びかけながら、肩を軽くたたき、反応をみる

2．助けを呼ぶ

反応がなければ大声で助けを呼び、協力者が来たら、119番への通報又はAED（自動体外式除細動器）を持ってきてもらうよう要請する

協力者がいない時は自分で119番通報すること

3．気道確保

❶喉の奥を広げて空気を肺に通しやすくする（気道の確保）
❷片手を額に当て、もう一方の手の人差指と中指の2本をあご先（骨のある硬い部分）に当てて、あごを上げる

頭部後屈あご先挙上法

4．呼吸の確認

気道確保した状態で、正常な息をしているか調べる
●次のいずれかの場合には「正常な息なし」と判断する

| 胸、腹部→動きなし 呼吸音→聞こえない 息→感じられない | 約10秒確認しても呼吸の状態が不明確 | しゃくりあげるような途切れた呼吸がみられる |

5．人工呼吸

呼吸がなければ人工呼吸を開始する
❶気道を確保したまま、傷病者の鼻をつまむ
❷息を1秒かけて吹き込み胸が持ち上がるのを確認する
❸いったん口を離し、同じ要領でもう一度息を吹き込む
❹1回目の吹き込みで胸が上がらなかった場合は、再度、気道確保をやり直し息を吹き込む。うまく胸が上がらなくても吹き込みは2回までとし、心臓マッサージに進む

一方向弁付きの感染防止用シート

出来るだけ感染防護具を使用する

6. 心臓マッサージ

1 胸の真ん中（乳頭と乳頭を結ぶ線の真ん中）に片方の手の付け根を置き、他方の手をその上に重ね、両手の指を互いに組む

2 ひじをまっすぐ伸して手の付け根の部分に体重をかけ、傷病者の胸が4〜5cm沈むくらい強く圧迫する

a. 1分間に100回の速いテンポで30回連続して圧迫する
b. 圧迫を緩める時は、胸がしっかり戻るまで十分に圧迫を解除する

圧迫部位

力を加える位置

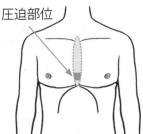

【悪い例】

肘を曲げて押す

斜めに押す

7. 心臓蘇生法の実施（胸骨圧迫と人工呼吸の組合せを継続）

30回の心臓マッサージを行った後に、2回の人工呼吸を行う

心臓マッサージ 30回

＋

人工呼吸 2回

1分間に少なくとも100回のテンポ

1回1秒かけて吹き込む

8. AEDの使用

電源を入れて（フタを開けると電源が入る機種もある）電極パッドを装着後、音声ガイドに従って処置する

除細動ボタンを押すときは周囲の人に離れるように指示すること

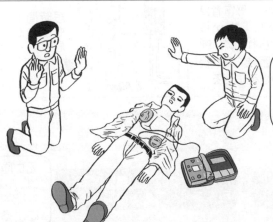

column 2-④ / 救急処置　熱傷・電撃傷

● 熱傷

1. 熱傷の分類

深度	外見	症状
①熱傷1℃	発赤、充血	痛み、熱感
②浅い熱傷2℃	水疱、発赤、腫れ、湿潤	強い痛み、灼熱感、知覚鈍麻
③深い熱傷2℃	②とほぼ同じ。皮膚がやや白くなる	②とほぼ同じだが、知覚鈍麻が著しい
④熱傷3℃	壊死、炭化、乾燥、白い	無痛、知覚なし

2. 応急処置

服は脱がず、そのまま水をかけること。無理に脱がそうとすると皮膚が剥がれ、損傷が酷くなる

直ちに水道水で患部を冷やす
（冷やす時間が長いほど回復が早い）

水疱を破ると感染を起こしやすくなるので破らない

水泡

冷やした後、患部を清潔な布で巻き医療機関を受診する

①患部に軟膏などを塗布すると、かえって回復が遅れる
②痛い熱傷は軽症で、痛みのない黒ずんだ熱傷は重症

● 電撃傷　電撃傷は熱傷とは違い、ジュール熱により深部に及んでいる場合や、受傷から数日して傷害が明らかになることもある

1 mA　最小感知電流
ビリッと感じる程度

5 mA　苦痛電流
かなり痛い

10 mA　可随電流
耐え切れない程ビリビリする

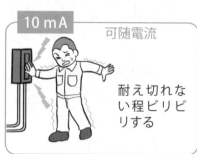

20 mA　不随電流
筋肉の収縮ははげしく、感電者自身が充電物から逃げられない。呼吸が困難。流れ続けると死に至る

50 mA　心室細動電流
短時間でも生命が危険

100 mA
致命的な状態

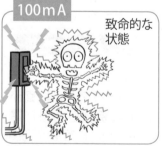

感電 → 皮膚傷害が軽度でも重症と判断する → 皮膚表面の傷害が小さい → しかし、筋肉などの皮下組織が広範に傷害を受けている可能性がある

・意識がない
・心肺機能停止 → 心室細動の可能性あり → ・救急車要請　・心肺蘇生

死亡原因の多くは、心室細動（しんしつさいどう）という致死的な不整脈が起こることによる

60

第3章

労働者の就業に当たっての措置

・労働者・職長等への安全衛生教育（1）〜（3）… 62

・就業制限業務及び免許・技能講習 ………………… 65

・年少者・女性の就業制限業務（1）（2）………… 66

・危険・有害業務従事者への安全衛生教育 ………… 68

労働者・職長等への安全衛生教育（1）

事業者

雇入れ時・作業内容変更時教育《安衛法 59 条 1 項、2 項》

- 雇入れ時・作業内容変更時は、遅滞なく労働者が従事する業務に関する安全又は衛生教育を行わなければならない

教育内容《安衛則 35 条》

- 機械等、原材料等の危険性・有害性、取扱方法
- 安全装置・有害物抑制装置・保護具の性能、取扱方法
- 作業手順
- 作業開始時の点検
- 当該業務に関して発生するおそれのある疾病の原因・予防
- 整理、整頓及び清潔の保持
- 事故時等における応急措置・退避
- その他当該業務に関する安全・衛生のための必要事項

特別教育《安衛法 59 条 3 項、安衛則 36 条》

- 労働者を危険又は有害な業務で厚生労働省令に定めるものに就かせるときは、業務に関する安全・衛生のための特別教育を行わなければならない

特別教育を必要とする業務（製造業関係）		教育時間	
		学科	実技
研削といしの取替又は取替時の試運転	機械研削用といし	7	3
	自由研削用といし	4	2
動力プレスの金型等の取付け、取外し又は調整		8	2
アーク溶接機を用いて行う金属の溶接、溶断等		11	10
電気取扱業務	高圧・特別高圧の充電電路又は当該充電電路の支持物の敷設、点検、修理又は操作	11	15
	充電電路の操作のみの場合	11	1
	低圧の充電電路の敷設もしくは修理の業務又は配電盤室、変電室等区画された場所に設置する低圧の電路のうち充電部分が露出している開閉器の操作	7	7
	開閉器の操作のみの場合	7	1
	対地電圧が 50 ボルトを超える低圧の蓄電池を内蔵する自動車の整備の業務	6	1
フォークリフト（最大荷重 1 t 未満）の運転（道路上の走行は、道路交通法による免許が必要）		6	6
ショベルローダー・フォークローダー（最大荷重 1 t 未満）の運転（道路上の走行は、道路交通法による免許が必要）		6	6
作業床の高さが 2 m以上 10 m未満の高所作業車の運転（道路上の走行は、道路交通法による免許が必要）		6	3
動力により駆動される巻上げ機の運転		6	4
軌道装置の動力車の運転		6	4
特殊化学設備の取扱い、整備及び修理		13	15
足場の組立て・解体・変更		6	
ロープ高所作業		4	3
小型ボイラーの取扱		7	4

事業者

業務	学科	実技
つり上げ荷重が5t未満のクレーンの運転 つり上げ荷重が5t以上の跨線テルハ	9	4
つり上げ荷重が1t未満の移動式クレーンの運転（道路上を走行させる運転を除く）	9	4
つり上げ荷重が5t未満のデリックの運転	9	4
つり上げ荷重が1t未満のクレーン、移動式クレーン又はデリックの玉掛	5	4
ゴンドラの操作の業務	5	4
四アルキル鉛等業務	6	
酸素欠乏危険場所における作業に係る業務　酸素欠乏危険作業に係る業務	4	
酸素欠乏危険場所における作業に係る業務　酸素欠乏・硫化水素危険作業に係る業務	5.5	
エックス線装置又はガンマ線照射装置を用いて行う透過写真の撮影	6	
加工施設等において核燃料物質等を取り扱う業務	11.5	6
原子炉施設において核燃料物質等を取り扱う業務	5	2
特定粉じん作業に係る業務	4.5	
産業用ロボットの教示等	7	3
産業用ロボットの検査等	9	4
自動車（二輪自動車を除く）用タイヤの組立てに係る業務のうち、空気圧縮機を用いて当該タイヤに空気を充填する業務	5	4
ダイオキシン類の廃棄物焼却炉を有する廃棄物の焼却施設においてばいじん及び焼却灰その他の燃え殻を取り扱う業務	4	
ダイオキシン類の廃棄物の焼却施設に設置された廃棄物焼却炉、集じん機等の設備の保守点検等の業務	4	
ダイオキシン類の廃棄物の焼却施設に設置された廃棄物焼却炉、集じん機等の設備の解体等の業務及びこれに伴うばいじん及び焼却灰その他の燃え殻を取り扱う業務	4	
石綿等が使用されている建築物・工作物・船舶の解体等、又は石綿等の封じ込め・囲い込み	4.5	
高さが2m以上の箇所において、作業床を設けることが困難な場合で、フルハーネス型を使用して行う作業（ロープ高所作業を除く）	4.5	1.5

※表中の教育時間は、最低時間を示す

特別教育に準じた教育《平3.1.21基発第39号》

- 就業制限業務又は特別教育を必要とする危険有害業務に準ずる危険有害業務に初めて従事する者に対し、特別教育に準じた教育を実施する

特別教育に準じた教育を必要とする業務（製造業関係）	教育時間	
	学科	実技
チェーンソー以外の振動工具取扱作業者〔昭58.5.20基発第258号〕	4	
有機溶剤を取り扱う業務〔昭59.6.29 基発第337号〕	4.5	
プレス機械使用業務（作業主任者技能講習修了者、金型等の脱着調整従事者を除く）〔平8.6.11基発第367号〕	4	
携帯用丸のこ盤を使用する業務〔平22.7.14基安発0714第1号〕	3.5	0.5

※表中の教育時間は、最低時間を示す

労働者・職長等への安全衛生教育（3）

事業者

職長等教育《**安衛法 60 条、安衛令 19 条**》

- 以下の業種において、新たに職務に就くこととなった職長その他作業中の労働者を直接指揮・監督する者（作業主任者を除く）に対し、安全衛生教育を行わなければならない

建設業
製造業（右記を除く）
電気業
ガス業
自動車整備業
機械修理業

→
- 繊維工業（紡績業、染色整理業を除く）
- 衣服その他の繊維製品製造業
- 紙加工品製造業（セロファン製造業を除く）

班長、工長、作業長、世話役など、名称が「職長」ではない場合も該当する

📖 危険性又は有害性等の調査は P36 ～ 54 参照

⚫ **職長等教育の内容と時間数** 《**安衛則 40 条**》

教育事項	教育内容	時間
作業方法の決定及び労働者の配置に関すること	❶作業手順の定め方 ❷労働者の適正な配置方法	2
労働者に対する指導又は監督の方法に関すること	❶指導及び教育方法 ❷作業中の監督・指示方法	2.5
危険性又は有害性等の調査及びその結果に基づき講ずる措置に関すること	❶危険性・有害性等の調査方法 ❷調査結果に基づき講ずる措置 ❸設備、作業等の具体的な改善方法	4
異常時等における措置に関すること	❶異常時における措置 ❷災害発生時における措置	1.5
その他現場監督者として行うべき労働災害防止活動に関すること	❶作業に係る設備及び作業場所の保守管理方法 ❷労働災害防止についての関心の保持及び労働災害防止についての労働者の創意工夫を引き出す方法	2

中高年齢者等についての配慮《**安衛法 62 条**》

- 中高年齢者、身体障害者、出稼労働者等について、心身の条件に応じて適正な配置を行う

加齢とともに新技術習得や身体能力が低下するので、知識と経験を活かせる配置をする

就業制限業務及び免許・技能講習

事業者

→ **就業制限** 《安衛法61条》

- 特定の危険業務について、都道府県労働局長の免許又は登録を受けた者が行う技能講習を修了した者その他省令で定める資格を有する者でなければ、当該業務に就かせてはならない

● **就業制限業務と必要資格** 《安衛令20条》

就業制限に係る業務（製造業関係）	必要資格
ボイラー（小型ボイラーを除く）の取扱	特級・1級・2級ボイラー技士 又は ボイラー取扱技能講習修了者
ボイラー（小型ボイラーを除く）又は第一種圧力容器（小型圧力容器を除く）の溶接	ボイラー溶接士免許（特別・普通）
ボイラー（小型ボイラー等を除く）又は第一種圧力容器（小型圧力容器等を除く）の整備	ボイラー整備士免許
クレーン（つり上げ荷重5t以上）の（跨線テルハを除く）運転	クレーン・デリック運転士又は床上操作式クレーン運転技能講習修了者
移動式クレーン（つり上げ荷重1t以上）の運転（道路上の走行は、道路交通法による免許が必要）	移動式クレーン運転士又は小型移動式クレーン運転技能講習修了者（小型移動式クレーンは、つり上げ荷重が5t未満のものに限る）
デリック（つり上げ荷重5t以上）の運転	クレーン・デリック運転士
可燃性ガス及び酸素を用いて行う金属の溶接、溶断、加熱	ガス溶接作業主任者、ガス溶接技能講習修了者等
フォークリフト（最大荷重1t以上）の運転（道路上の走行は、道路交通法による免許が必要）	フォークリフト運転技能講習修了者等
ショベルローダー・フォークローダー（最大荷重1t以上）の運転（道路上の走行は、道路交通法による免許が必要）	ショベルローダー等運転技能講習修了等
高所作業車（作業床の高さ10m以上）の運転（道路上の走行は、道路交通法による免許が必要）	高所作業車運転技能講習修了者等
つり上げ荷重1t以上のクレーン、移動式クレーン、デリックの玉掛け	玉掛け技能講習修了者等

作業者

→ **免許証等の携帯** 《安衛法61条3項》

- 免許を受けた者や技能講習修了者等の有資格者が業務に従事するときは、免許証その他、資格を証する書面を携帯する

年少者・女性の就業制限業務（1）

事業者

年少者の危険有害業務の就業制限《労働基準法62条》

- 満18歳に満たない者の就業制限
  1. 運転中の機械や動力伝導装置の危険な部分の掃除、注油、検査、修繕
  2. 運転中の機械や動力伝導装置のベルト若しくはロープの取付け、取りはずし
  3. 動力によるクレーンの運転
  4. 重量物を取り扱う業務（下表参照）
  5. 毒劇薬、毒劇物その他有害な原料、材料を取り扱う業務
  6. 爆発性、発火性、引火性の原料や材料を取り扱う業務
  7. 著しくじんあいや粉末を飛散する場所における業務
  8. 有害ガスや有害放射線を発散する場所における業務
  9. 高温、高圧の場所、その他安全、衛生又は福祉に有害な場所における業務

  など

> 業務の範囲は下表参照

女性の危険有害業務の就業制限《労働基準法64条の3》（下表参照）

- 妊娠中の女性及び産後1年を経過しない女性（妊産婦）の就業制限
  1. 重量物を取り扱う業務
  2. 有害ガスを発散する場所における業務
  3. 妊産婦の妊娠、出産、哺育等に有害な業務

  ※前項の規定は、妊産婦以外の女性に関して、準用することができる

業　務　内　容			妊婦	産婦	その他の女性	年少者
重量物を取扱う作業			×	×	×	
年齢	性別	重量（単位：kg）				
		断続作業	継続作業			
満16歳未満	女	12以上	8以上			
	男	15以上	10以上			
満16歳以上 満18歳未満	女	25以上	15以上			
	男	30以上	20以上			
ボイラーの取扱いの業務			×	△	○	×
ボイラーの溶接作業			×	△	○	
クレーン、デリック、揚貨装置の運転（女性は5t以上のもの）			×	△	○	
運転中の原動機又は原動機から中間軸までの動力伝動装置の掃除、給油、検査、修理又はベルトの掛換え業務			×	△	○	
クレーン、デリック又は揚貨装置の玉掛け業務			×	△	○	
直径が25cm以上の丸のこ盤又はのこ車の直径が75cm以上の帯のこ盤に木材を送給する業務			×	△	○	
高さが5m以上の場所で、墜落により労働者が危害を受けるおそれのあるところでの業務			×	○	○	
足場の組立て、解体又は変更の業務（地上又は床上における補助作業の業務を除く）			×	△	○	

年少者・女性の就業制限業務（2）

業 務 内 容	妊婦	産婦	その他の女性	年少者
特化則、鉛則、有機則の適用を受ける26の化学物質を扱う作業場のうち、作業環境測定を行った結果「第3管理区分」となった屋内作業場での業務、タンク内での業務など呼吸用保護具の着用が義務付けられている業務	×	×	×	－
多量の高熱物体を取扱う業務	×	△	○	
多量の低温物体を取扱う業務	×	△	○	
著しく暑熱な場所における業務	×	△	○	
著しく寒冷な場所における業務	×	△	○	
さく岩機、鋲打機等身体に著しい振動を与える機械器具を用いて行う業務	×	×	○	
蒸気又は圧縮空気により駆動されるプレス機械又は鍛造機械を用いて行う金属加工の業務	×	△	○	
動力により駆動されるプレス機、シャー等を用いて行う厚さ8mm以上の鋼板加工の業務	×	△	○	
鉛、水銀等その他これらに準ずる有害なもののガス、蒸気又は粉じんを発散する場所における業務	－	－	－	
水銀、ひ素等その他これに準ずる有害物を取扱う業務	－	－	－	
最大消費量が毎時400リットル以上の液体燃料器の点火の業務	－	－	－	
ゴム、ゴム化合物又は合成樹脂のロール練りの業務	－	－	－	
最大積載荷重が2t以上の人荷共用若しくは荷物用のエレベーター又は高さ15m以上のコンクリート用エレベーターの運転の業務	－	－	－	
動力により駆動される巻上げ機、運搬機又は索道の運転の業務	－	－	－	×
動力により駆動される軌条運輸機関、乗合自動車又は最大積載量が2t以上の貨物自動車の運転の業務	－	－	－	
動力により駆動されるプレス機械の金型又はシャーの刃部の調整又は掃除の業務	－	－	－	
直流にあっては750V、交流にあっては300Vを超える電圧の充電電路又はその支持物の点検、修理又は操作の業務	－	－	－	
手押しかんな盤又は単軸面取り盤の取扱いの業務	－	－	－	
火薬、爆薬、又は火工品を製造し、又は取り扱う業務で爆発のおそれのあるもの	－	－	－	
危険物を製造し、又は取扱う作業で、爆発、発火又は引火のおそれのあるもの	－	－	－	
圧縮ガス又は液化ガスを製造し、又は用いる業務	－	－	－	
土石、獣毛等のじんあい又は粉末を著しく飛散する場所における業務	－	－	－	
ラジウム放射線、エックス線その他の有害放射線にさらされる業務	－	－	－	
強烈な騒音を発生する場所における業務	－	－	－	
病原体によって著しく汚染のおそれのある業務	－	－	－	
焼却、清掃又はと殺の業務	－	－	－	

（注）×……　就業させてはならない業務　　　　　妊婦……　妊娠中の女性
　　　　△……　申し出た場合、就業させてはならない業務　産婦……　産後1年以内の女性
　　　　○……　就業させても差し支えない業務　　年少者…　満18歳未満の者
　　　　－……　該当条文がないもの

第3章　労働者の就業に当たっての措置

67

危険・有害業務従事者への安全衛生教育

関連公示：危険又は有害な業務に現に就いている者に対する安全衛生教育に関する指針 令 3.3.17 指針公示第 6 号

事業者

危険・有害業務従事者に対する安全衛生教育
《安衛法 60 条の 2》

対象者は、就業制限業務従事者、特別教育を必要とする業務の従事者、又はこれらに準ずる危険有害業務従事者です

● 安全衛生教育

教育の対象となる危険有害業務従事者（製造業関係）	教育時間
ボイラー取扱業務従事者	7
ボイラー溶接業務従事者	7
ボイラー整備士	6
クレーン運転士	6
移動式クレーン運転士	6
ガス溶接業務従事者	5
フォークリフト（最大荷重 1 t 以上）運転業務従事者	6
フォークリフト（最大荷重 1 t 未満）運転業務従事者	5
有機溶剤業務従事者	6
玉掛業務従事者	5

一定期間（おおむね 5 年）ごとに定期教育を、取り扱う設備等が新たなものに変わる時等に随時教育を実施する

● 作業者に対する安全衛生教育の体系

対象者		就業資格	就業時教育	就業中教育
一般業務従事者			雇入時教育	（作業内容変更時教育）　　　高齢時教育
危険有害業務従事者	就業制限業務従事者	免許試験・技能講習		危険有害業務従事者教育（定期又は随時）及び危険再認識教育
	特別教育を必要とする危険有害業務従事者		特別教育	
	その他危険有害業務従事者		特別教育に準じた教育	
一般業務従事者・危険有害業務従事者				健康教育

第4章

機械等並びに危険物・有害物に関する規制

・特定機械等に関する規制 ……………………………………………… 70

・特定機械等以外の機械等に関する規制（1）（2）……… 72

・機械等の検定 …………………………………………………………… 74

・機械等の定期自主検査（1）（2）………………………………… 75

・危険有害性等の表示（1）〜（4）………………………………… 77

・文書の交付等（ＳＤＳ）とＰＲＴＲ制度 ……………… 81

特定機械等に関する規制

検査事項等 / 特定機械等（令12条）	製 造 / 製 造 許 可（製造のための許可：許可形式の製造の場合は不要）	製 造 検 査（製造した場合の検査）	構 造 検 査（製造した場合の検査）	溶 接 検 査（溶接により、機械を製造しようとする場合の検査）	設 / 使 用 検 査（輸入する場合、長期未設置のもの、廃止したものを再び設置・使用する場合の検査）
ボイラー（小型ボイラー並びに船舶用、電気事業法の適用を受けるものを除く）	○		○	○	○
第一種圧力容器（小型圧力容器並びに船舶用、電気事業法、高圧ガス保安法、ガス事業法、ＬＰＧ法の適用を受けるものを除く）	○		○	○	○
クレーン（つり上げ荷重３ t 以上（スタッカー式にあっては１ t 以上））	○				
移動式クレーン（つり上げ荷重３ t 以上）	○	○			○
デリック（つり上げ荷重２ t 以上）	○				
エレベーター（積載荷重が１ t 以上）	○				
建設用リフト（ガイドレールの高さが 18 メートル以上で積載荷重 0.25 t 以上）	○				
ゴンドラ	○	○			○

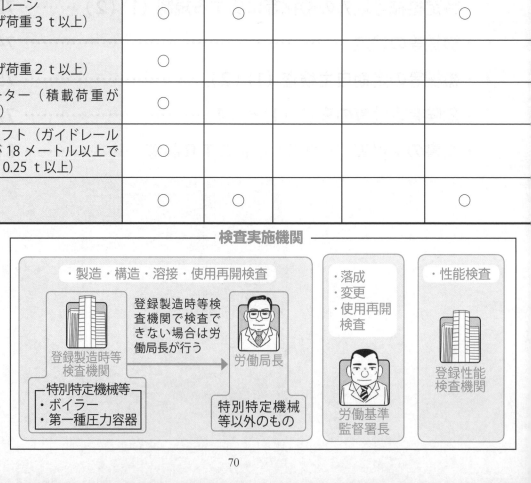

検査実施機関

・製造・構造・溶接・使用再開検査

登録製造時等検査機関で検査できない場合は労働局長が行う

登録製造時等検査機関
―特別特定機械等―
・ボイラー
・第一種圧力容器

労働局長

特別特定機械等以外のもの

・落成
・変更
・使用再開検査

労働基準監督署長

・性能検査

登録性能検査機関

置		管		理		特定機械等
落 成 検 査	性 能 検 査	変 更 検 査	使 用 再 開 検 査	定期自主検査	検 査 証	
（設置した機械の検査）	（検査証の更新を受けようとする場合の検査）	（設置した機械を変更しようとする場合の検査）	（休止していた機械再使用の場合の検査）	（一定期間毎の自主検査）	（有効期間）	
○ (移動式は不要)	○	○	○	○ (月次点検)	○ （1年）	 ラフテレーンクレーン
○	○	○	○	○ (月次点検)	○ （1年）	
○	○	○	○	○ （※1）	○ （2年以内）	 クローラクレーン
	○	○	○	○ （※2）	○ （2年以内）	
○	○	○	○	○ （※1）	○ （2年以内）	
○	○	○	○	○ （※3）	○ （1年）	
○		○		○ （※4）	○ （設置から廃止）	 ボイラー
	○	○	○	○ （※5）	○ （1年）	

（※1） 年次点検、月次点検、作業開始前点検、屋外に設置の場合は暴風、地震後に点検
（※2） 年次点検、月次点検、作業開始前点検
（※3） 年次点検、月次点検、屋外に設置の場合は暴風、地震後に点検
（※4） 月次点検、作業開始前点検、暴風、地震後に点検（地下に設置している場合は除く）
（※5） 月次点検、作業開始前点検、強風、大雨、大雪等悪天候後に点検

検査証の交付

労働基準監督署長

移動式以外のもの

労働局長

移動式のもの
・移動式ボイラー
・移動式クレーン
・ゴンドラ

特定機械等以外の機械等に関する規制 （1）

事業者

譲渡等の制限等 《安衛法 42 条》
- 下記の表の機械等は厚生労働大臣が定める規格又は安全装置を具備しなければ、譲渡・貸与・設置をしてはならない

突起物等の防護不備の機械等の譲渡・貸与・展示禁止 《安衛法 43 条》
- 動力により駆動される機械等で、作動部分上の突起物・動力伝導部分・調速部分に厚生労働省令で定める防護措置がない場合、譲渡・貸与・展示をしてはならない

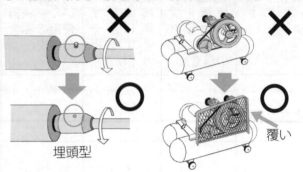

埋頭型　　　　　　　覆い

● 譲渡・貸与・設置制限のある機械等　《安衛法別表 2、安衛令 13 条 3 項》

安衛法別表 2

1	ゴム、ゴム化合物又は合成樹脂を練るロール機及びその急停止装置
2	第二種圧力容器（第一種圧力容器以外の圧力容器であって政令で定めるものをいう）
3	小型ボイラー
4	小型圧力容器（第一種圧力容器のうち政令で定めるものをいう）
5	プレス機械又はシャーの安全装置
6	防爆構造電気機械器具
7	クレーン又は移動式クレーンの過負荷防止装置
8	防じんマスク
9	防毒マスク
10	木材加工用丸のこ盤及びその反発予防装置又は歯の接触予防装置
11	動力により駆動されるプレス機械
12	交流アーク溶接機用自動電撃防止装置
13	絶縁用保護具
14	絶縁用防具
15	保護帽
16	電動ファン付呼吸用保護具

安衛令 13 条 3 項

1	アセチレン溶接装置のアセチレン発生器
2	研削盤、研削といし及び研削といしの覆い
3	手押しかんな盤及びその刃の接触予防装置
4	アセチレン溶接装置又はガス集合溶接装置の安全器
5	活線作業用装置 （その電圧が、直流は 750 V、交流は 600 V を超える充電電路について用いられるものに限る）

6	活線作業用器具 (その電圧が、直流は 750 V、交流は 300 V を超える充電電路について用いられるものに限る)
7	絶縁用防護具 (対地電圧が 50 V を超える充電電路に用いられるものに限る)
8	フォークリフト
9	別表第 7 に掲げる建設機械で、動力を用い、かつ、不特定の場所に自走することができるもの
10	型わく支保工用のパイプサポート、補助サポート及びウイングサポート
11	別表第 8 に掲げる鋼管足場用の部材及び附属金具
12	つり足場用のつりチェーン及びつりわく
13	合板足場板 (アピトン又はカポールをフエノール樹脂等により接着したものに限る)
14	つり上げ荷重が 0.5 t 以上 3 t 未満 (スタッカー式クレーンにあっては、0.5 t 以上 1 t 未満) のクレーン
15	つり上げ荷重が 0.5 t 以上 3 t 未満の移動式クレーン
16	つり上げ荷重が 0.5 t 以上 2 t 未満のデリック
17	積載荷重が 0.25 t 以上 1 t 未満のエレベーター
18	ガイドレールの高さが 10 m 以上 18 m 未満の建設用リフト
19	積載荷重が 0.25 t 以上の簡易リフト
20	再圧室
21	潜水器
22	波高値による定格管電圧が 10 kV 以上のエックス線装置 (エックス線又はエックス線装置の研究又は教育のため、使用のつど組み立てるもの及び医薬品、医療機器等の品質、有効性及び安全性の確保等に関する法律 2 条 4 項に規定する医療機器で、厚生労働大臣が定めるものを除く)
23	ガンマ線照射装置 (医薬品、医療機器等の品質、有効性及び安全性の確保等に関する法律 2 条 4 項に規定する医療機器で、厚生労働大臣が定めるものを除く)
24	紡績機械及び製綿機械で、ビーター、シリンダー等の回転体を有するもの
25	蒸気ボイラー及び温水ボイラーのうち、第 1 条第 3 号イからへまでに掲げるもの (船舶安全法の適用を受ける船舶に用いられるもの及び電気事業法の適用を受けるものを除く)
26	第 1 条第 5 号イからニまでに掲げる容器のうち、第 1 種圧力容器以外のもの (ゲージ圧力 0.1MPa 以下で使用する容器で内容積が 0.01 m³ 以下のもの及びその使用する最高のゲージ圧力を MPa で表した数値と内容積を m³ で表した数値との積が 0.001 以下の容器並びに船舶安全法の適用を受ける船舶に用いられるもの及び電気事業法、高圧ガス保安法、ガス事業法又は液化石油ガスの保安の確保及び取引の適正化に関する法律の適用を受けるものを除く)
27	大気圧を超える圧力を有する気体をその内部に保有する容器 (第 1 条第 5 号イからニまでに掲げる容器、第 2 種圧力容器及び第 7 号に掲げるアセチレン発生器を除く) で、内容積が 0.1 m³ を超えるもの (船舶安全法の適用を受ける船舶に用いられるもの及び電気事業法、高圧ガス保安法又はガス事業法の適用を受けるものを除く)
28	墜落制止用器具
29	チェーンソー (内燃機関を内蔵し、排気量が 40㎤ 以上のものに限る)
30	ショベルローダー
31	フォークローダー
32	ストラドルキャリヤー
33	不整地運搬車
34	作業床の高さが 2 m 以上の高所作業車

第4章　機械等並びに危険物・有害物に関する規制

機械等の検定

● 個別検定 《安衛法 44 条、安衛令 14 条》

- 以下の機械等を製造・輸入したものは、登録個別検定機関が行う検定を受けなければならない

ゴム、ゴム化合物又は合成樹脂を練るロール機の急停止装置（電気的制動方式に限る）	検定合格後は当該機械の見やすい所に各々の標章、刻印等を付すること	第2種圧力容器 小型ボイラー 小型圧力容器
↓		↓
個別検定合格標章	← - - - - - →	合格の刻印 又は刻印を押した銘板

● 型式検定 《安衛法 44 条の 2、安衛令 14 条の 2》

- 以下の機械等を製造・輸入したものは、登録型式検定機関が行う検定を受けなければならない

1 ゴム、ゴム化合物又は合成樹脂を練るロール機の急停止装置（電気的制動式以外の制動方式のもの）
2 プレス機械又はシャーの安全装置
3 防爆構造電気機械器具（船舶安全法の適用を受ける船舶に用いられるものを除く）
4 クレーン又は移動式クレーンの過負荷防止装置
5 防じんマスク（ろ過材及び面体を有するものに限る）
6 防毒マスク（ハロゲンガス用又は有機ガス用のものその他厚生労働省令で定めるものに限る）

7 木材加工用丸のこ盤の歯の接触予防装置のうち可動式のもの
8 動力により駆動されるプレス機械のうちスライドによる危険を防止するための機構を有するもの
9 交流アーク溶接機用自動電撃防止装置
10 絶縁用保護具・防具（その電圧が直流 750 V、交流 300 V を超える充電電路に用いられるものに限る）
11 保護帽（物体の飛来・落下・墜落による危険を防止するためのものに限る）
12 電動ファン付き呼吸用保護具

● 型式検定合格証の有効期間等 《安衛法 44 条の 3》

- 型式検定合格証の有効期間の更新を受けようとする者は、型式検定を受けなければならない

合格証の有効期間は、5 6 12 は 5 年、それ以外の機械等は 3 年

機械等の定期自主検査 （1）

事業者

定期自主検査《安衛法45条》

- ボイラーその他の機械等で、政令で定めるものについて、厚生労働省令で定めるところにより、定期に自主検査を行い、及びその結果を記録しておかなければならない

● 定期に自主検査を行うべき機械等　**《安衛令15条1項》**

1. 特定機械等
2. 検定が必要な機械等のうち、第2種圧力容器、小型ボイラー、小型圧力容器、絶縁用保護具、絶縁用防具
3. 安衛令13条3項で定める機械等のうち、5・6・8・9・14～19・30～34の機械等
4. 動力により駆動されるプレス機械
5. 動力により駆動されるシャー
6. 動力により駆動される遠心機械
7. 化学設備（配管を除く）及びその附属設備
8. アセチレン溶接装置及びガス集合溶接装置（これらの装置の配管のうち、地下に埋設された部分を除く）
9. 乾燥設備及びその附属設備
10. 動力車及び動力により駆動される巻上げ装置で、軌条により人または荷を運搬する用に供されるもの
11. 局所排気装置、プッシュプル型換気装置、除じん装置、排ガス処理装置及び排液処理装置で、厚生労働省令で定めるもの
12. 特定化学設備及びその附属設備
13. ガンマ線照射装置で、透過写真の撮影に用いられるもの

1 P70～P71を参照
2 P74を参照
3 P72～73を参照

3は
安衛令13条3項
の表です

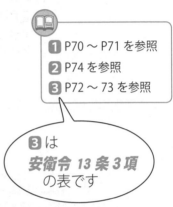

定期自主検査の結果、異常が見つかった場合は補修する
定期自主検査を行ったときは、年月日・方法・箇所・結果・検査者名・補修の内容等を記録し、**3年間**保存する

定期自主検査
済
建機付クレーン部分
ショベルローダー等
年次　SACL　実施
○○年　　　月
No.
検査者名
検査業者名

建設荷役車両安全技術協会

機械等の定期自主検査 （2）

事業者

特定自主検査《安衛法 45 条 2 項、安衛令 15 条 2 項》

- 定期自主検査を行う機械のうち、以下の機械等は有資格者又は検査業者による検査（特定自主検査）を受けなければならない

1. フォークリフト
2. 不整地運搬車
3. プレス機械
   （動力駆動）
4. 車両系建設機械
5. 高所作業車
   （作業床の高さが
   2 m以上）

フォークリフト

不整地運搬車

検査済

検査後は当該機械の見やすい所に特定自主検査を行った年月を明示した検査標章を貼り付けること

有資格者とは？

一定の学歴・経験を有し、厚生労働大臣が定める研修を修了したもの

検査業者とは？

厚生労働省又は都道府県労働局の登録を受けた業者

⚪ 自主検査指針　　《安衛法 45 条 3 項》

- 厚生労働大臣が公表する自主検査指針に基づき、定期自主検査・特定自主検査を行うこと

- 移動式クレーン〔昭 56・12・28〕
- 局所排気装置〔平 20・3・27〕
- プッシュプル型換気装置〔平 20・3・27〕
- 除じん装置〔平 20・3・27〕
- 化学設備等〔昭 59・9・17〕
- 天井クレーン〔昭 60・12・18〕
- 天井クレーン（クレーン則 35 条の自主検査に係るもの）〔平 10・3・31〕
- ショベルローダー等〔昭 60・12・18〕
- ゴンドラ〔昭 61・5・26〕
- ボイラー〔平 10・3・31〕
- 不整地運搬車〔平 3・7・26〕
- 高所作業車〔平 3・7・26〕
- 車両系建設機械（安衛則 167 条の自主検査に係るもの）〔平 25・7・1〕〕
- フォークリフト〔平 5・12・20〕
- フォークリフト（安衛則 151 条の 22 の定期自主検査に係るもの）〔平 8・9・25〕
- 動力プレス〔平 24・3・30〕
- エレベーター〔平 10・3・31〕

左記の各機械において定期自主検査指針が公示されています

危険有害性等の表示（1）《安衛法 57 条、安衛則 24 条の 14》

● 危険有害性を表す絵表示

1. 爆弾の爆発	火薬類（等級 1.5 と 1.6 を除く）、自己反応性化学品、有機過酸化物	
2. 炎	可燃性・引火性ガス、可燃性・引火性エアゾール、引火性液体、可燃性固体、自己反応性化学品、自然発火性液体、自然発火性固体、自己発熱性化学品、水反応可燃性化学品、有機過酸化物	
3. 円上の炎	支燃性・酸化性ガス、酸化性液体、酸化性固体	
4. ガスボンベ	高圧ガス	
5. 腐食性	金属腐食性物質、皮膚腐食性・刺激性、眼に対する重篤な損傷・眼刺激性	
6. どくろ	急性毒性	
7. 健康有害性	呼吸器感作性、生殖細胞変異原性、発がん性、生殖毒性、特定標的臓器・全身毒性（単回ばく露）、特定標的臓器・全身毒性（反復ばく露）、誤えん有害性	
8. 感嘆符	急性毒性、皮膚腐食性・刺激性、眼に対する重篤な損傷・眼刺激性、皮膚感作性、特定標的臓器・全身毒性（単回ばく露）、オゾン層への有害性	
9. 環境	水性環境急性有害性、水性環境慢性有害性	

危険有害性等の表示（2）《安衛法 57 条、安衛則 24 条の 15》

● ラベル表示　《安衛法 57 条、安衛則 24 条の 14》

　安衛令で定める物質（通知対象物）を容器に入れ、又は包装して、譲渡し、又は提供する者は、その容器又は包装に次に掲げるものを表示しなければならない。ただし、その容器又は包装のうち、主として一般消費者の生活の用に供するためのものについては除く

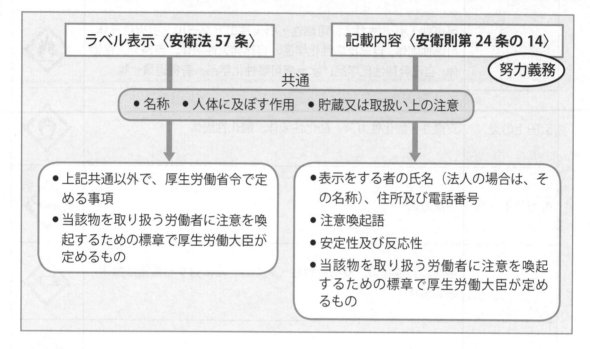

ラベル表示〈安衛法 57 条〉

記載内容〈安衛則第 24 条の 14〉

努力義務

共通
- 名称　● 人体に及ぼす作用　● 貯蔵又は取扱い上の注意

- 上記共通以外で、厚生労働省令で定める事項
- 当該物を取り扱う労働者に注意を喚起するための標章で厚生労働大臣が定めるもの

- 表示をする者の氏名（法人の場合は、その名称）、住所及び電話番号
- 注意喚起語
- 安定性及び反応性
- 当該物を取り扱う労働者に注意を喚起するための標章で厚生労働大臣が定めるもの

譲渡・提供時以外も、右記のように事業場内で保管する場合は、ラベル表示・文書の交付やその他の方法により、内容物の名称やその危険性・有害性情報を伝達しなければならない（安衛則第 33 条の 2）

- ラベル表示対象物を、他の容器に移し替えて保管する場合
- 自ら製造したラベル表示対象物を、容器に入れて保管する場合

対象外

- 対象物の取扱い作業中に一時的に小分けした際の容器
- 作業場所に運ぶために移し替えた容器で保管を伴わない場合

● **安全データシート** 《安衛法 57 条の 2、安衛則 24 条の 15》

安衛令で定める物質（通知対象物）を譲渡・提供する者は、文書（安全データシート＝SDS）の交付等により対象物質に関する事項を、譲渡・提供する相手に通知しなければならない
（ただし、主として一般消費者の生活の用に供するためのものについては除く）
また、譲渡以外でも、以下の場合も、内容物の名称やその危険性・有害性情報を伝達しなければならない
　　・ラベル表示対象物を、他の容器に移し替えて保管する場合
　　・自ら製造したラベル表示対象物を、容器に入れて保管する場合
「人体に及ぼす作用」については、定期的（5 年以内ごと）に確認・更新し、変更内容の通知（変更があるときは確認後 1 年以内）を行わなければならない

SDS 記載内容〈安衛法 57 条の 2〉	記載内容〈安衛則第 24 条 15〉
	努力義務

共通

● 名称　● 人体に及ぼす作用　● 貯蔵又は取扱い上の注意

- 上記共通以外で、厚生労働省令で定める事項
- 当該物を取り扱う労働者に注意を喚起するための標章で厚生労働大臣が定めるもの

- 成分及びその含有量、重量%
  ※令和 6 年 4 月 1 日から 10% 刻みの記載方法が重量%に記載変更義務化される。ただし、製品の特性上含有量に幅が生じるもの等については、濃度範囲記載も可能
- 物理的及び化学的性質
- 流出その他の事故が発生した場合において講ずべき応急の措置
- 通知を行う者の氏名（法人の場合は、その名称）、住所及び電話番号
- 危険性又は有害性の要約
- 安定性及び反応性
- 想定される用途及び当該用途における使用上の注意（令和 6 年 4 月 1 日から記載義務化）
- 適用される法令
- その他参考となる事項

記載内容（JIS Z　7253:2019　SDS）

1 化学品及び会社情報	9 物理的及び化学的性質
2 危険有害性の要約	10 安全性及び反応性
3 組成及び成分情報	11 有害性情報
4 応急措置	12 環境影響情報
5 火災時の措置	13 廃棄上の注意
6 漏出時の措置	14 輸送上の注意
7 取扱い及び保管上の注意	15 適用法令
8 ばく露防止及び保護措置	16 その他の情報

（JIS Z 7253）に従って SDS を作成すれば、安衛法、安衛則で定められる、SDS に記載すべき項目を満たす

危険有害性等の表示 (4)

ラベル表示及び SDS 交付の義務対象から除外される「主として一般消費者の生活の用に供するためのもの」の範囲　　　令和4年2月24日 基発 0224 第1号

医薬品、医療機器等の品質、有効性及び安全性の確保に関する法律（昭和35 年法律第 145 号）に定められている医薬品、医薬部外品及び化粧品

農薬取締法（昭和 23 年法律第 85 号）に定められている農薬

労働者による取扱いの過程において固体以外の状態にならず、かつ、粉状または粒状にならない製品（工具、部品等いわゆる成形品）

表示対象物が密封された状態で取り扱われる製品（電池など）

一般消費者のもとに提供される段階の食品（ただし、労働者が表示対象物にばく露するおそれのある作業が予定されるものを除く）

家庭用品品質表示法に基づく表示がなされている製品、その他一般消費者が家庭等において私的に使用することを目的として製造又は輸入された製品（ただし、いわゆる業務用洗剤等の業務に使用することが想定されている製品は、一般消費者も入手可能な方法で譲渡・提供されているものであっても適応除外とはならない）

文書の交付等（ＳＤＳ）とＰＲＴＲ制度

● 文書の交付等（SDS）　《安衛法 57 条の 2、安衛則 24 条の 15》

安衛令で定める物質（通知対象物）を譲渡・提供する者は、文書（安全データシート＝ＳＤＳ）の交付等により対象物質に関する事項を、譲渡・提供する相手に通知しなければならない

通知対象物以外の危険性又は有害性を有する化学物質等についても同様のことを実施する努力義務がある

通知は対象物を譲渡・提供する時までに行うこと

通知事項のうち、人体に及ぼす作用等については GHS の取り決めに従う

◆ 名称　◆ 成分及びその含有量　◆ 物理的及び化学的性質　◆ 人体に及ぼす作用　◆ 貯蔵又は取扱い上の注意　◆ 流出その他の事故が発生した場合において講ずべき応急の措置　◆ 通知を行う者の氏名、住所、電話番号　◆ 危険性又は有害性の要約　◆ 安定性及び反応性　◆ 適用される法令　◆ その他参考となる事項

名称等を通知すべき危険物及び有害物
≪安衛令 18 条の 2≫

文書の交付

名称等の通知
≪安衛則 34 条の 2 の 3≫

参照ホームページ https://www.mhlw.go.jp/content/11300000/001083280.pdf（6 ページの 3-4 を参照ください）

通知事項の周知
≪安衛法 101 条第 4 項
安衛則 98 条の 2 第 3 項≫

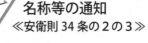

• SDS とは Safety Data Sheet の略称。相手が承諾した場合、文書以外の方法により通知が可能

• 譲渡・提供を受けた事業者はＳＤＳによる通知事項を、各作業場の見やすい場所に常時掲示・備え付け、内容を常時確認できるＰＣの設置等により、労働者に周知させること

ＰＲＴＲ制度とは？

〈特定化学物質の環境への排出量の把握及び管理の改善促進に関する法律〉
人の健康や生態系に有害なおそれのある化学物質について、事業所からの環境（大気、水、土壌）への排出量及び廃棄物に含まれての事業所外への移動量を、事業者が自ら把握し国に対して届け出るとともに、国は届出データや推計に基づき、排出量・移動量を集計し、公表する制度

第5章

機械作業等における危険の防止

- 機械の一般基準（1）～（3） …………………………… 84
- 工作機械 ………………………………………………… 87
- 研削といし ……………………………………………… 88
- 木材加工用機械（1）（2） …………………………… 89
- 食品加工用機械（1）（2） …………………………… 91
- プレス機械及びシャー（1）～（3） ………………… 93
- 遠心機械・粉砕機・混合機 …………………………… 96
- ロール機等・高速回転体 ……………………………… 97
- 産業用ロボット（1）～（3） ………………………… 98

機械の一般基準（1）

事業者

原動機、回転軸等による危険の防止 《安衛則 101 条》

- 機械の原動機、回転軸、歯車、プーリー、ベルト等危険な部分には、はさまれ、巻き込まれを防ぐための覆い、囲い、スリーブ、踏切橋等を設ける
- 回転軸、歯車、プーリー、フライホイール等に附属する止め具は、埋頭型のものを使用するか覆いを設ける
- ベルトの継目は突出した止め具を使用しない

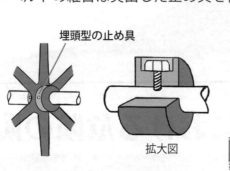

埋頭型の止め具

拡大図

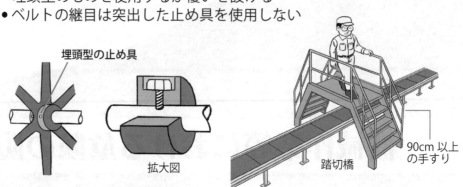

踏切橋

90cm 以上の手すり

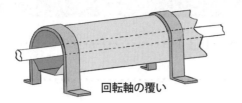

回転軸の覆い

回転軸の囲い

ベルトの切断による危険の防止 《安衛則 102 条》

- 通路又は作業箇所の上にあるベルトで、プーリー間の距離が 3 m 以上、幅 15cm 以上及び速度が毎秒 10 m 以上のものは、下方に囲いを設ける

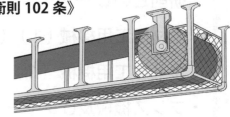

動力しゃ断装置 《安衛則 103 条》

機械ごとに ［スイッチ］［クラッチ］［ベルトシフター］ 等の動力しゃ断装置を設ける

※ただし、共通の動力しゃ断装置を有し、かつ、工程の途中で人力による原材料の送給、取出し等の必要のないものは除く

右記の加工を行う加工機械の動力しゃ断装置は作業位置を離れることなく操作できる位置に設ける

プレス機械、シャー、射出成形機等

［切断］［引抜］［圧縮］［打抜］［曲げ］［絞り］

［動力しゃ断装置］→ 操作が容易で、接触・振動等で不意に機械が起動するおそれのないものとする

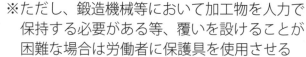

機械の一般基準（2）

事業者

作業者

加工物等の飛来による危険の防止《**安衛則 105 条**》

- 加工物やバイト、刃物等切削工具の破片等が飛来する危険がある場合は覆い又は囲いを設ける

　※ただし、鍛造機械等において加工物を人力で保持する必要がある等、覆いを設けることが困難な場合は労働者に保護具を使用させる

切削屑の飛来等による危険の防止《**安衛則 106 条**》

- 旋盤、フライス盤、ボール盤等の切削屑が飛来する危険がある場合は覆い又は囲いを設ける

　※ただし、加工物が大きい等のため覆いを設けることが困難な場合は労働者に保護具を使用させる

※飛来等の「等」には「巻き付き」が含まれます

掃除等の場合の運転停止等《**安衛則 107 条**》

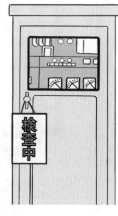

- 機械の掃除、給油、検査、修理又は調整時に危険をおよぼすおそれのある場合は、運転を停止する

　※ただし、機械の運転中に作業を行わなければならない場合において、危険な箇所に覆いを設ける等の措置を講じたときは除く

- 停止時は、スイッチに施錠し、表示板を取り付ける

刃部の掃除等の場合の運転停止等《**安衛則 108 条**》

- 機械の刃部の掃除、検査、修理、取替、調整を行うときは、運転を停止する（機械の構造上危険がない場合を除く）
- スイッチに施錠し、表示板を取り付ける
- 運転中の機械の刃部の切粉払い、切削剤使用時はブラシ等の適当な用具を使用する

機械の一般基準（3）

事業者

ストローク端の覆い等《安衛則 108 条の 2》

- 研削盤・プレーナー・タレットパンチプレス・NC マシンのテーブル、シェーパーのスライド等のストローク端が労働者に危険を及ぼすおそれのあるときは、覆い、囲い、さく、光学式・マット式等の安全装置を設ける

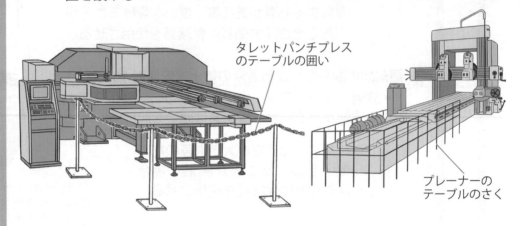

タレットパンチプレスのテーブルの囲い

プレーナーのテーブルのさく

巻取りロール等の危険の防止《安衛則 109 条》

- 紙、布、ワイヤロープ等の巻取りロール、コイル巻等は覆い、囲い、急停止装置等を設ける

急停止ボタン

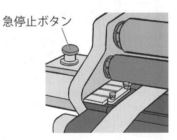

運転開始の合図《安衛則 104 条》

指名

合図者

- 総合運転方式の機械の原動機のスイッチや、連続した一団の機械の共通スイッチを入れる場合等にあっては、一定の合図を定め、合図者を指名し、合図を行わせる

作業者

作業帽等の着用《安衛則 110 条》

- 機械に頭髪・被服が巻き込まれるおそれのあるときは、適当な作業帽・作業服を着用する

手袋の使用禁止《安衛則 111 条》

- ボール盤、面取り盤等の回転する刃物に手を巻き込まれるおそれのあるとき

工作機械

事業者

突出した加工物の覆い等《安衛則 113 条》

- 立旋盤、タレット旋盤等で加工物が機械から突出して回転する場合は、覆い、囲い等を設ける

切粉飛散がなくなると作業環境が清潔になり清掃工数が削減される

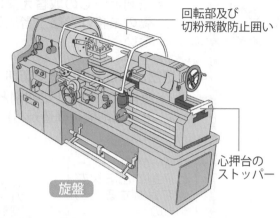

回転部及び切粉飛散防止囲い

心押台のストッパー

旋盤

帯のこ盤の歯等の覆い等《安衛則 114 条》

- 切断に必要な部分以外の歯及びのこ車には、覆い又は囲いを設ける

丸のこ盤の歯の接触予防装置の設置《安衛則 115 条》

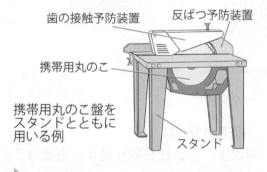

歯の接触予防装置　　反ぱつ予防装置　　　　歯の接触予防装置　　反ぱつ予防装置

携帯用丸のこ

携帯用丸のこ盤をスタンドとともに用いる例

スタンド

可搬式丸のこ盤

作業者

立旋盤等テーブルへの搭乗の禁止《安衛則 116 条》

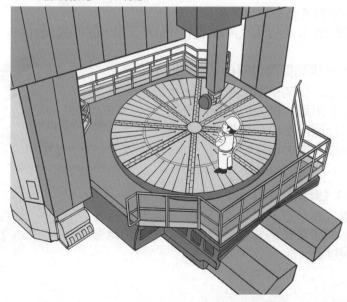

※ただし、テーブルに乗った労働者や操作盤に配置された労働者が機械をすぐに停止できるときは除く

運転中はテーブルに乗らない！

研削といし

事業者

特別教育《安衛則36条1号》

特別教育はP62参照

- 研削といしの取替え又は取替え時の試運転の業務は、修了者以外に行ってはならない

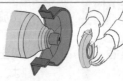

研削といしの覆い《安衛則117条、構造規格5条、28条》

- 直径50mm以上の研削といしには、構造規格（昭和46年労働省告示第8号研削盤等構造規格）に適合する覆いを設け、下図のとおり調整する

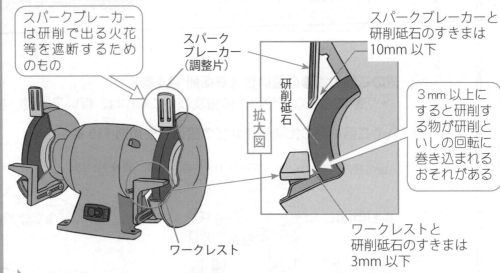

スパークブレーカーは研削で出る火花等を遮断するためのもの

スパークブレーカー（調整片）

スパークブレーカーと研削砥石のすきまは10mm以下

拡大図

研削砥石

3mm以上にすると研削する物が研削といしの回転に巻き込まれるおそれがある

ワークレスト

ワークレストと研削砥石のすきまは3mm以下

研削といしの試運転《安衛則118条》

- 作業開始前に1分間以上、といしを取り替えたときは3分間以上試運転をする

最高使用周速度を超える使用の禁止《安衛則119条》

- 最高使用周速度を超えて使用しない
  ※周速度（m/s）＝といしの外径（mm）× 3.14×回転数（rpm）÷ 1000÷ 60

研削といしの側面使用の禁止《安衛則120条》

- リング形、ジスク形、さら形、オフセット形等、側面の使用面を指定された研削といし以外は、といしの側面を使用しない

高速カッターの側面使用の禁止

バフの覆い《安衛則121条》

- バフ盤（布バフ、コルクバフ、羊毛バフ等を除く）の研まに必要な部分以外の部分には覆いを設ける

事業者

特別教育に準じた教育《平 22. 7 .14 基安発 0714 第 1 号》

- 携帯用丸のこ盤を使用する作業に従事する労働者に対し実施

 特別教育に準じた教育は P63 参照

選任 《**安衛則 129 条**》

木材加工用
機械
作業主任者

- 木材加工用機械（丸のこ盤、帯のこ盤、かんな盤、面取り盤及びルーターに限る）を一つの事業場で 5 台（自動送材車式帯のこ盤を含む場合は 3 台）以上保有している場合（携帯型を除く）、技能講習修了者のうちから選任する

作業主任者は
P16 参照

職務 《**安衛則 130 条**》

作業を 直接指揮	安全装置 機械 の点検	安全装置 機械 の異常時の措置	工具等 の使用状況 を監視

帯のこ盤の歯及びのこ車の覆い等《安衛則 124 条》

- 切断に必要な部分以外の歯及びのこ車には覆い又は囲いを設ける

> のこ車の覆いは
> ① 厚さ 1 mm 以上の鋼板を使用すること
> ② のこ車の両面を覆うものであること
> ③ のこ車の下端まで覆うこと

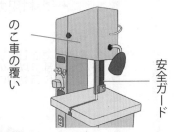

のこ車の覆い

安全ガード

帯のこ盤の送りローラーの覆い等《安衛則 125 条》

- スパイクつき送りローラー又はのこ歯形送りローラーには、送り側を除いて、接触予防装置又は覆いを設ける

※ただし、スパイクつき送りローラー又はのこ歯形送りローラーを停止することができる急停止装置が設けられているものを除く

手押しかんな盤の刃の接触予防装置の設置《安衛則 126 条》

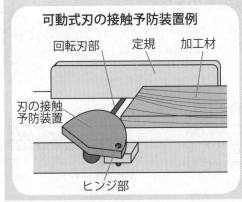

可動式刃の接触予防装置例

回転刃部　定規　加工材
刃の接触予防装置
ヒンジ部

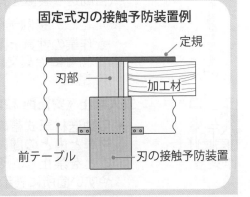

固定式刃の接触予防装置例

定規
刃部　加工材
前テーブル　刃の接触予防装置

第 5 章 機械作業等における危険の防止

木材加工用機械（2）

事業者

丸のこ盤の反ぱつ予防装置《安衛則 122 条、構造規格（昭和 47 年労働省告示第 86 号）14 条》

- 縦引き用丸のこ盤には、割刃その他反ぱつ予防装置を設ける（横切用丸のこ盤その他反ぱつにより危険のおそれのないものを除く）

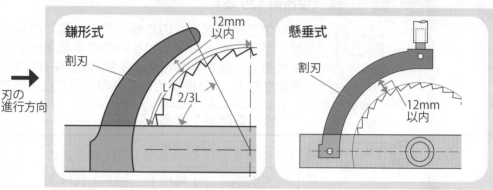

刃の進行方向

L＝さか歯の部分
2/3L＝さか歯の部分の 3 分の 2 以上を覆う

丸のこ盤の歯の接触予防装置の設置《安衛則 123 条、構造規格 27 条》

- （製材用丸のこ盤及び自動送り装置を有する丸のこ盤を除く）

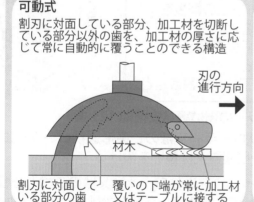

可動式
割刃に対面している部分、加工材を切断している部分以外の歯を、加工材の厚さに応じて常に自動的に覆うことのできる構造

割刃に対面している部分の歯
覆いの下端が常に加工材又はテーブルに接する
材木

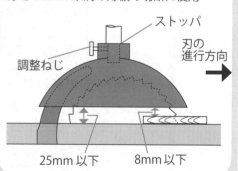

固定式
厚さ 25mm 未満の薄板の切断に使用

ストッパ
調整ねじ
刃の進行方向
25mm 以下　　8mm 以下

面取り盤の刃の接触予防装置の設置《安衛則 127 条》

- （自動送り装置を有するものを除く）

※ただし、接触予防装置を設けることが作業の性質上困難な場合において、労働者に治具又は工具を使用させたときは除く

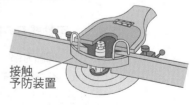

接触予防装置

立入禁止《安衛則 128 条》

- 自動送材車式帯のこ盤の送材車と歯との間に立ち入ることを禁止し、その旨を見やすい箇所に表示する

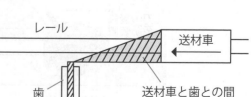

レール
送材車
歯
送材車と歯との間

作業者

食品加工用機械（1）

事業者

切断機等の覆い等《安衛則130条の2》

- 食品加工用切断機・切削機の刃の切断・切削に必要な部分以外の部分には、覆い、囲い等を設ける

覆い

切断に必要な部分

> 「覆い、囲い等」には可動式ガードや光線式安全装置が含まれる

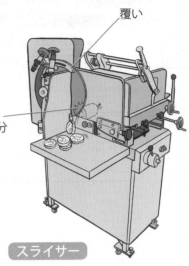

スライサー

粉砕機等への転落等における危険の防止《安衛則130条の5》

食品加工用粉砕機又は食品加工用混合機の開口部から転落のおそれのあるとき	蓋、囲い、高さが90cm以上の柵等を設ける
蓋、囲い、柵等を設けることが困難な場合	要求性能墜落制止用器具を使用させる等（転落の危険を防止するため）の措置
要求性能墜落制止用器具（要求性能墜落制止用器具その他の命綱）の使用を命じられたとき	労働者はこれを使用する
開口部から可動部分に接触することにより労働者に危険が生ずるおそれのあるとき	蓋、囲い等を設ける

回転部

インターロック機構

混合機

覆いを開けた状態では回転部は可動しない

ロール機の覆い等《安衛則130条の8》

- 危険を及ぼすおそれのある部分には、覆い、囲い等を設ける

食品加工用機械（2）

事業者

成形機等による危険の防止《安衛則 130 条の 9》

- 成形機・圧縮機に身体の一部を挟まれる等の危険があるときは、覆い、囲い等を設ける

インターロック機能搭載で蓋を開けている間は機械も止まる

作業者

切断機・粉砕機等に原材料を送給又は切断機・粉砕機等から原材料等を取り出す場合における危険の防止《安衛則 130 条の 3、4、6、7》

切断機・切削機《安衛則 130 条の 3、4》	粉砕機・混合機《安衛則 130 条の 6、7》

に原材料を…　　　　　　からの原材料・内容物を…

送給する場合《安衛則 130 条の 3、6》原材料の送給が自動的に行われる構造のものを除く	取り出す場合《安衛則 130 条の 4、7》原材料・内容物の取出しが自動的に行われる構造のものを除く

切断機・切削機の場合　　　粉砕機・混合機の場合

130 条の 4 が「原材料」で 130 条の 7 が「内容物」

機械に付属する専用のものがある場合には、これを他の用具で代替しないこと

労働者に危険を及ぼすおそれのあるとき

機械の運転を停止し、又は労働者に用具等を使用させる

プレス機械及びシャー（1）

事業者

特別教育は
P62 参照

特別教育の実施《安衛法 59 条、安衛則 36 条 2 号》

- 動力プレスの金型、シャーの刃部、安全装置、安全囲い等の取付け・取外し・調整の業務に従事する労働者に対し実施

選任《**安衛則 133 条**》

プレス機械
作業主任者

- 動力プレスを一つの事業場で 5 台以上保有している場合、技能講習修了者のうちから選任する

作業主任者は
P16 参照

職務《安衛則 134 条》

プレス機械 安全装置 の点検	プレス機械 安全装置 の異常時の措置	切替えキースイッチ の保管	金型の 取付け 取外し 調整作業 を直接指揮

スライドの下降による危険の防止《安衛則 131 条の 2》

- 動力プレスの金型の取付け、取外し、調整の作業で、身体の一部が危険限界に入るときは、スライドが不意に下降することによる危険を防止するため、安全ブロック、安全プラグ、キーロック等を使用する

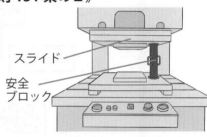

スライド
安全ブロック

金型の調整《安衛則 131 条の 3》

- プレス機械の金型調整のためスライドを作動させるときは寸動により行い、寸動機構がない場合は、操作電源を切りフライホイール等の回転が停止した後に手回しで行う

クラッチ等の機能の保持《安衛則 132 条》

- クラッチ、ブレーキその他制御のために必要な部分の機能を常に有効な状態に保持する

定期自主検査《安衛則 134 条の 3、135 条、135 条の 3》

- 動力プレス及び動力駆動のシャーは 1 年以内ごとに 1 回定期自主検査（動力プレスは特定自主検査）を実施

定期自主検査
は P 75
特定自主検査
は P 76 参照

定期自主検査の記録《安衛則 135 条の 2》

- 3 年間保存

特定自主検査《安衛則 135 条の 3 第 4 項》

- 動力プレスの定期自主検査（特定自主検査）を行ったときは、検査標章を貼付する

作業開始前点検《安衛則 136 条》

補修等《安衛則 137 条》

- 異常を認めた場合は補修等を実施

検査標章の例

第 5 章 機械作業等における危険の防止

プレス機械及びシャー（2）

事業者

プレス機械・シャーによる危険の防止《**安衛則131条1項**》

- 身体の一部がスライド又は刃物の作動範囲（危険限界）に入らないようにするため、以下の措置を講ずる

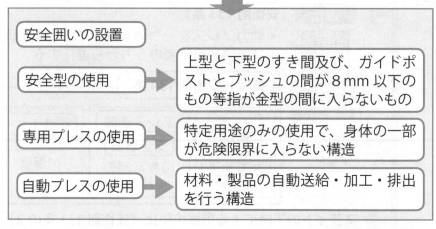

安全囲いの設置

安全型の使用 → 上型と下型のすき間及び、ガイドポストとブッシュの間が8mm以下のもの等指が金型の間に入らないもの

専用プレスの使用 → 特定用途のみの使用で、身体の一部が危険限界に入らない構造

自動プレスの使用 → 材料・製品の自動送給・加工・排出を行う構造

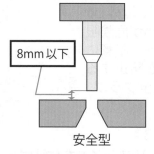

8mm以下

安全型

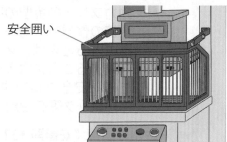

安全囲い

安全プレス等の使用《**安衛則131条1項ただし書き**》

- スライド又は刃物による危険を防止するための機構を有するもの（安全プレス等）を使用する

  ※安全プレスは型式検定に合格したものを使用する

両手操作式は片方の手を離すと回路が遮断されて機械が止まる。さらにスイッチは左右に30cm以上離して取付けてあるので、操作中は危険限界から両手が離れて安全装置の働きをする

両手操作式

インターロックガード式

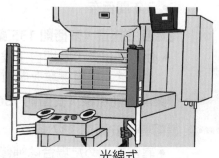

光線式

プレス機械及びシャー（3）

事業者

プレス等による危険の防止《安衛則 131 条 2 項、 3 項》

- 多品種少量生産
- 形状の複雑な材料の加工等

→ 安全化措置が困難な場合

↓

専用の手工具の使用や以下に適合した安全装置を使用する

↓

プレス等の種類、圧力能力、毎分ストローク数及びストロークの長さ並びに作業の方法に応じた性能を有するもの

両手操作式・感応式の安全装置にあっては

→ プレス等の停止性能に応じた性能を有するもの

プレスブレーキ用レーザー式安全装置にあっては

→ スライドの速度を毎秒 10mm 以下とすることができ

↓ かつ

当該速度でスライドを作動させるときはスライドを作動させるための操作部を操作している間のみスライドを作動させる性能を有するもの

手引き式

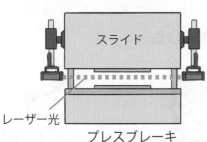

スライド

レーザー光

プレスブレーキ

- 手払い式安全装置については、足踏みスイッチのプレス機械に設置した場合に、手を払い切れずにスライドに挟まれる災害が見られたことから、今後は原則使用禁止とした。そのうえで、経過措置として次の条件を全て満たす場合に限って当分の間、使用可能としている
  1. 操作方法が両手操作式
  2. 毎分ストローク数が 120 以下
  3. ストロークの長さが、① 40mm 以上であって②防護板の長さ（防護板の長さが 300mm 以上のものにあっては 300mm）以下

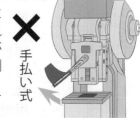
手払い式

手払い式は原則使用禁止
（平成 23 年安衛則改正）

プレスブレーキ用レーザー式安全装置

安全装置を設置しない場合

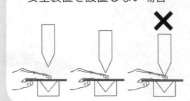
×

安全装置を設置した場合

STOP!!

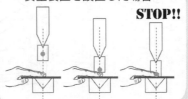

131 条 1 項、 2 項の措置は、行程・操作・操作ステーション・安全装置の切替スイッチを備えるプレス等については、当該スイッチが切り替えられたいかなる状態においても講じられていなければならない

遠心機械・粉砕機・混合機

事業者

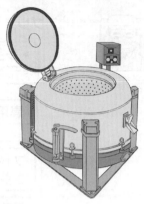

遠心機械

ふたの取付け《安衛則 138 条》

内容物を取り出す場合の運転停止《安衛則 139 条》

- （取出しが自動的に行われる構造のものを除く）

最高使用回転数を超える使用の禁止《安衛則 140 条》

定期自主検査《安衛則 141 条》

- 動力駆動の遠心機械は、1 年以内に 1 回実施する
- 記録の保存は 3 年間
- 異常箇所は補修等を実施する

粉砕機・混合機

転落等の危険の防止《安衛則 142 条》

- 開口部には、ふた、囲い、高さ 90cm 以上の柵等を設ける。ただし設けることが困難な場合、要求性能墜落制止用器具を使用する等転落の危険を防止する

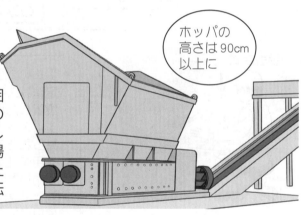

ホッパの高さは 90cm 以上に

内容物を取り出す場合の運転停止《安衛則 143 条》

- 内容物を取り出す場合、機械の運転を停止する

※ただし、粘性が大きく運転を停止すると凝固する等、内容物を取り出すことが困難な場合は用具を使用すること

ロール機等・高速回転体

事業者

ロール機等

紙等を通すロール機の囲い等《安衛則 144 条》

- 紙、布、金属箔(はく)等を通すロール機には、囲い、ガイドロール、じゃま板、急停止装置等を設ける

> 手が本体ロールとガイドロールの間に巻き込まれた場合、ガイドロールが反対側の本体ロールと接触し逆回転となり手を排出しやすくする

ガイドロール
材料
移動式のガイドロール

織機のシャットルガード《安衛則 145 条》

- シャットルを有する織機には、シャットルガードを設ける

伸線機の引抜きブロック等の覆い等《安衛則 146 条》

- 伸線機の引抜きブロック、より線機のケージには覆い、囲い、柵等を設ける

射出成形機等による危険の防止《安衛則 147 条》

- 射出成形機、鋳型造形機、型打ち機等にはさまれないように、閉じなければ機械が作動しない構造の戸、両手操作式による起動装置、光線式安全装置、ゲート式安全装置等を設ける

フタ

> フタが閉じた状態で作動させること

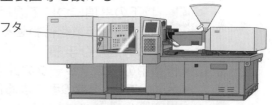

扇風機による危険の防止《安衛則 148 条》

- 羽根には網、囲いを設ける

高速回転体

回転試験中の危険防止《安衛則 149 条》

- 高速回転体(タービンローター、遠心分離機のバスケット等の回転体で、周速度が毎秒 25 m を超えるものをいう)の回転試験は、専用の堅固な建設物内又は堅固な障壁等で隔離された場所で行う

回転軸の非破壊検査《安衛則 150 条》

- 高速回転体(回転軸の重量が 1 t を超え、かつ、回転軸の周速度が毎秒 120 m を超えるものに限る)の回転試験を行う場合は、あらかじめ回転軸の非破壊検査を行う

回転試験の実施方法《安衛則 150 条の 2》

- 遠隔操作の方法、破壊時の破片の飛来を避けるため回転軸の軸方向に位置して行う等の方法による

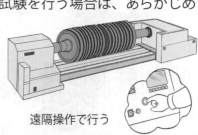

遠隔操作で行う

産業用ロボット（1）

事業者

特別教育の実施《安衛法 59 条、安衛則 36 条 31、32 号》

- 産業用ロボットの教示等の業務
- 産業用ロボットの検査・修理・調整等の業務

📖 特別教育は P62 参照

教示等の作業による危険の防止《安衛則 150 条の 3》

〔関連公示：産業用ロボットの使用等の安全基準に関する技術上の指針
昭 58. 9. 1 技術上の指針公示第 13 号
昭 58. 6.28 基発第 339 号〕

- 産業用ロボットの可動範囲内で教示等の作業を行うときは、以下の措置を講ずる。**1**、**2** については、駆動源を遮断して行う場合は、その必要は無い

1 以下の事項について規程を定め、これにより作業を行わせる

- 操作の方法及び手順
- 作業中のマニプレータの速度
- 合図の方法（複数の者による作業の場合）
- 異常時の措置
- 異常時に運転停止した後の再起動の措置
- ノイズの防止方法等、その他不意の作動・誤操作による危険を防止する措置

教示等の作業とは？

産業用ロボットのマニプレータの動作の順序・位置・速度を、設定・変更・確認する作業をいいます

2 労働者又は監視者が異常時に直ちに運転を停止できるように、以下の措置を講ずる

- 異常時に直ちに産業用ロボットの運転を停止させることができるスイッチの保持
- スイッチを押している間だけ作動し、手を離すと直ちに停止する機能を有する可搬式操作盤による作業
- 監視者に、常時監視させ、異常時には直ちに運転停止可能な構造のスイッチを、その場で操作できる位置に備える

産業用ロボット（2）

事業者

3 起動スイッチ・運転状態を切り替えるためのスイッチに、以下のいずれかの措置を行う
- 作業中の表示
- 監視人の配置
- 起動スイッチ等の操作盤全体に鍵をかける

産業用ロボットの駆動源を遮断して作業を行うときは **1** と **2** の措置はとらなくてもよい

第5章 機械作業等における危険の防止

運転中の危険の防止《安衛則 150 条の 4》

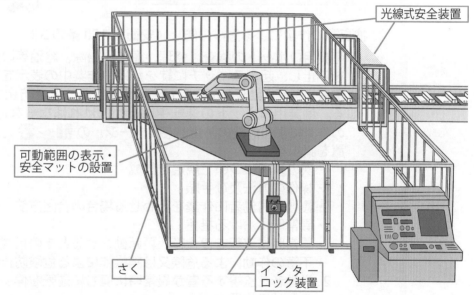

光線式安全装置

可動範囲の表示・安全マットの設置

さく

インターロック装置

1 さく、又は囲いを設ける

2 可動範囲に労働者が接近したことを検知し、作動を停止させ、再起動をしなければ作動しない機能を有する以下のような装置等を備える
- 光線式安全装置
- 超音波センサー等を利用した安全装置
- 安全マット（マットスイッチ）

産業用ロボット（3）

事業者

3 可動範囲の外側にロープ・鎖等を張り、見やすい位置に「運転中立入禁止」の表示を行い、周知する

4 可動範囲に立ち入らないように監視人を配置

5 監視装置（モニターＴＶ）を設置し、この装置による監視人を配置して以下の措置を講ずる
- マイク等で警告を発する等して、可動範囲内に立ち入らせない
- 労働者が可動範囲に接近したときは、直ちにロボットの運転を停止させる

検査等の作業による危険の防止《安衛則 150 条の 5》

- 産業用ロボットの検査、修理、調整、掃除、給油等の作業時は、運転を停止し、起動スイッチに錠をかけ、作業中の表示をする等、当該労働者以外の者が起動スイッチを操作することを防止する措置を講じる。産業用ロボットの運転中に行わなければならない場合、「教示等の作業による危険の防止」（98 ページ）の **1** ～ **3** と同様な以下の措置を講ずる
    1. 次の事項について規定を作成
        - 操作の方法及び手順
        - 複数の労働者に作業を行わせる場合の合図方法
        - 異常時における措置
        - 異常時に運転を停止後、再起動させるときの措置
        - 不意の作動による危険又は誤操作による危険防止のための措置
    2. 労働者を監視する者が異常時に直ちに運転を停止できるようにするための措置
    3. 運転切り替えスイッチ等に作業中である旨を表示する等作業従事者以外の者がスイツチ等を操作することを防止するための措置

点検《安衛則 151 条》

- 可動範囲内にて駆動源を遮断せずに教示等の作業を行うときは、作業開始前に以下の事項を点検し、異常を認めた場合、直ちに補修する等必要な措置を講じる
    1. 外部電線の被覆又は外装の損傷の有無
    2. マニプレータの作動の異常の有無
    3. 制動装置及び非常停止装置の機能

第6章

運搬機械・クレーン等の作業における危険の防止

・車両系荷役運搬機械等（1）〜（3） ………………… 102

・フォークリフト ………………………………………… 105

・フォークローダー、ショベルローダー ……………… 106

・構内運搬車 ……………………………………………… 107

・貨物自動車（1）（2） ………………………………… 108

・コンベヤー（1）〜（3） ……………………………… 110

・クレーン運転に必要な資格 …………………………… 113

・クレーンの管理（1）（2） …………………………… 114

・クレーン作業における危険の防止（1）（2） ……… 116

・玉掛け作業の安全に係るガイドライン（1）〜（3）… 118

車両系荷役運搬機械等（1）

車両系荷役運搬機械等とは？《安衛則 151 条の2》

1	フォークリフト	5	不整地運搬車
2	ショベルローダー	6	構内運搬車（長さ 4.7 m 以下、幅 1.7 m 以下、高さ 2.0 m 以下で最高速度が毎時 15km 以下のもの）
3	フォークローダー		
4	ストラドルキャリヤー	7	貨物自動車

● 車両系荷役運搬機械等の一般基準

事業者

作業計画《安衛則 151 条の3》

以下に適応する作業計画を定め、これに基づき作業を行う

→ 作業計画は関係労働者に周知する

- 作業場所の広さ、地形
- 機械等の種類、能力
- 荷の種類、形状、重量、有害性等

作業計画には運行経路・作業方法を明示してね

選任 《安衛則 151 条の4》

作業指揮者

- 作業計画に基づき作業の指揮を行う

転倒・転落による危険防止《安衛則 151 条の6》

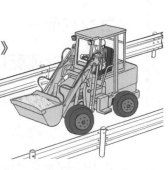

- 運行経路の必要な幅員の保持
- 地盤の不同沈下防止
- 路肩の崩壊防止
- ガードレールの設置
- 路肩、傾斜地等に誘導者を配置

接触の防止《安衛則 151 条の7》

- 運転中の機械又は荷に接触する箇所への立入禁止
- 誘導者の配置

合図《安衛則 151 条の8》

- 誘導者を置くときは、一定の合図を定め、誘導者に合図を行わせる

車両系荷役運搬機械等（2）

事業者

立入禁止《安衛則 151 条の 9》

- フォーク、ショベル、アーム、ダンプトラックの荷台等及びこれらにより支持されている荷の下へ労働者を立ち入らせない。修理・点検等で立ち入る場合は、安全支柱、安全ブロック、架台等を使用させる

荷の積載《安衛則 151 条の 10》

- 偏荷重が生じないように積載する
- 不整地運搬車・構内運搬車・貨物自動車については、荷崩れ・荷の落下防止のため、荷にロープ又はシートを掛ける等の措置を講ずる

移送するための積み降ろし《安衛則 151 条の 12》

- 平坦で堅固な場所で行う
- 道板を使用する時は、十分な長さ、幅、強度のあるものを使用し、適当な勾配で確実に取り付ける

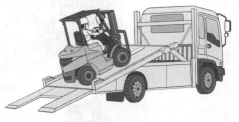

搭乗の制限《安衛則 151 条の 13》

- 乗車席以外の箇所に労働者を乗せない（不整地運搬車、貨物自動車を除く）

※ただし、墜落による労働者の危険防止措置を講じたときは除く

運転者

制限速度《安衛則 151 条の 5》

- 地形、地盤の状態等に応じて定められた適正な制限速度以下で運転を行う

第 6 章 運搬機械・クレーン等の作業における危険の防止

事業者

主たる用途以外の使用の制限《安衛則 151 条の 14》

- 荷のつり上げ、労働者の昇降等、主たる用途以外の用途に使用しない

※ただし、労働者に危険を及ぼすおそれのないときは除く

修理等《安衛則 151 条の 15》

- 修理又はアタッチメントの装着・取外しの作業を行うときは、作業を指揮する者を定め以下の事項を行わせる
  1. 作業手順の決定、作業の直接指揮
  2. 安全支柱、安全ブロック等の使用状況監視

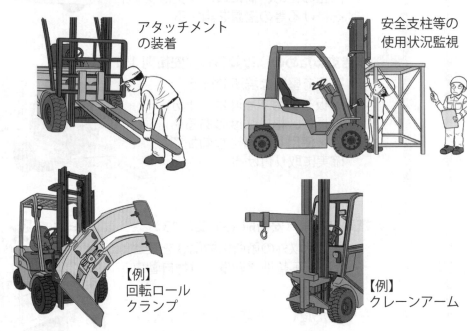

アタッチメントの装着

安全支柱等の使用状況監視

【例】
回転ロールクランプ

【例】
クレーンアーム

運転者

運転位置から離れる場合の措置《安衛則 151 条の 11》

- フォーク、ショベル等の荷役装置を最低降下位置に置く
- 原動機を止め、ブレーキを確実にかける

エンジンをかけたまま運転席を離れてはダメ

104

フォークリフト

事業者

技能講習・特別教育《**安衛法 59 条、61 条**》

- 運転業務は、最大荷重に応じ技能講習又は特別教育の修了者以外行ってはならない

📖 特別教育は P62 参照

最大荷重	運転資格
1 t 以上	技能講習修了者
1 t 未満	特別教育修了者

〔**安衛令 20 条 11 号、安衛則 36 条 5 号**〕

前照灯及び後照灯を備えたものの使用《**安衛則 151 条の 16**》

- （作業に必要な照度が保持された場所を除く）

ヘッドガードの構造《**安衛則 151 条の 17**》

- 強度は最大荷重の 2 倍の値（その値が 4 t を超えるものは 4 t）の等分布静荷重に耐えるもの
- 上部わくの各開口部の幅又は長さは 16cm 未満
- 座って操作する方式
  座席上面からヘッドガード上部わくの下面までの高さは 95cm 以上
- 立って操作する方式
  運転者席床面からヘッドガード上部わくの下面までの高さは 1.8 m 以上

ヘッドガード

前照灯

バックレスト

フォーク

バックレストの使用《**安衛則 151 条の 18**》

- （マストの後方に荷が落下することにより労働者に危険を及ぼすおそれのないときは除く）

パレット又はスキッド《**安衛則 151 条の 19**》

- 積載する荷の重量に応じた十分な強度を有するもの
- 著しい損傷、変形又は腐食のないもの

使用の制限《**安衛則 151 条の 20**》

- 許容荷重や安定度等の能力を超えた使用はしない

定期自主検査

- 1 年以内ごとに 1 回（特定自主検査）《**安衛則 151 条の 21、24**》
- 1 カ月以内ごとに 1 回《**安衛則 151 条の 22**》

定期自主検査の記録《**安衛則 151 条の 23**》

- 3 年間保存する

特定自主検査《**安衛則 151 条の 24 第 5 項**》

- 年次の自主検査（特定自主検査）を行ったときは、検査標章を貼付する

作業開始前点検《**安衛則 151 条の 25**》

補修等《**安衛則 151 条の 26**》

- 検査・点検の結果、異常を認めた場合は直ちに補修等実施する

第6章 運搬機械・クレーン等の作業における危険の防止

フォークローダー、ショベルローダー

事業者

技能講習・特別教育《安衛法 59 条、61 条》

- 最大荷重に応じ技能講習又は特別教育を修了した者以外行ってはならない

 特別教育は P62 参照

最大荷重	運転資格
1 t 以上	技能講習修了者
1 t 未満	特別教育修了者

〔安衛令 20 条 13 号、安衛則 36 条 5 号の 2〕

前照灯及び後照灯を備えたものの使用《安衛則 151 条の 27》

- （作業に必要な照度が保持された場所を除く）

フォークローダー

ヘッドガード／バックミラー／前照灯／バックレスト／フォーク

ヘッドガード《安衛則 151 条の 28》

- 堅固なヘッドガードを備える。構造上の基準はフォークリフトのヘッドガード基準に準ずる

※ただし、荷の落下によりショベルローダー等の運転者に危険を及ぼすおそれのないときは除く

ショベルローダー

ヘッドガード／前照灯／バックミラー／ショベル

荷の積載《安衛則 151 条の 29》

- 運転者の視野を妨げないように積載する

使用の制限《安衛則 151 条の 30》

- 最大荷重や安定度等の能力を超えた使用はしない

定期自主検査

- 1 年以内ごとに 1 回《安衛則 151 条の 31》
- 1 カ月以内ごとに 1 回《安衛則 151 条の 32》

定期自主検査の記録《安衛則 151 条の 33》

- 3 年間保存

作業開始前点検《安衛則 151 条の 34》

補修等《安衛則 151 条の 35》

- 検査・点検の結果、異常を認めた場合は直ちに補修等実施する

構内運搬車

事業者

制動装置等《安衛則 151 条の 59》
- 有効な制動装置を備えていること
- 警音器を備えていること
- かじ取りハンドルの中心から車体の最外側までの距離が 65cm 以上のもの、又は運転席が車室内にあるものは、左右に 1 個ずつ方向指示器を備えていること
- 前照灯及び尾灯を備えていること

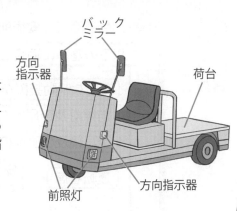

連結装置《安衛則 151 条の 60》
- 確実な連結装置を用いる

使用の制限《安衛則 151 条の 61》
- 最大積載量や安定度等の能力を超えた使用はしない

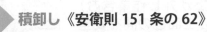

積卸し《安衛則 151 条の 62》
- 1 つの荷が 100kg 以上のものを構内運搬車に積み卸すとき（ロープ・シートの掛け外し作業含む）は、作業指揮者を定め以下の事項を行わせる
  1. 作業手順及び作業手順ごとの作業方法の決定、作業の直接指揮
  2. 器具・工具の点検、不良品の除去
  3. 関係労働者以外の者の立入禁止
  4. ロープ解き、シート外し作業のときは、荷の落下の危険がないことを確認後に、作業着手を指示すること

作業開始前点検《安衛則 151 条の 63》

補修等《安衛則 151 条の 64》
- 点検で異常を認めたら直ちに補修等を実施する

貨物自動車（1）

事業者

制動装置等《安衛則 151 条の 65》

以下の基準に適合したものを使用する

| 有効な制動装置を備える | 警音器を備える |
| 前照灯及び尾灯を備える | 速度計を備える※ |

後写鏡及び直前の障害物を確認できる鏡を備える

運転者席 → 安全な運転ができる視野を有し　かつ　透明でひずみのない安全なガラスを前面に使用する

タイヤは右記のものを使用する → 亀裂　コード層の露出　その他の著しい損傷　がないもの

右記のものは前方及び後方 30m の距離から確認できる方向指示器を左右に 1 個ずつ備える →

かじ取りハンドルの中心から車体の最外側までの距離が 65cm 以上あるもの

運転席が車室内にあるもの

※最高速度が毎時 20km 以下の場合は適用なし

使用の制限《安衛則 151 条の 66》
- 最大積載量や安定度等の能力を超えた使用はしない

昇降設備《安衛則 151 条の 67》
- 最大積載量 5 ｔ以上の車に荷の積み卸し作業（ロープ・シートの掛け外し作業含む）を行うとき、床面と荷の上面との間を安全に昇降するための設備を設ける

不適格な繊維ロープの使用禁止《安衛則 151 条の 68》
- ストランドが切断しているもの
- 著しい損傷又は腐食があるもの

繊維ロープの点検《安衛則 151 条の 69》
- その日の使用開始前に点検し、異常があれば直ちに取り替える

作業開始前点検《安衛則 151 条の 75》

補修等《安衛則 151 条の 76》
- 点検で異常を認めたら直ちに補修等を実施する

貨物自動車（2）

事業者

積卸し《安衛則 151 条の 70》

指名 • 1つの荷が100kg以上のものを貨物自動車に積み卸すときは、指名された作業指揮者は以下の事項を行う

作業指揮者

職務

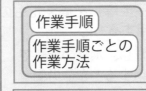

作業手順	
作業手順ごとの作業方法	を決定し → 作業を直接指揮

ロープ解き	
シート外し の作業時	→ 荷の落下の危険のないことを確認後 → 作業着手を指示

関係労働者以外の労働者 → 立入禁止措置

器具 工具 の点検	昇降設備 の使用状況
不良品 の除去	保護帽 の監視

保護帽よし！
昇降設備よし！

作業者

中抜きの禁止
《安衛則 151 条の 71》
• 荷卸し作業を行うときは、中抜きをしてはならない

荷台への乗車制限
• 荷台にあおりのない貨物自動車は、走行中の荷台への乗車は禁止《安衛則 151 条の 72》
• 荷台にあおりのある貨物自動車の荷台に乗車するとき《安衛則 151 条の 73》
  1. 荷の歯止め、滑止めの措置を講ずる
  2. あおりを確実に閉じる
  3. あおり等、動揺で墜落するあそれのある箇所に乗らない
  4. 身体の最高部が運転者席の屋根の高さや荷の最高部の高さを超えて乗らない

保護帽の着用《安衛則 151 条の 74》
• 最大積載量5ｔ以上の車に荷の積み卸し作業（ロープ・シートの掛け外し作業含む）を行うときは、墜落による危険を防ぐため、保護帽を着用する（箱荷台・ほろ付き荷台等の場合、及びダンプトラック等で荷台又は荷の上に乗る必要がない場合は除く）

JIS T8131
適合品を着用する

コンベヤー（1）

事業者

逸走等の防止 《安衛則 151 条の 77》

- 傾斜又は垂直コンベヤーは、停電、電圧降下等による荷又は搬器の逸走及び逆送を防止するための装置（電磁ブレーキ等）を備えたものを使用する

  ※ただし、水平の状態で使用するときや労働者に危険を及ぼすおそれのないときは除く

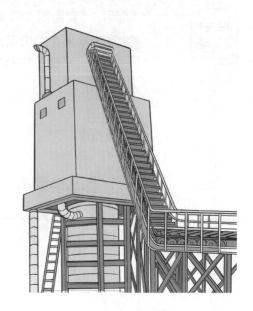

非常停止装置 《安衛則 151 条の 78》

- 身体の一部が巻き込まれる等のおそれがあるコンベヤーは、ロープ式非常停止装置や非常停止スイッチ等を備える

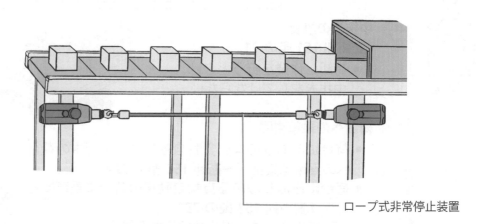

ロープ式非常停止装置

荷の落下防止 《安衛則 151 条の 79》

- 荷が落下するおそれがあるときは、覆い又は囲いを設ける等、落下防止措置を行う

覆いや囲いには板状の落下防止措置も含まれる

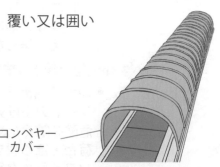

コンベヤーカバー

コンベヤー（2）

事業者

トロリーコンベヤー《安衛則 151 条の 80》

- トロリーとチェーン及びハンガーが容易に外れないように相互に確実に接続されているものを使用する

確実に接続！

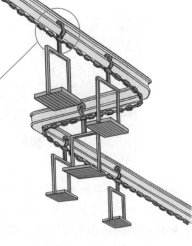

点検《安衛則 151 条の 82》

その日の作業開始前に以下の事項を点検する

| 原動機 | プーリー | 逸走等防止装置 | 非常停止装置 | の機能 |

| 原動機 | 回転軸 | 歯車 | プーリー | 等の覆い、囲い等の異常の有無 |

点検・補修作業中は必ず運転を停止すること

補修等《安衛則 151 条の 83》

- 点検により異常を認めたときは、直ちに補修等の措置をする

作業者

搭乗の制限《安衛則 151 条の 81》

- 動く歩道等の労働者を運搬する構造以外のコンベヤーには、運転中、乗らない

※ただし、労働者を運搬する構造のコンベヤーについて、墜落、接触等による労働者の危険を防止するための措置を講じた場合は除く

- 設計時の使用目的以外の目的に使用しない。また、その取扱説明書等に記載された条件以外の条件で使用しない
- 作業場及び通路は、整とんし、かつ、清掃しておく

- 停止スイッチの周囲には、障害物を置かない
- コンベヤーの運転は、指名された者が行う
- 荷の供給に当たっては、コンベヤーが過負荷にならないようにする

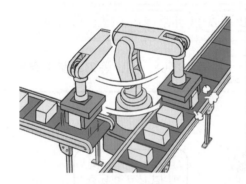

- 人力による荷積み作業及び荷卸し作業は、荷の寸法、重量等を考慮して行い、必要がある場合は、機械装置を用いて行う
- 非常停止中又は事故停止中のコンベヤーを再起動する場合は、あらかじめ、その停止の原因及び故障箇所の補修状況等を確認する
- 正常な状態で使用されるよう、定期的に点検及び整備をする

- 掃除、給油、検査、修理等の保全の作業を行う場合において、労働者に危険を及ぼすおそれのあるときは、コンベヤーの運転を停止し、かつ、コンベヤーが作動しないような措置を講ずる
- 防護覆い、点検覆い等は、やむを得ない場合を除きコンベヤーの運転中は開放しない

中さん付きの手すり
（高さ 90cm 以上）

踏切橋

- 作業の必要上やむを得ない場合であって、かつ、事業者が安全上必要な措置を講じた場合を除き、コンベヤーに乗らない
- 踏切橋及び通路を除いては、コンベヤーの上又は下を横断しない
- 事業者は、労働者、保全作業を行う者及び監督者に対して、あらかじめ、コンベヤーによる災害を防止するために必要な作業標準、取扱要領、保全方法等について教育をする

クレーン運転に必要な資格

● 技能講習・特別教育・就業制限　《安衛法 59 条、61 条、クレーン則 21 条、22 条》

つり上げ荷重や構造により、技能講習・特別教育を修了した者又は免許を受けた者以外行ってはならない

📖 特別教育は P62 参照

クレーンの種類	つり上げ荷重	運転に必要な資格				
		クレーン・デリック運転士免許	クレーン・デリック運転士限定免許		床上操作式クレーン運転技能講習修了	クレーン運転特別教育修了
			クレーン限定	床上運転式クレーン限定		
クレーン（含：無線操作式）	5 t 以上	○	○			
	5 t 未満	○	○	○	○	○
床上運転式クレーン	5 t 以上	○	○	○		
	5 t 未満	○	○	○	○	○
床上操作式クレーン	5 t 以上	○	○	○	○	
	5 t 未満	○	○	○	○	○
跨線テルハ	5 t 以上	○	○	○	○	○

床上運転式クレーン：床上で運転し、運転者がクレーンの走行とともに移動するクレーン
床上操作式クレーン：床上で運転し、かつ、運転者がつり荷の移動とともに移動するクレーン

● つり上げ荷重 5 t 以上で必要な資格は？

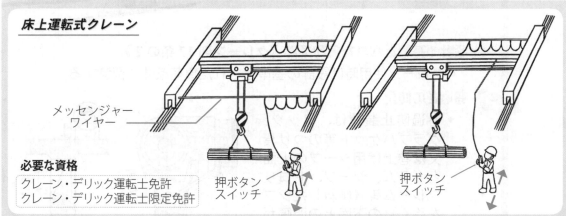

床上運転式クレーン

メッセンジャーワイヤー

必要な資格
クレーン・デリック運転士免許
クレーン・デリック運転士限定免許

押ボタンスイッチ

押ボタンスイッチ

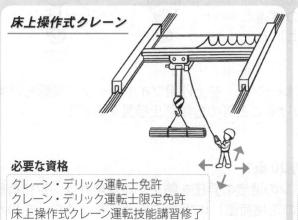

床上操作式クレーン

必要な資格
クレーン・デリック運転士免許
クレーン・デリック運転士限定免許
床上操作式クレーン運転技能講習修了

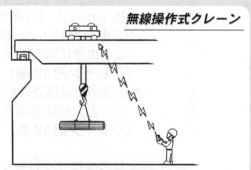

無線操作式クレーン

必要な資格
クレーン・デリック運転士免許
クレーン・デリック運転士限定免許（クレーン限定）

クレーンの管理（1）

事業者

検査証の備付け《クレーン則 16 条》
- クレーン使用時、当該作業場又は事業場の事務所に備え付ける

使用の制限《クレーン則 17 条》
- クレーン構造規格に適合するものでなければ使用してはならない

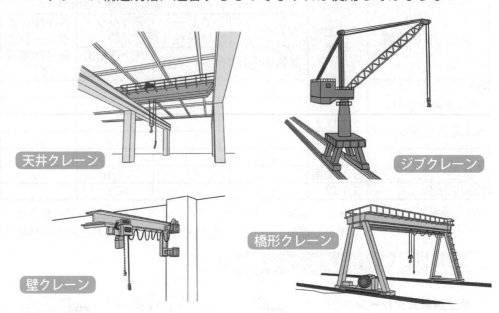

天井クレーン

ジブクレーン

壁クレーン

橋形クレーン

設計の基準とされた負荷条件《クレーン則 17 条の 2》
- クレーン使用時は設計の基準とされた負荷条件に留意する

巻過ぎの防止
- 巻過防止装置は、フック、グラブバケット等のつり具又は巻上げ用シーブの上面とドラム、シーブ、トロリフレーム等（傾斜したジブを除く）の下面との間隔が25 cm 以上（直働式の巻過防止装置は 5 cm 以上）となるように調整する《クレーン則 18 条》

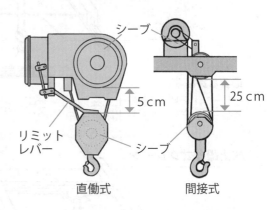

シーブ

リミットレバー

シーブ

5 cm

25 cm

直働式

間接式

- 巻過防止装置がないクレーンは、巻上げ用ワイヤロープに標識を付すること、警報装置を設けること等の危険防止措置を講ずる《クレーン則 19 条》

安全弁の調整《クレーン則 20 条》
- 水圧・油圧動力クレーンの過度の昇圧を防止する安全弁は、定格荷重（ジブクレーンは最大の定格荷重）に相当する荷重をかけたときの水圧・油圧に相当する圧力以下で作用するよう調整する

クレーンの管理（2）

事業者

並置クレーンの修理等の作業《**クレーン則 30 条**》

- 同一のランウェイに並置されている走行クレーンの修理、調整、点検等の作業を行うとき、走行クレーンと接触するおそれのある箇所で作業を行うときは、監視人をおくこと、ランウェイの上にストッパーを設けること等走行クレーン同士の衝突、走行クレーンへの労働者の接触等の危険防止措置を講ずる

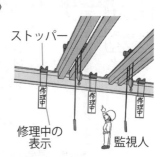

ストッパー

修理中の表示

監視人

定期自主検査等

《**クレーン則 34 条**》 1 年以内ごとに 1 回	定期自主検査 を実施	《**クレーン則 35 条**》 1 カ月以内ごとに 1 回

その日の作業開始前に点検を実施する《**クレーン則 36 条**》

巻過防止措置・ブレーキ・クラッチ・コントローラー　の機能

ランウェイの上及びトロリが横行するレール
ワイヤロープが通っている箇所　の状態

以下の場合、作業を行うときにクレーンの異常の有無を点検する《**クレーン則 37 条**》

瞬間風速毎秒 30 メートル超の暴風後　→　屋外クレーンのみ
中震（震度 4）以上の地震後　→　クレーン全機種

《**クレーン則 38 条**》		《**クレーン則 39 条**》
定期自主検査 暴風・地震後点検	結果の記録を 3 年間保存	検査・点検の結果 異常を認めた場合は 直ちに補修等実施

運転禁止等《**クレーン則 30 条の 2**》

- 天井クレーン等や近接する建物、機械、設備等の点検、補修、塗装等の作業を行うときは、労働者の墜落、挟まれ等の危険を防止するため、運転を禁止し、その旨の表示をする。運転する場合は、作業指揮者を定め、その者に作業の指揮及び点検従事者と運転者との連絡・合図を行わせる

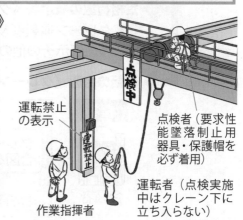

運転禁止の表示

点検者（要求性能墜落制止用器具・保護帽を必ず着用）

作業指揮者

運転者（点検実施中はクレーン下に立ち入らない）

クレーン作業における危険の防止（1）

事業者

外れ止め装置の使用《クレーン則20条の2》

- フックの外れ止め装置を具備するクレーンを用いて荷をつり上げるときは、当該装置を使用する

  ※昭和51年11月1日以降に製造されたクレーンは、全てこの装置を具備しなければならないこととなっている

ウェイト式　　　スプリング式

過負荷の制限《クレーン則23条》

- 定格荷重を超える荷重をかけて使用しない

  ┌─ やむを得ない場合 ─┐
  ① クレーン特例報告書を所轄労働基準監督署長に提出
  ② 荷重試験を行ない、異常がないことを確認する
  ③ 作業指揮者のもとに作動させる

  ①～③までの措置を講ずるときは、定格荷重を超え、第6条3項（落成検査）の荷重試験でかけた荷重まで使用することができる

傾斜角の制限《クレーン則24条》

- ジブクレーンは、クレーン明細書に記載されているジブの傾斜角（つり上げ荷重3t未満は製造者指定の傾斜角）の範囲を超えて使用しない

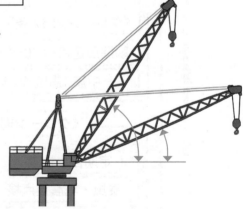

定格荷重の表示等《クレーン則24条の2》

- クレーン運転者及び玉掛け者が定格荷重を常時知ることができるよう、表示その他の措置を講ずる

運転の合図《クレーン則25条》

指名

合図者

クレーン作業時

クレーンの運転について一定の合図を定め
↓
合図者を指名し合図を行わせる

作業従事者は合図に従うこと

作業者

クレーン作業における危険の防止（2）

事業者

搭乗の制限《クレーン則26条》

- 労働者を運搬し、又は労働者をつり上げて作業させない

荷の下への立入禁止《クレーン則29条》

- ハッカーで荷をつっているとき
- つりクランプ1個でつっているとき
- ワイヤロープ、つりチェーン、繊維ロープ又は繊維ベルトで1箇所をつっているとき
- 複数の荷を一度につっている場合で、結束等により固定されていないとき
- 磁力又は陰圧で荷がつり上げられているとき
- 動力下降以外の方法により荷・つり具を下降させるとき

暴風時における逸走の防止《クレーン則31条》

- 瞬間風速が毎秒30mを超えるおそれのあるときは、屋外設置の走行クレーンについて、逸走防止装置を作用させる等の措置を講ずる

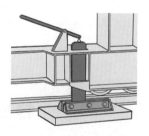

強風時の作業中止《クレーン則31条の2》

- 強風（10分間の平均風速が毎秒10m以上の風）のためクレーン作業で危険が予想される場合、作業を中止する

強風時における損壊の防止《クレーン則31条の3》

- 強風のため作業を中止した場合でジブクレーンのジブが損壊するおそれのある時は、ジブの位置を固定させる等により労働者の危険防止措置を講ずる

運転者

運転位置からの離脱の禁止《クレーン則32条》

- 荷をつったまま運転位置から離れない

第6章 運搬機械・クレーン等の作業における危険の防止

事業者

技能講習・特別教育《安衛法 59 条、61 条、クレーン則 221 条、222 条》

- クレーン、移動式クレーン、デリックの玉掛け業務は、つり上げ荷重に応じ技能講習又は特別教育を修了した者以外行ってはならない

つり上げ荷重	運転資格
1 t 以上	技能講習修了者
1 t 未満	特別教育修了者

〔安衛令 20 条 16 号、安衛則 36 条 19 号〕

 特別教育は P62 参照

● 玉掛け作業の安全に係るガイドライン

1 作業標準等の作成

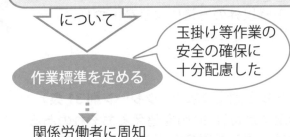

- 労働者の編成
- クレーン等の運転者・玉掛け者・合図者等の作業分担
- 使用するクレーン等の種類及び能力
- 使用する玉掛用具
- 玉掛けの合図

について

玉掛け等作業の安全の確保に十分配慮した

作業標準を定める

関係労働者に周知

作業標準が定められていない玉掛け等作業を行う場合は、作業前に、作業標準に盛り込むべき事項について明らかにした作業計画を作成し、労働者に周知すること

2 玉掛け等作業に係る作業配置の決定

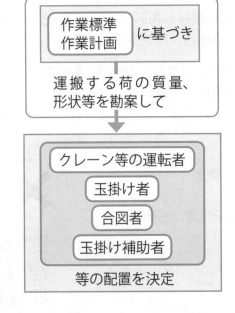

作業標準
作業計画 に基づき

運搬する荷の質量、形状等を勘案して

クレーン等の運転者
玉掛け者
合図者
玉掛け補助者

等の配置を決定

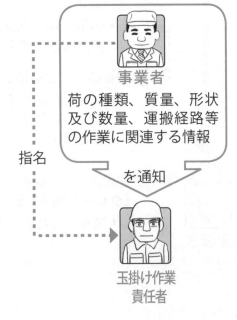

事業者

荷の種類、質量、形状及び数量、運搬経路等の作業に関連する情報

を通知

指名

玉掛け作業責任者

3 作業前打合せの実施

 事業者

玉掛け作業責任者に、関係労働者を集めて作業開始前の打合せを行わせ、以下の事項を労働者全員に指示・周知させる

 玉掛け作業責任者

指示・周知内容

作業の概要

（1）つり荷に関する事項
（2）運搬経路を含む作業範囲に関する事項
（3）労働者の位置に関する事項

作業の手順

（1）玉掛け方法に関する事項
（2）使用するクレーン等に関する事項
（3）合図に関する事項
（4）他の作業との調整に関する事項
（5）緊急時の対応に関する事項

第6章　運搬機械・クレーン等の作業における危険の防止

 玉掛け作業責任者の職務

つり荷の質量、形状、数量	→ 事業者の指示通りのものかを確認
玉掛用具の適否確認	→ 必要な場合は変更、交換
クレーン等の据付状況、運搬経路を含む作業範囲内の状況を確認	→ 障害物の除去等
玉掛けの方法が適切かどうかの確認	→ 不適切な場合は改善指示
つり荷の落下のおそれ等不安全な場合	→ 作業中断指示、つり荷着地等の措置

玉掛け作業の安全に係るガイドライン（3） 平 12.2.24 基発第 96 号

玉掛け者の職務

玉掛用具の準備、点検	→ 損傷等がある場合は交換
つり荷の質量・形状が指示通りのものかを確認	→ 必要な場合は、責任者に玉掛方法の変更、用具の交換を要請
つり荷の重心を見極め、指示された方法で玉掛けを行い、安全な位置に退避	→ 合図者に合図
地切り時につり荷の状況を確認	→ 必要な場合は、再度着地させて玉掛けをやり直す等の措置を講じる
荷受け時のつり荷着地場所の状況確認、打合せで指示されたまくら、歯止め等を配置する等荷の安定措置	→ また、玉掛用具の取り外しは、着地したつり荷の安定を確認した上で行う

合図者の職務

運転者・玉掛け者を視認できる場所に位置する	→ 関係労働者の退避状況、運搬経路の安全を確認したうえで、運転者に合図
つり荷を誘導中	→ 常につり荷を監視、運搬経路の状況を確認
つり荷が不安定になった場合	→ 直ちに運転者に合図、作業中断
つり荷の着地の際	→ 着地場所の状況及び玉掛者の待機位置を確認

運転者の職務

作業開始前	→ 点検
運搬経路を含む作業範囲の状況を確認	→ 必要な場合は玉掛け作業責任者に障害物の除去等の要請
つり荷の下に労働者が立入った場合	→ 直ちに操作を中断、退避を指示
定格荷重を超えるおそれが生じた場合	→ 直ちに操作を中断、玉掛け作業責任者に連絡し、必要な措置を講じる

第7章

危険物、防火管理、化学設備、溶接、電気機械器具

・溶融高熱物等による爆発・火災等の防止（1）（2）… 122

・危険物等の管理（安衛法）（1）（2） …………………… 124

・危険物等の管理（消防法）（1）〜（3） ………………… 126

・火気等の管理（1）〜（3）………………………………… 129

・防火管理と消火設備（1）〜（3）………………………… 132

・化学設備（1）〜（5） …………………………………… 135

・乾燥設備（1）（2） ……………………………………… 140

・ガス溶接・アーク溶断の作業（1）〜（3）…………… 142

・ガス集合溶接装置（1）〜（3）………………………… 145

・ボイラー ……………………………………………………… 148

・圧力容器 ……………………………………………………… 149

・電気機械器具（1）（2）………………………………… 150

・漏電による感電の防止 ……………………………………… 152

・電気機械器具の点検 ………………………………………… 153

・column 3 作業等に必要な照度 …………………………… 154

溶融高熱物等による爆発・火災等の防止（1）

事業者

高熱物を取り扱う設備の構造《安衛則248条》

● 溶鉱炉、溶銑炉、ガラス溶解炉、焼成炉、乾燥炉その他炉前ピット、造塊ピット等、多量の高熱物を取り扱う設備は、熱の伝播により生ずる火災を防止するため適当な不燃性材料を使用した構造とする

溶融高熱物を取り扱うピット《安衛則249条》

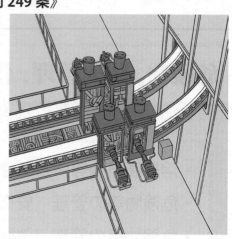

● 溶融高熱物を取り扱うピット（高熱の鉱さいを水で処理するものを除く）は、水蒸気爆発防止のため以下の措置を講ずる
  1. ピットの周壁・底部を防水加工したコンクリート構造、耐火れんが構造等とし、地下水が内部に浸入することを防ぐ
  2. 冷却水・計器用の水・ボイラー用水・洗い水等の作業用水又は雨水の内部浸入を防止できる隔壁、暗渠、排水管等の設備を周囲に設ける

建築物の構造《安衛則250条》

平炉、転炉、電気炉、キューポラ、混銑炉、精錬炉、ガラス溶解等の炉、及びピットのほか、溶融高熱物の運搬、注湯等に用いる取鍋、るつぼ、鋳型、鋳造機等を内部に有する建築物は、水蒸気爆発防止のため、以下の措置を講ずる

● 床面は、水が溜まらないように平らにし、かつ、地下水が浸透するおそれがある床面をコンクリート造り・レンガ造り等にする

● 屋根、壁、窓等は、雨水が侵入しない構造とする

水が溜まらないよう床は平らに

雨漏りしていませんか？

溶融高熱物等による爆発・火災等の防止（2）

事業者

溶融高熱物を取り扱う作業《**安衛則 251 条**》

- 水蒸気爆発防止のため、ピット、建築物の床面、その他溶融高熱物を取り扱う設備に、水が滞留し、又は水により湿潤していないことを確認した後に行う（高熱の鉱さいを水で処理する作業及び高熱の鉱さいを廃棄する作業を除く）

高熱の鉱さいの水処理等《**安衛則 252、253 条**》

> 水蒸気爆発防止のため
>
> 水で処理し、又は廃棄する場所 → 排水が良い場所とする
>
> 廃棄する場所には、その旨を表示する
>
> （水砕処理を除く）
>
> 作業を行うときは上記の場所に水が滞留していないことを確認後行う

金属溶解炉に金属くずを入れる場合の確認《**安衛則 254 条**》

- 平炉、転炉、電気炉、キューポラ等、金属の溶解炉に金属くずを入れる作業を行うときは、水、火薬類、危険物、密閉された容器等が入っていないことを確認する

火傷等の防止《**安衛則 255 条**》

- 溶鉱炉、溶銑炉、ガラス溶解炉その他多量の高熱物を取り扱う作業場所では、高熱物の飛散、流出等による危険を防止するため、必要な措置を講ずる。また、火傷その他の危険を防止するため、適当な保護具を備え付け、労働者に使用させる

事業者

選任

作業
指揮者

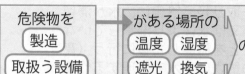

《**安衛則 257 条**》危険物を製造し又は取扱う作業を行うとき

職務

| 危険物を 製造 取扱う設備 | → | がある場所の 温度 湿度 遮光 換気 | の状態等 | 危険物の 取扱いの 状況 |

附属設備 を含む

を随時点検し、異常を認めたときは

直ちに必要な措置をとり、とった措置を記録しておく

危険物を製造する場合等の措置《安衛則 256 条、安衛令別表 1 》

規制対象 （危険物）	対象物質	対策の基本
❶ 爆発性の物	◆ ニトログリコール、ニトログリセリン、ニトロセルロー ズ等硝酸エステル類 ◆ トリニトロベンゼン、トリニトロトルエン、ピクリン 酸等ニトロ化学物 ◆ 過酢酸、メチルエチルケトン過酸化物、過酸化ベンゾ イル等有機過酸化物 ◆ アジ化ナトリウム等金属のアジ化物	みだりに ◆ 火気その他点火源となるも のに接近させない ◆ 加熱しない ◆ 摩擦しない ◆ 衝撃を与えない
❷ 発火性の物	◆ 金属リチウム、金属カリウム、金属ナトリウム、黄りん、 硫化りん、赤りん、セルロイド類、炭化カルシウム（カー バイド）、りん化石灰、マグネシウム粉、アルミニウム 粉、マグネシウム粉及びアルミニウム粉以外の金属粉、 亜二チオン酸ナトリウム（ハイドロサルファイト）	それぞれの種類に応じ、みだりに ◆ 火気その他点火源となるも のに接近させない ◆ 酸化を促す物又は水に接触 させない ◆ 加熱しない ◆ 衝撃を与えない
❸ 酸化性の物	◆ 塩素酸カリウム、塩素酸ナトリウム、塩素酸アンモニ ウムその他の塩素酸塩類 ◆ 過塩素酸カリウム、過塩素酸ナトリウム、過塩素酸ア ンモニウムその他の過塩素酸塩類 ◆ 過酸化カリウム、過酸化ナトリウム、過酸化バリウム その他の無機過酸化物 ◆ 硝酸カリウム、硝酸ナトリウム、硝酸アンモニウムそ の他の硝酸塩類 ◆ 亜塩素酸ナトリウムその他の亜塩素酸塩類 ◆ 次亜塩素酸カルシウムその他の次亜塩素酸塩類	みだりに ◆ 分解を促すおそれのある物 に接触させない ◆ 加熱しない ◆ 摩擦しない ◆ 衝撃を与えない
❹ 引火性の物	◆ エチルエーテル、ガソリン、アセトアルデヒド、酸化 プロピレン、二硫化炭素等引火点が零下 30 度未満の物 ◆ ノルマルヘキサン、エチレンオキシド、アセトン、ベ ンゼン、メチルエチルケトンその他の引火点が零下 30℃以上零℃未満の物 ◆ メタノール、エタノール、キシレン、酢酸ノルマルー ペンチル（酢酸ノルマルーアミル）その他の引火点が 零℃以上 30℃未満の物 ◆ 灯油、軽油、テレビン油、イソペンチルアルコール（イ ソアミルアルコール）、酢酸その他の引火点が 30℃以 上 65℃未満の物	みだりに ◆ 火気その他点火源になるも のに接近させない、もしくは注 ぎ、蒸発させない ◆ 加熱しない
❺ 可燃性の ガス	◆ 水素、アセチレン、エチレン、メタン、エタン、プロパン、 ブタンその他の温度 15℃、1 気圧において気体である 可燃性の物	◆ 常に整理整頓し、みだりに可 燃性の物又は酸化性の物を置 かない

事業者

エチレンオキシド等の取扱い《安衛則260条》

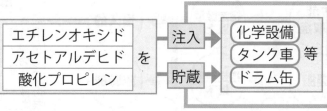

エチレンオキシド アセトアルデヒド を 酸化プロピレン	注入	化学設備 タンク車 等 ドラム缶

あらかじめ、内部の不活性ガス以外のガス又は蒸気を不活性ガスで置換した後で作業を行う

常に内部の不活性ガス以外のガス又は蒸気を不活性ガスで置換しておく

通風等による爆発又は火災の防止《安衛則261条》

- 引火性の物の蒸気、可燃性ガス、可燃性の粉じんが存在して爆発又は火災の発生のおそれのある場所は、通風、換気、除じん等の措置を行う

異種の物の接触による発火等の防止《安衛則264条》

カーバイド	水	発煙硫酸	有機質繊維	燐化石炭	水
過酸化ナトリウム	金属粉		金属カリウム	二硫化炭素	

上記のように相互に接触することで発火又は爆発するおそれのあるとき → 接近して貯蔵、又は同一の運搬機に積載しない

火災のおそれのある作業の場所等《安衛則265条》

- 起毛・反毛等の作業又は綿・羊毛・ボロ・木毛・わら・紙くずその他可燃性の物を多量に取扱う作業の場所・設備等については、火災防止のため適当な位置又は構造とする

自然発火の防止《安衛則266条》

- 自然発火の危険がある物を積み重ねるときは、危険な温度に上昇しない措置を講ずる

油等の浸染したボロ等の処理《安衛則267条》

- 油又は印刷用のインキ類によって浸染したボロ・紙くず等は、不燃性の有害容器に収める等火災防止の措置を講ずる

作業者

ホースを用いる引火性の物等の注入《安衛則258条》

- 引火性の物又は可燃性ガスで液状のものを、ホースを用いて化学設備、タンク自動車、タンク車、ドラム缶等に注入するときには、ホースの結合部を確実に締め付け、又ははめ合わせたことを確認する

ガソリンが残存している設備への灯油等の注入《安衛則259条》

- ガソリンが残存している化学設備、タンク自動車、タンク車、ドラム缶等に灯油又は軽油を注入するときには、あらかじめ、内部を洗浄し、ガソリンの蒸気を不活性ガスで置換する等により安全な状態を確認した後で行う

1 洗浄

2 置換 → 3 確認

危険物等の管理（消防法）（1）

消防法上の危険物規制の概要

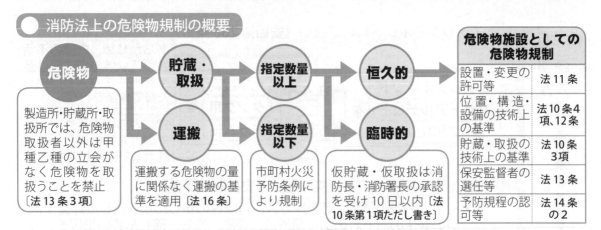

危険物施設としての 危険物規制	
設置・変更の 許可等	法11条
位置・構造・ 設備の技術上 の基準	法10条4 項、12条
貯蔵・取扱の 技術上の基準	法10条 3項
保安監督者の 選任等	法13条
予防規程の認 可等	法14条 の2

危険物と指定数量　《消防法2条・10条・11条の4、危政令1条の11別表3》

種　別	品　名	性　質	指定数量
第1類		第1種酸化性固体	50kg
		第2種酸化性固体	300kg
		第3種酸化性固体	1,000kg
第2類	硫化りん		100kg
	赤りん		100kg
	硫黄		100kg
		第1種可燃性固体	100kg
	鉄粉		500kg
		第2種可燃性固体	500kg
	引火性固体		1,000kg
第3類	カリウム		10kg
	ナトリウム		10kg
	アルキルアルミニウム		10kg
	アルキルリチウム		10kg
		第1種自然発火性物質・禁水性物質	10kg
	黄りん		20kg
		第2種自然発火性物質・禁水性物質	50kg
		第3種自然発火性物質・禁水性物質	300kg
第4類	特殊引火物		50ℓ
	第1石油類	非水溶性液体	200ℓ
		水溶性液体	400ℓ
	アルコール類		400ℓ
	第2石油類	非水溶性液体	1,000ℓ
		水溶性液体	2,000ℓ
	第3石油類	非水溶性液体	2,000ℓ
		水溶性液体	4,000ℓ
	第4石油類		6,000ℓ
	動植物油類		10,000ℓ
第5類		第1種自己反応性物質	10kg
		第2種自己反応性物質	100kg
第6類			300kg

危険物等の管理（消防法）（2）

● 危険物施設　《消防法 10 条》

区　分		目　的
製造所		危険物を製造する
貯蔵所	地下タンク貯蔵所、簡易タンク貯蔵所、移動タンク貯蔵所（タンクローリー）、屋内タンク貯蔵所、屋外タンク貯蔵所、屋内貯蔵所、屋外貯蔵所	指定数量以上の危険物を貯蔵する
取扱所	給油取扱所、販売取扱所、移送取扱所（危険物を送るパイプライン）、一般取扱所	危険物を製造以外の目的で取り扱う

事業者

危険物施設の設置・変更の許可等 《消防法 11 条、市町村火災予防条例》

危険物貯蔵量	規制区分	届出先	届出書類	法　令
指定数量以上	許　可	市町村長等	危険物製造所・貯蔵所・取扱所設置許可申請書等	消防法 11 条
指定数量の 1/5 〜指定数量未満	届　出	消防長又は消防署長	少量危険物貯蔵・取扱届出書等	市町村火災予防条例

危険物保安統括管理者

選任

《消防法 12 条の 7》
- 大量の第 4 類危険物等一定の基準を超える危険物の貯蔵・取扱等を行う場合は、当該事業所における危険物保有業務を統括管理する者を選任し、市町村長（窓口は消防署）に届け出る

危険物保安監督者

《消防法 13 条》
- 特定の製造所、貯蔵所、取扱所では、甲種又は乙種危険物取扱者で実務経験 6 カ月以上の者のうちから危険物保安監督者を選任し、市町村長に届け出る

危険物取扱者の種別 《消防法 13 条の 2 第 2 項、危険則 49 条》

種別	内　容
甲種	全種類の危険物の取扱と立会が可能
乙種	免状に指定する種類（1 類〜6 類）の危険物の取扱と立会が可能
丙種	ガソリン、灯油、軽油、第 3 石油類（重油、潤滑油及び引火点130℃以上のもの）、第 4 石油類、動植物油類の取扱のみ可能

危険物の貯蔵所

第 7 章　危険物、防火管理、化学設備、溶接、電気機械器具

127

危険物等の管理（消防法）（3）

作業者

危険物の貯蔵・取扱の基準《危政令 24 条》

許可・届出を行った品名以外もしくは数量・指定数量の倍数を超える危険物 →	貯蔵・取扱わない

みだりに火気を使用しない

係員以外の者をみだりに出入させない

常に整理、清掃を行い、みだりに空箱その他の不必要な物件を置かない	

貯留設備や油分離装置にたまった危険物 →	あふれないように随時くみ上げる

危険物のくず・かす等 →	1 日に 1 回以上危険物の性質に応じて安全な場所で廃棄その他適当な処置をする

危険物を貯蔵・取扱する建築物その他の工作物又は設備 →	危険物の性質に応じ遮光・換気を行う

温度計、湿度計、圧力計その他の計器を監視し、危険物の性質に応じた適正な温度、湿度又は圧力を保つようにする

危険物が漏れ、あふれ、又は飛散しないようにする

危険物の変質、異物の混入等により、危険物の危険性が増大しないようにする

危険物が残存又はそのおそれがある設備・機械器具・容器等を修理する場合 →	安全な場所にて危険物を完全除去後に行う

危険物を容器に収納する場合 →	その容器は危険物の性質に適応し、破損・腐食・さけめ等がないものとする	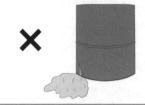

危険物収納容器を貯蔵・取扱する場合 →	みだりな転倒・落下、衝撃、引きずり等粗暴な行為をしない

可燃性の液体・蒸気・ガスがもれ滞留するおそれのある場所、可燃性微粉が著しく浮遊するおそれのある場所 →	電線と電気器具とを完全に接続し、火花を発する機械器具・工具・履物等を使用しない

保護液中に保存する場合 →	危険物が保護液から露出しないようにする

火気等の管理（1）

事業者

危険物等がある場所における火気等の使用禁止 《**安衛則 279 条**》

- 以下のものがある場所では、防爆構造でない開閉器・巻線型電動機・直流電動機・交流整流子電動機等の電気機械器具、グラインダ、アーク溶接機、電気アイロン、抵抗器、内燃機関、はんだごて等、火花やアークを発生し、もしくは高温となって点火源となるおそれのある機械等又は火気を使用しない

  1. 危険物、火薬類
  2. 石炭粉・木炭粉・小麦粉・合成樹脂粉等、可燃性の粉じん
  3. 多量の綿・ぼろ・紙等の着火後の燃焼速度が速いもの

第 7 章 危険物、防火管理、化学設備、溶接、電気機械器具

爆発の危険のある場所で使用する電気機械器具 《**安衛則 280,281,282 条**》

電気機械器具
電動機　変圧器
コード接続器
開閉器　分電盤
配電盤　等

を右記の場所で使用するとき

通風　換気　除じん　等の措置を講じても、引火性物質の蒸気や可燃性ガス、又は可燃性粉じんが爆発の危険のある濃度に達するおそれがある箇所

→ 当該蒸気・ガス・粉じんに対し

マグネシウム粉　アルミニウム粉　等爆燃性の粉じんが存在して爆発の危険のある場所

→ 当該粉じんに対し

↓ 防爆性能を有する防爆構造電気機械器具を使用する

※防爆性能を有する防爆構造については、電気機械器具防爆構造規格（昭 44. 4. 1 労働省告示第 16 号）2 条に規定されている

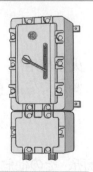

防爆型しゃ断器

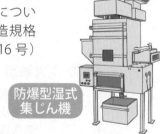

防爆型湿式集じん機

修理作業等の適用除外 《**安衛則 283 条**》

- 修理・変更等の臨時作業で、防爆構造電気機械器具の使用等の措置ができない場合、以下のような措置を講じ、爆発・火災の危険が生ずるおそれがないようにする

  1. 隔壁による完全隔離
  2. 局所排気
  3. 配管・容器等の内部の可燃物の完全排気又は不活性ガスによる置換

火気等の管理（2）

事業者

点検《安衛則 284 条》

移動式 可搬式
の防爆構造電気機械器具
→
―その日の使用開始前に―
器具 移動電線
の外装、接続部分のゆるみ、端子箱
の密閉状態等を点検し、異常を認め
たときは直ちに補修する

静電気の除去《安衛則 287 条》

- 以下の設備を使用するときは、接地、除
電剤の使用、湿気の付与、点火源となる
おそれのない除電装置の使用その他静電
気を除去するための措置を講ずる
    1. 危険物をタンク自動車、タンク車、
ドラム缶等に注入する設備（サービ
スタンク、配管、ホースノズル、ポ
ンプ等）
    2. 危険物を収納するタンク自動車、タ
ンク車、ドラム缶等の設備
    3. 引火性の物を含有する塗料、接着剤
等を塗布する設備
    4. 危険物乾燥設備、又はその附属設備
    5. 可燃性の粉状の物のスパウト移送、
ふるい分け等を行う設備
    6. 化学設備又はその附属設備

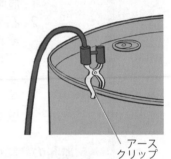

アース
クリップ

イオナイザ（静電気除去装置）

加湿器

立入禁止等《安衛則 288 条》

- 火災又は爆発の危険がある場所では、火気使用
禁止の表示をし、特に危険な場所は、必要でな
い者の立入りを禁止する

火気厳禁　立入禁止

消火設備《安衛則 289 条》

- 建築物、化学設備・乾燥設備がある場所、その他危険物や危険物以外
の引火性の油類等爆発又は火災の原因となるおそれのあるものを取り
扱う場所には、適当な箇所に消火設備を設ける

※消火設備の詳細は
P132 〜 134 参照

防火措置《安衛則 290 条》

- 火炉・加熱装置・鉄製煙突等火災を生ずる危険のある設備と建築物等
の可燃性物体との間には、防火のため必要な間隔を設け、又は可燃性
物体をスレート・煉瓦・コンクリート等のしゃ熱材料で防護する

灰捨場《安衛則 292 条》

- 延焼の危険のない場所に設け、又は不燃性の材料で造る

火気等の管理（3）

事業者

油類等の存在する配管又は容器の溶接等《安衛則285条》

- 下記のものについてはあらかじめこれらを除去し、不活性ガスによる置換等の措置を行った後でなければ溶接・溶断その他火気を使用する作業又は火花を発するおそれのある作業を行ってはならない

危険物以外の | 引火性の油類 | 可燃物の粉じん | が存在するおそれのある配管、タンク・ドラム缶等の容器

危険物

作業者

通風等の不十分な場所での溶接等《安衛則286条》

- 通風・換気が不十分な場所で、溶接、溶断、金属の加熱その他火気を使用する作業、又は研削といしによる乾式研ま、たがねによるはつりその他火花を発するおそれのある作業を行うときは、酸素を通風・換気のために使用しない

換気に使っちゃダメッ!!

静電気帯電防止作業服・静電気帯電防止用作業靴の着用《安衛則286条の2》

- 爆発の危険のある場所で作業を行うとき

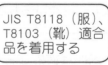

JIS T8118（服）、T8103（靴）適合品を着用する

火気使用場所の火災防止《安衛則291条》

- 喫煙所、ストーブ等火気使用場所に火災予防上必要な設備の設置
- みだりな喫煙、採だん等の禁止
- 火気を使用した者は、残り火の始末

火の始末はきちんとね

消火器

事業者

選任

防火管理者

《消防法 8 条》

- 特定の建物（工場・事業場・寄宿舎等に出入・勤務又は居住する者の数が 50 人以上のもの）には、防火管理講習修了者等有資格者のうちから防火管理者を定め、遅滞なく所轄消防長・消防署長に届け出る

職務

- 消防計画の作成
- 消防計画に基づく消火・通報・避難訓練の実施
- 消防用設備、消防用水又は消火施設の点検・整備
- 火気の使用又は取扱いに関する監督
- 避難又は防火上必要な構造（階段・通路等）・設備（防炉等）の維持管理
- 収容人員の管理
- その他防火管理上必要な業務

● 火災種別と対応する消火器　**《消火器の技術上の規格を定める省令 1 条の 2・38 条など》**

項　目 消火器種別		粉末系消火器	水系消火器				ガス系消火器
火災種別	燃焼物	ABC 粉末	強化液	中性強化液	機械泡	水（浸潤剤等入）	二酸化炭素
A 火災（普通火災）	木材、紙、繊維など	○	○	○	○	○	×
B 火災（油火災）	石油類、可燃性液体、油脂類など	○	○（霧状）	○（霧状）	○	×	○
C 火災（電気火災）	電気設備、電気器具など	○	○（霧状）	○（霧状）	×	○（霧状）	○
非常によく消火できるもの		一般的な燃焼物	天ぷら油火災	繊維、樹脂類など	ガソリン・灯油などの油類	精密機器など	―

消火器には適応する火災の絵表示が表示されています

A 火災
普通火災用

B 火災
油火災用

C 火災
電気火災用

消火器の設置場所《消防則 6 条 6 項、9 条》

- 床面からの高さが 1.5 m 以下の場所に設置し、「消火器」の標識を見やすい位置に設置
- 防火対象物から歩行距離 20 m 以下に設置

消火器

1.5 m 以下

● 可燃物施設の消火器区分　《消防令 10 条関係別表 2》

消火器具の区分		可燃性固体類又は合成樹脂類（不燃性又は難燃性でないゴム製品、ゴム半製品、原料ゴム及びゴムくずを除く）	可燃性液体類	その他の指定可燃物
棒状の水を放射する消火器		○		○
霧状の水を放射する消火器		○		○
棒状の強化液を放射する消火器		○		○
霧状の強化液を放射する消火器		○	○	○
泡を放射する消火器		○	○	○
二酸化炭素を放射する消火器		○	○	
ハロゲン化物を放射する消火器		○	○	
消火粉末を放射する消火器	りん酸塩類等を使用するもの	○	○	○
	炭酸水素塩類等を使用するもの	○	○	
	その他のもの			
水バケツ又は水槽		○		○
乾燥砂		○	○	
膨張ひる石又は膨張真珠岩		○	○	

● 指定可燃物とは　《危政令 1 条の 12 別表 4》

品　名		数　量
綿花類		200kg
木毛及びかんなくず		400kg
ぼろ及び紙くず		1,000kg
糸類		1,000kg
わら類		1,000kg
再生資源燃料		1,000kg
可燃性固体類		3,000kg
石炭・木炭類		10,000kg
可燃性液体類		2m³
木材加工品及び木くず		10m³
合成樹脂類	発泡させたもの	20m³
	その他のもの	3,000kg

132 〜 134 ページで掲載の消火設備以外にも、事業所や施設の面積・階数・取り扱う物によって消火設備や設置基準が細かく定められています。詳しくは最寄りの消防署にご相談ください

● 可燃物施設の消火設備　《消防令 12 〜 18 条》

防火対象物又はその部分		スプリンクラー	水噴霧	泡	不活性ガス	ハロゲン化物	粉末
発電機、変圧器等の電気設備室で、床面積が 200㎡以上					○	○	○
鍛造場、ボイラー室、乾燥室等多量の火気を使用する部分で、床面積が 200㎡以上					○	○	○
通信機器室で、床面積が 500㎡以上					○	○	○
指定数量の 1000 倍以上の指定可燃物を貯蔵し、又は取り扱うもの	綿花類、木毛及びかんなくず、ぼろ及び紙くず（動植物油がしみ込んでいる布又は紙及びこれらの製品を除く）、糸類、わら類、再生資源燃料又は合成樹脂類（不燃性又は難燃性でないゴム製品、ゴム半製品、原料ゴム及びゴムくずに限る）に係るもの	○	○	○	○		
	ぼろ及び紙くず（動植物油がしみ込んでいる布又は紙及びこれらの製品に限る）又は石炭・木炭類に係るもの	○	○	○			
	可燃性固体類、可燃性液体類又は合成樹脂類（不燃性又は難燃性でないゴム製品、ゴム半製品、原料ゴム及びゴムくずを除く）に係るもの	○	○	○			
	木材加工品及び木くずに係るもの	○	○				

● 危険物施設の消火設備　《危政令20条》

消火設備の区分	建築物その他の工作物	電気設備	第1類 アルカリ金属の過酸化物又はこれを含有するもの	第1類 その他の第1類の危険物	第2類 鉄粉、金属粉若しくはマグネシウム又はこれらのいずれかを含有するもの	第2類 引火性固体	第2類 その他の第2類の危険物	第3類 禁水性物品	第3類 その他の第3類の危険物	第4類の危険物	第5類の危険物	第6類の危険物
第1種 屋内消火栓設備又は屋外消火栓設備	○			○		○	○		○		○	○
第2種 スプリンクラー設備	○			○		○	○		○		○	○
第3種 水蒸気消火設備又は水噴霧消火設備	○	○		○		○	○		○	○	○	○
第3種 泡消火設備	○			○		○	○		○	○	○	○
第3種 不活性ガス消火設備		○				○				○		
第3種 ハロゲン化物消火設備		○				○				○		
第3種 粉末消火設備 りん酸塩類等を使用するもの	○	○		○		○	○			○		○
第3種 粉末消火設備 炭酸水素塩類等を使用するもの		○	○		○	○		○		○		
第3種 粉末消火設備 その他のもの			○		○			○				
第4種又は第5種 棒状の水を放射する消火器	○			○		○	○		○		○	○
第4種又は第5種 霧状の水を放射する消火器	○	○		○		○	○		○		○	○
第4種又は第5種 棒状の強化液を放射する消火器	○			○		○	○		○		○	○
第4種又は第5種 霧状の強化液を放射する消火器	○	○		○		○	○		○	○	○	○
第4種又は第5種 泡を放射する消火器	○			○		○	○		○	○	○	○
第4種又は第5種 二酸化炭素を放射する消火器		○				○				○		
第4種又は第5種 ハロゲン化物を放射する消火器		○				○				○		
第4種又は第5種 消火粉末を放射する消火器 りん酸塩類等を使用するもの	○	○		○		○	○			○		○
第4種又は第5種 消火粉末を放射する消火器 炭酸水素塩類等を使用するもの		○	○		○	○		○		○		
第4種又は第5種 消火粉末を放射する消火器 その他のもの			○		○			○				
第5種 水バケツ又は水槽	○			○		○	○		○		○	○
第5種 乾燥砂			○	○	○	○	○	○	○	○	○	○
第5種 膨張ひる石又は膨張真珠岩			○	○	○	○	○	○	○	○	○	○

化学設備（1）

化学設備とは？《安衛令9条の3第1号》

安衛法施行令別表第1※の危険物（爆発性の物、発火性の物、酸化性の物、引火性の物、可燃性のガス。ただし、火薬類取締法第2条1項に規定する火薬類を除く）を製造し、もしくは取り扱い、又はシクロヘキサノール等の引火点が65℃以上の物を引火点以上の温度で製造し、もしくは取り扱う設備で、移動式以外のものをいう。ただし、アセチレン溶接装置、ガス集合溶接装置及び乾燥設備を除く

 ※別表1については P124 参照

特殊化学設備とは？《安衛則4条3号》

化学設備のうち、発熱反応が行われる反応器等異常化学反応又は異常な事態により爆発、火災等を生ずるおそれのあるもの

事業者

選任　
安全管理者

《安衛法11条1項、安衛則4条》

● 特殊化学設備（配管を除く）を設置する事業場で、所轄都道府県労働局長が指定する事業場は、都道府県労働局長が指定する生産施設の単位について、操業中、常時、安全に係る技術的事項を管理するのに必要な数の安全管理者を選任する

化学設備（配管を除く）を内部に設ける建築物《安衛則268条》

● 設備に近接する壁、柱、床、はり、屋根、階段等を不燃性材料で造る

腐食防止《安衛則269条》

● 化学設備（バルブ・コックを除く）のうち危険物又は引火点が65℃以上の物（以下、危険物等という）が接触する部分は、当該危険物等の種類、温度、濃度等に応じ、腐食しにくい材料で造り、内張りを施す等の措置を講ずる

ふた板等の接合部《安衛則270条》

● 化学設備のふた板、フランジ、バルブ、コック等の接合部は、漏えい防止のため、ガスケットを使用し、接合面を相互に密接させる等の措置を講ずる

ガスケット

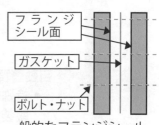
一般的なフランジシール

フランジシール面
ガスケット
ボルト・ナット

化学設備（2）

事業者

バルブ等の開閉方向の表示等 《安衛則 271 条》

- 化学設備のバルブ若しくはコック又はこれらを操作するためのスイッチ、押しボタン等は、誤操作防止のため以下の措置を講ずる
  1. 開閉方向を表示
  2. 色分け、形状の区分等を行う
     （色分けのみは不可）

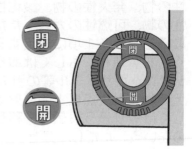

バルブ等の材質等 《安衛則 272 条》

- 化学設備のバルブ又はコックは…

  1. 開閉の頻度及び製造又は取扱いに係る危険物等の種類、温度、濃度等に応じ、耐久性のある材料で造る
  2. 化学設備の使用中にしばしば開放し、又は取り外すことのあるストレーナ等とこれらに最も近接した化学設備（配管を除く）との間には、二重に設ける

  ※ただし、ストレーナ等と化学設備の間に設けられるバルブ又はコックが確実に閉止していることを確認できる装置を設けるときは除く

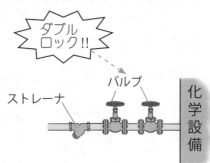

送給原材料の種類等の表示 《安衛則 273 条》

- 誤送給防止のため、見やすい位置に、送給する原材料の種類、送給の対象となる設備その他必要な事項を表示する

計測装置の設置 《安衛則 273 条の 2》

- 特殊化学設備には、内部の異常な事態を早期に把握するために必要な温度計、流量計、圧力計等の計測装置を設ける

圧力計等、計測装置の監視は化学設備から離れた安全な場所で行うようにすること

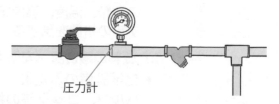

自動警報装置の設置等 《安衛則 273 条の 3》

- 特殊化学設備は、内部の異常な事態を早期に把握するための自動警報装置を設ける。設置が困難な場合、運転中に監視させる監視人を配置する等の措置を講じる

化学設備（3）

事業者

緊急しゃ断装置の設置等 《安衛則 273 条の 4》

- 特殊化学設備は、異常事態発生による爆発・火災を防止するため、原材料の送給をしゃ断し、又は製品等を放出するための装置、不活性ガス、冷却用水等を送給するための装置等、当該事態に対処するための装置を設ける

  その装置に設けるバルブ、コックは、以下による
  1. 確実に作動する機能を有する
  2. 常に円滑に作動できるような状態に保持する
  3. 安全かつ正確に操作することのできるものとする

予備動力源等 《安衛則 273 条の 5》

- 特殊化学設備、その配管、附属設備に使用する動力源には以下の措置を講ずる
  1. 動力源の異常時に、直ちに使用可能な予備動力源を備える
  2. バルブ、コック、スイッチ等は、誤操作を防止するため、施錠、色分け、形状の区分等を行う（色分けのみは不可）

作業規程 《安衛則 274 条》

- 化学設備・附属設備を使用するときは、爆発・火災防止のため以下の事項について規程を定め、作業を行わせる

| バルブ / コック 等の操作 | → | 化学設備（配管を除く）に原材料を送給、又は製品等を取り出す場合に用いられるものに限る |

冷却装置 加熱装置 攪拌装置 圧縮装置 の操作

計測装置 制御装置 の監視・調整

安全弁 緊急しゃ断装置 その他の安全装置 自動警報装置 の調整

ふた板 フランジ バルブ コック 等の接合部の漏えい点検

試料の採取

特殊化学設備 の運転が一時的又は部分的に中断された場合の運転中断中及び運転再開時における作業方法

異常な事態が発生した場合の応急措置

その他、爆発又は火災を防止するための応急措置

フランジ接合部

フランジ接合部の漏えい点検

化学設備（4）

事業者

退避等《安衛則 274 条の 2》

- 化学設備から危険物等が大量に流出する等、危険物等の爆発、火災等による危険があるときは、作業を中止し、労働者を安全な場所に退避させる
- この場合、危険物等による労働災害のおそれのないことを確認するまでは、作業場等に関係者以外の立入りを禁止し、その旨を見やすい箇所に表示する

退避!!

化学設備・附属設備の改造・修理等で、設備を分解又はその内部で作業を行うときの措置《安衛則 275 条、安衛則 275 条の 2》

- 作業方法・順序を決定し、周知させる
- 作業指揮者を定め作業を指揮させる
- 作業箇所への危険物等の漏えい、高温の水蒸気等の逸出を防止するため、バルブ・コックを二重に閉止し、又はバルブ・コックを閉止するとともに閉止板等を施す
- バルブ、コック、閉止板等に施錠し、開放禁止の表示をし、又は監視人を置く
- 閉止板等を取外す場合において、危険物等又は高温の水蒸気等が流出するおそれのあるときは、閉止板等に最も近接したバルブやコックとの間の危険物等又は高温の水蒸気等の有無を確認する等の措置を講ずる

作業を行うときは、随時、作業箇所及び周辺の、引火性物質の蒸気又は可燃性ガスの濃度を測定する

安全装置《安衛則 278 条》

- 異常化学反応等により、内部気体の圧力が大気圧を超えるおそれのある容器で、内容積が 0.1 m^3 を超えるものは、安全弁等の安全装置を備える
- 安全弁等の安全装置は、その作動に伴って排出される危険物（引火点が 65℃以上の物を引火点以上の温度で製造し、又は取り扱う化学設備（配管を除く）である場合は、当該物）による爆発、火災を防止するため、密閉式の構造のものとし、排出される危険物を安全な場所へ導き、燃焼、吸収等の安全な処理ができる構造のものとする

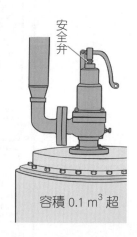

安全弁

容積 0.1 m^3 超

化学設備（5）

事業者

定期自主検査等

定期自主検査等《安衛則276条1項》

2年以内ごとに1回	特殊化学設備等爆発火災の危険性が高い化学設備 1年以内ごとが望ましい

機械の補修《安衛則276条3項》

検査の結果、異常を認めた場合 ▼

補修等を実施しなければ設備を使用しない

検査の記録《安衛則276条4項》

3年間保存

使用開始前点検《安衛則277条》

- 初めて使用するとき
- 分解して改造・修理を行ったとき
- 1カ月以上使用しなかったとき
- 用途の変更（原材料の種類変更を含む）を行うとき

注文者

《安衛法31条の2》

- 化学物質、化学物質を含有する製剤等を製造し、又は取り扱う設備（化学設備及びその附属設備・特定化学設備）の改造等の作業※の注文者は、当該物について、これらの仕事に係る請負人の労働者の労働災害を防止するための必要な措置を講ずる

  ※改造等の作業とは
  改造、修理、清掃等で、これらの設備を分解する作業又は設備の内部に立ち入る作業をいう《安衛則662条の3》

文書の交付等《安衛則662条の4第1項》

- 化学物質を製造し、又は取り扱う設備の改造等の作業の発注者は、以下の事項を記載した文書を作成し、これを請負業者に交付する
  1. 化学物質、化学物質を含有する製剤等の危険性及び有害性
  2. 作業において注意すべき安全又は衛生に関する事項
  3. 作業について講じた安全又は衛生を確保するための措置
  4. 化学物質、化学物質を含有する製剤等の流出その他の事故が発生した場合に講ずべき応急の措置

請負業者
注 文 者

文書の写しの交付等《安衛則662条の4第2項》

請負業者

文書及びその写しは、請負業者が作業を開始する前に交付しなければならない〔安衛則662条の4第3項〕

- 注文者（その仕事を他の者から請け負わないで注文している者を除く。発注者以外の注文者で下請業者を使用するものが対象）は、上位の注文者から交付された文書の写しを、下請業者に交付する

第7章 危険物、防火管理、化学設備、溶接、電気機械器具

乾燥設備（1）

事業者

選任

乾燥設備
作業主任者

《安衛則 297 条》
- 右記の設備による物の加熱乾燥の作業は、技能講習修了者のうちから乾燥設備作業主任者を選任する

📖 作業主任者はP16 参照

危険物等の乾燥設備

設備の内容積	1 m³ 以上のもの

危険物等以外の物の乾燥設備

熱源として使用する燃料の最大消費量	
固体燃料	10 kg ／時以上のもの
液体燃料	10 ℓ ／時以上のもの
気体燃料	1 m³ ／時以上のもの

熱源として使用する電力	
定格消費電力	10 kw 以上のもの

職務 《安衛則 298 条》

乾燥設備をはじめて使用するとき	労働者にあらかじめ作業方法を周知
乾燥方法、乾燥物の種類を変えたとき	かつ 作業を直接指揮する
乾燥設備及びその附属設備に不備な箇所を認めたとき	直ちに必要な措置をとる
乾燥設備の内部の温度、換気の状態及び乾燥物の状態について	随時点検し、異常を認めたときは、直ちに必要な措置をとる
乾燥設備がある場所を常に整理整とんし	その場所にみだりに可燃性の物を置かない

危険物乾燥設備を有する建築物 《安衛則 293 条》
- 危険物乾燥設備の乾燥室は平屋に設ける。ただし、直上に階を有しないもの又は耐火建築物もしくは準耐火建築物である場合を除く

乾燥設備の使用 《安衛則 296 条》
- 危険物乾燥設備を使用するときは、あらかじめ、内部を掃除し、又は換気する
- 危険物乾燥設備を使用するときは、乾燥に伴って生ずるガス・蒸気・粉じんで爆発・火災の危険があるものを安全な場所に排出する
- 危険物乾燥設備を使用して加熱乾燥する乾燥物は、容易に脱落しないように保持する
- 液体燃料又は可燃性ガスを燃料とする乾燥設備を使用するときは、あらかじめ、燃焼室その他点火する箇所を換気した後に点火する
- 高温で加熱乾燥した可燃性の物は、発火の危険がない温度に冷却した後に格納する
- 外面が著しく高温になる乾燥設備に近接した箇所には、可燃性の物を置かない

乾燥室内は清潔に

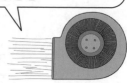
点火前に燃焼室の内容積の 4 倍以上の空気でプレパージ（残留している未燃ガスを排出）すること

乾燥設備（2）

事業者

乾燥設備の構造等《安衛則294条》

赤外線ヒータ

コンベヤ式乾燥機

乾燥設備の外面

乾燥設備（有機過酸化物を加熱乾燥するものを除く）の内面、内部のたな、わく等
→ 不燃性の材料で造る

ただし、危険物乾燥設備を使用して加熱乾燥する乾燥物が爆発する場合に生じる圧力に耐える強度を有するものについては、この限りでない

危険物乾燥設備
→ 側部及び底部を堅固なものとする

→ 周囲の状況に応じ、その上部を軽量な材料で造り、又は有効な爆発戸、爆発孔等を設ける

→ 乾燥に伴って生ずるガス・蒸気・粉じんで爆発・火災の危険があるものを、排気用ダクトを設けて作業場外の大気中に拡散するか、排気用ダクトに吸収・収じん装置等を附設し、安全に処理できる構造とする

→ の熱源に直火を使用しない

液体燃料・可燃性ガスを熱源の燃料として使用する乾燥設備
→ 点火の際の爆発・火災を防止するため、燃焼室その他点火する箇所を換気することができる構造のものとする

乾燥設備の内部
→ 掃除しやすい構造のものとする

乾燥設備ののぞき窓、出入口、排気孔等の開口部
→ 発火の際、延焼を防止する位置に設け、かつ、必要があるときに、直ちに密閉できる構造のものとする

箱型乾燥機

乾燥設備
→ 内部の温度を随時測定できる装置及び安全な温度に調整できる装置を設け、又は内部の温度を自動的に調整できる装置を設ける

危険物乾燥設備以外の乾燥設備の熱源として直火を使用するとき
→ 炎又ははね火により乾燥物が燃焼することを防止するため、有効な覆い又は隔壁を設ける

回転型乾燥機

乾燥設備の附属電気設備《安衛則295条》

- 乾燥設備に附属する電熱器、電動機、電灯等の配線及び開閉器は、当該乾燥設備に専用のものを使用する
  危険物乾燥設備の内部には、電気火花を発することにより危険物の点火源となるおそれのある電気機械器具又は配線を設けてはならない

定期自主検査《安衛則299条、300条》

- 1年以内ごとに1回行い、検査記録は3年間保存する
- 異常を認めたときは補修等を講じた後で使用する

ガス溶接・アーク溶断の作業（1）

可燃性ガスとは？

水素、アセチレン、エチレン、メタン、エタン、プロパン、ブタン
その他の温度 15°C、1 気圧において気体である可燃性の物

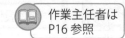
作業主任者は
P16 参照

事業者

就業制限《**安衛法 61 条、安衛令 20 条 10 号、安衛則 41 条、安衛則別表 3**》

- 可燃性ガス及び酸素を用いて行う金属の溶接・溶断・加熱の業務は、技能講習修了者、ガス溶接作業主任者免許保持者以外行ってはならない

選任　《**特化則 27 条**》

特定化学物質
作業主任者

- 金属アーク溶接等作業を行うときは、技能講習を修了者のうちから特定化学物質作業主任者を選任する

全体換気装置等《**特化則 38 条の 21 第 1 項**》

- 金属アーク溶接等作業を行う屋内作業場は、全体換気装置又は同等以上の装置（局所排気装置等）を設けなければならない

空気中の溶接ヒューム濃度の測定等《**特化則 38 条の 21 第 2 項、3 項、8 項**》

- 金属アーク溶接等作業を継続して行う屋内作業場で、新たな溶接方法を採用し、又は変更するときは、個人サンプリング（測定方法等は R 2．7.31 厚労省告示 286 号参照）により溶接ヒューム濃度を測定
- 上記の測定結果により換気装置の風速の増加等の措置を講じる
- 測定結果を記録し 3 年間保存

掃除等《**特化則 38 条の 21 第 9 項**》

- 金属アーク溶接作業を行う屋内作業場の床を水洗等により毎日 1 回以上掃除

通風等が不十分な場所におけるガス溶接等の作業《**安衛則 262 条**》

- ホース及び吹管は損傷、摩耗等のないものを使用する
- ホースと吹管及びホース相互の接続箇所は、ホースバンド、ホースクリップ等の締付具で確実に締付ける
- ホースにガスを供給するときは、あらかじめホースに、ガス等が放出しない状態にした吹管又は確実な止め栓を装着した後に行う
- ホースのガス等の供給口のバルブ又はコックに、使用する者の名札等を取り付ける等、ガス等の供給についての誤操作を防ぐ表示をする

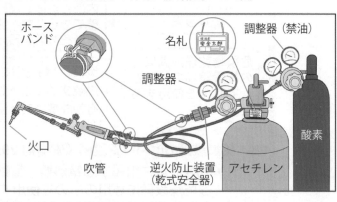
ホースバンド　名札　調整器（禁油）
調整器
火口　吹管　逆火防止装置（乾式安全器）　アセチレン　酸素

- 溶断作業時は、過剰酸素の放出による火傷を防止するため十分な換気を行う
- 作業の中断又は終了により作業箇所を離れる時は、ガス等の供給口のバルブ等を閉止し、ホースを外す。又は、ホースを自然通風・自然換気が十分な場所へ移動する

◆ アセチレンを用いる溶接・溶断器には逆火防止装置を設ける

〔一般高圧ガス保安規則 60 条 13 号〕

ガス溶接・アーク溶断の作業（2）

事業者

ガス等の容器の取扱い《安衛則 263 条》

以下の場所には、容器を設置、使用、貯蔵、放置しない

通風又は換気の不十分な場所

火気を使用する場所

吹管の火炎を除く

その周辺の 5 m 以内の場所（容器を貯蔵する場合は 2 m 以内）

| 火薬類 | 爆発性 | の物 |
| 危険物 | 発火性 | |

多量の易燃性の物

を製造又は取り扱う場所

容器の表面温度を 40℃以下に保つ

転倒を防止する　　衝撃を与えない

運搬時にはキャップをする

使用するときは、口金に付着している油類及びじんあいを除去する

バルブの開閉は静かに行う

溶解アセチレンの容器は立てて置く

使用前又は使用中の容器とこれら以外の容器との区別を明らかにする

キャップ

酸素ガス

仕切板

直射日光下で貯蔵しない

ステッカー等で区別する

充 → 空

◆ 圧縮アセチレンガス 40kg 以上・液化石油ガス 300kg 以上等を貯蔵・取り扱う場合、所轄消防署長へ届け出る〔消防法 9 条の 3、危政令 1 条の 10〕

アーク溶接等に使用する溶接棒等のホルダー《安衛則 331 条》

• JIS 規格（C9300-11）に適合するもの又は同等以上の絶縁効力及び耐熱性を有するものを使用する

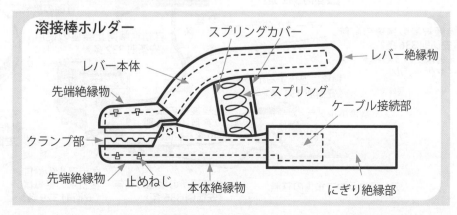

溶接棒ホルダー

スプリングカバー
レバー本体
レバー絶縁物
先端絶縁物
スプリング
ケーブル接続部
クランプ部
先端絶縁物　止めねじ　本体絶縁物　にぎり絶縁部

第7章　危険物、防火管理、化学設備、溶接、電気機械器具

143

事業者

アーク溶接のアークその他強烈な光線を発散する場所《安衛則 325 条》

- 区画したり、移動用カンバス、つい立等でしゃ光する。また、作業服、シールド、保護眼鏡等を備え付け、使用する

健康診断《特化則 39 条》

- 雇入れの際、配置替えの際、及びその後 6 カ月以内ごとに 1 回

保護衣、保護眼鏡、呼吸用保護具等の使用
《安衛則 593 条、粉じん則 27 条、特化則 38 条の 21》

- 多量の高熱物を取り扱う業務、有害な光線にさらされる業務、ガス・粉じん等を発散する業務等に従事するとき
- アーク溶接作業を行うときは、呼吸用保護具の使用作業を継続して行う屋内作業場では、溶接ヒューム濃度測定（P142 参照）の結果に応じて、有効な呼吸用保護具を使用（要求防護係数等は R 2.7.31 厚労省告示 286 号参照）。1 年に 1 回、呼吸用保護具が適切に装着されていることを確認（確認方法等は上記告示参照）、記録を 3 年間保存

作業管理等
《特化則 12 条の 2、21 条、24 条、25 条、27 条、37 条、38 条、38 条の 2、43 条、45 条および安衛則 35 条》

- 金属溶接等作業で生じる溶接ヒュームは、特定化学物質（管理第 2 類物質）として特化則の適用（関係者以外の立入禁止、運搬貯蔵塩容器等の使用など）を受ける

交流アーク溶接機用自動電撃防止装置の使用《安衛則 332 条》

- 船舶の二重底・ピークタンクの内部、ボイラーの胴・ドームの内部等、導電体に囲まれた場所で著しく狭あいな所
- 墜落の危険がある高さ 2 m 以上の場所で、鉄骨等導電性の高い接地物に接触するおそれがある所

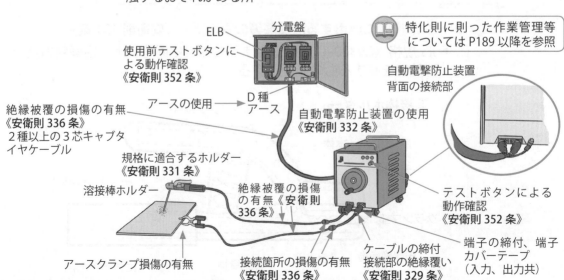

特化則に則った作業管理等については P189 以降を参照

144

ガス集合溶接装置（1）

事業者

選任 →

ガス溶接
作業主任者

《安衛則 314 条》

- ガス集合溶接装置を用いて金属の溶接・溶断・加熱の作業を行う場合は、免許を有する者のうちから作業主任者を選任する

 作業主任者は P16 参照

職務《安衛則 316 条》

作業の方法を決定し、作業を指揮する

ガス集合装置を取り扱う労働者に以下の事項を行わせる

> 取り付けるガスの容器の口金及び配管の取付口に付着している油類、じんあいの除去

> ガス容器を取替えた時は、容器の口金及び配管の取付口の部分のガス漏れの点検、配管内のガスと空気との混合ガスの排除

> ガス漏れ点検は、石けん水を使用する等安全な方法によること

> バルブ又はコックの開閉を静かに行うこと

ガス容器の取替えに立ち会う

作業開始前にホース・吹管・ホースバンド等を点検し、ガス又は酸素が漏洩する危険がある場合 → 補修又は取り替える

安全器は、作業中、その機能を容易に確認できる箇所に設置し → 1 日 1 回以上点検する

労働者の保護眼鏡・保護手袋 → 使用状況を監視する

ガス溶接作業主任者免許証 → 携帯する

ガス集合溶接装置等とは？

- ガス集合溶接装置とは、ガス集合装置、安全器、圧力調整器、導管、吹管等により構成され、可燃性ガス（安衛令別表第 1 第 5 号に該当するもの）及び酸素を使用して、金属を溶接し、溶断し、又は加熱する設備をいう
- ガス集合装置とは、10 以上の可燃性ガスの容器を導管により連結した装置、又は 9 以下の可燃性ガスの容器を導管により連結した装置で、容器の内容積の合計が以下に該当するものをいう
    1. 水素・溶解アセチレンの容器　400 ℓ 以上
    2. その他の可燃性ガスの容器　1000 ℓ 以上

溶接用ガスを多量に使用する作業場でガス容器を 1 本 1 本使用したのでは作業能率が悪く危険なので酸素及び可燃性ガスの容器を多数結合してさらに減圧してから配管により作業場へガスを供給するようにする

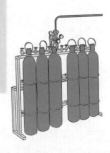

ガス集合溶接装置 （2）

事業者

ガス集合装置の設置《**安衛則 308 条**》

- 火気を使用する設備から 5 m以上離れた場所に設置（ガス装置室内に設置の場合は、壁の外面と火気を使用する設備との隔離距離は 5 mを要しない）
- ガス集合装置は、移動して使用するものを除き、専用のガス装置室に設ける
- ガス装置室の壁とガス集合装置との間隔は、当該装置の取扱い、ガスの容器の取替え等をするために十分な距離を保つ

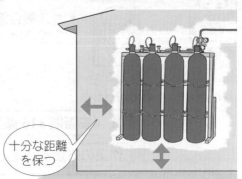

十分な距離を保つ

ガス装置室の構造《**安衛則 309 条**》

- ガスが漏えいしたときに、滞留しないこと
- 屋根及び天井の材料は軽い不燃性の物
- 壁の材料が不燃性の物

ガス集合溶接装置の配管《**安衛則 310 条**》

- フランジ、バルブ、コック等の接合部には、ガスケットを使用し、接合面を相互に密接させる等の措置を講ずる
- 主管及び分岐管には、安全器を設ける。この場合において、1 の吹管について、安全器が 2 以上になるようにする

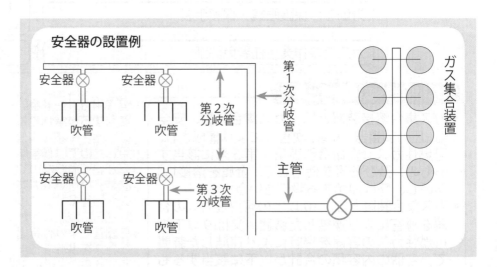

安全器の設置例

ガス集合溶接装置（3）

事業者

銅の使用制限《安衛則 311 条》

- 溶解アセチレンのガス集合溶接装置の配管及び附属器具には、銅又は銅を 70％以上含有する合金を使用しない

ガス集合溶接装置を用いて金属の溶接・溶断・加熱作業を行うとき 《安衛則 313 条》

- 使用するガスの名称及び最大ガス貯蔵量を、ガス装置室の見やすい箇所に掲示する

LＰガス貯蔵施設
最大貯蔵量○○kg

- ガスの容器を取り替えるときは、ガス溶接作業主任者に立ち合わせる

- ガス装置室には、係員のほかみだりに立ち入ることを禁止し、かつ、その旨を見やすい箇所に掲示する

- ガス集合装置から 5 m 以内の場所では、喫煙、火気の使用又は火花を発するおそれのある行為を禁止し、かつ、その旨を見やすい箇所に掲示する

- バルブ、コック等の操作要領及び点検要領をガス装置室の見やすい箇所に掲示する

- 導管には、酸素用とガス用との混同を防止するための措置を講ずる

- ガス集合装置の設置場所に適当な消火設備を設ける

- 保護眼鏡及び保護手袋を着用させる

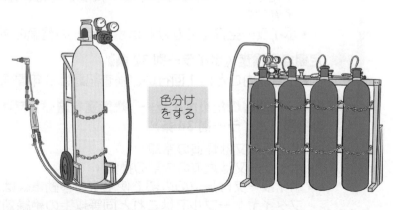

色分け
をする

定期自主検査《安衛則 317 条》

- 1 年以内ごとに 1 回行い、検査記録は 3 年間保存する

ボイラー

事業者

選任

ボイラー取扱
作業主任者

《ボイラー則 24 条》
- 作業区分に応じ免許を有する者・技能講習修了者のうちから選任する

職務《ボイラー則 25 条》

圧力、水位及び燃焼状態の監視
急激な負荷の変動を与えないように努める
最高使用圧力を超えて圧力を上昇させない
安全弁の機能の保持に努める

📖 作業主任者は
P16 参照

技術上の指針に適合していると労基署長が認めた自動制御装置を備えたボイラーについての点検は3日に1回以上とすることができる
〔平29.4.1 施行〕

水面測定装置の機能 ➡ 1日1回以上点検する

適宜、吹出しを行い、ボイラー水の濃縮を防ぐ

給水装置の機能の保持に努める

低水位燃焼しゃ断装置、火炎検出装置その他の自動制御装置の ➡ 点検・調整

ボイラーについて異状を認めたとき ➡ 直ちに必要な措置を講じる

📖 ボイラー等の業務に応じた必要な資格は、P239、240 参照

排出されるばい煙の測定濃度及びボイラー取扱い中における ➡ 異常の有無の記録

就業制限《ボイラー則 23 条、35 条》

📖 ※就業制限は P65 参照

右記のボイラー技士免許を受けた者でなければボイラーの取扱の業務につかせてはならない ➡
- ・特級ボイラー技士免許
- ・1級ボイラー技士免許
- ・2級ボイラー技士免許

- ただし、一定規模のボイラーについては、ボイラー取扱技能講習修了者でもよい
- ボイラー整備士でなければボイラーの整備の業務につかせない

定期自主検査《ボイラー則 32 条》

- 1月以内ごとに1回行い、検査記録は3年間保存する

掃除、修繕等のためボイラー（燃焼室を含む）又は煙道の内部に入るときの措置《ボイラー則 34 条》

- ボイラー又は煙道の冷却
- ボイラー又は煙道の内部の換気
- ボイラー又は煙道の内部で使用する移動電線は、キャブタイヤケーブル又はこれと同等以上の絶縁効力及び強度を有するものを使用、かつ、移動電灯は、ガードを有するものを使用
- 使用中の他のボイラーとの管連絡を確実にしゃ断

圧力容器

第1種圧力容器とは？《安衛令1条5号》

以下に掲げる容器（一定規模以下のものを除く）
- 蒸気などの熱媒を受け入れ、又は蒸気を発生させて固体・液体を加熱する容器で、容器内の圧力が大気圧を超えるもの
- 化学反応、原子核反応などの反応によって蒸気が発生する容器で、容器内の圧力が大気圧を超えるもの
- 液体の成分を分離するため、液体を加熱し、その蒸気を発生させる容器で、容器内の圧力が大気圧を超えるもの
- 上記の他、大気圧における沸点を超える温度の液体をその内部に保有する容器

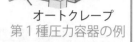

オートクレープ
第1種圧力容器の例

事業者

→

選任 《ボイラー則62条》
- 作業区分に応じボイラ技士免許を有する者・技能講習修了者のうちから選任する

📖 作業主任者は P16 参照

第1種圧力容器
取扱
作業主任者

職務 《ボイラー則63条》

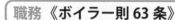

| 最高使用圧力を超えて圧力を上昇させない |
| 安全弁の機能の保持に努める |

| 初めて使用するとき、又は使用方法もしくは内容物の種類を変えるとき | → | 労働者に作業方法を周知し、作業を直接指揮する |

| 第1種圧力容器及びその配管に異常を認めたとき | → | 直ちに必要な措置を講ずる |
| 内部の温度、圧力等を随時点検し、異常を認めたとき |

| 設備の運転状態について必要事項を記録し、交替時には、引継を行う |

→ **定期自主検査**《ボイラー則67条》
- 1月以内ごとに1回行い、検査記録は3年間保存する

→ **掃除、修繕等のため第1種圧力容器の内部に入るときの措置**
《ボイラー則69条》
- 冷却
- 内部の換気
- 内部で使用する移動電線は、キャブタイヤケーブル又はこれと同等以上の絶縁効力及び強度を有するものを使用、かつ、移動電灯は、ガードを有するものを使用
- 使用中のボイラー又は他の圧力容器との管連絡を確実にしゃ断

→ **就業制限**《ボイラー則70条》
- ボイラー整備士でなければ第1種圧力容器の整備の業務につかせない

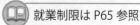

📖 就業制限は P65 参照

第2種圧力容器とは？《安衛令1条7号》

- ゲージ圧力 0.2 MPa 以上の気体をその内部に保有する容器（第1種圧力容器を除く）のうち、次に掲げる容器をいう
  1. 内容積が 0.04 m³ 以上の容器
  2. 胴の内径が 200mm 以上で、かつ、その長さが 1000mm 以上の容器

第7章 危険物、防火管理、化学設備、溶接、電気機械器具

電気機械器具 （1）

電動機、変圧器、コード接続器、開閉器、分電盤、配電盤等電気を通ずる機械、器具その他の設備のうち配線及び移動電線以外のものをいう

事業者

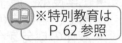
※特別教育は
P 62 参照

電気取扱者の特別教育の実施《安衛則 36 条 4 号》

- 高圧（直流 750 V 超 7000 V 以下・交流 600 V 超 7000 V 以下）、特別高圧（7000 V 超）の充電電路又はその支持物の敷設、点検、修理、操作
- 低圧（直流 750 V・交流 600 V 以下）の充電電路の敷設、修理
- 配電盤室・変電室等区画された場所に設置する低圧の電路のうち、充電部分が露出している開閉器の操作

電気自動車等の整備業務の特別教育の実施《安衛則 36 条 4 号の 2》

- 対地電圧が 50 V を超える低圧の蓄電池を内蔵する自動車の整備の業務

電気機械器具の囲い等《安衛則 329 条》

- 電気機械器具の充電部分で、接触・接近による感電の危険があるものは、感電防止の囲い又は絶縁覆い（絶縁された金属製箱に収める、ゴム・ビニール・ベークライト等の絶縁材料で被覆する等）を設ける

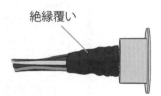
絶縁覆い

移動電線に接続する手持型電灯、架空つり下げ電灯等のガードの取り付け《安衛則 330 条》

- 口金への接触による感電、電球の破損による危険防止のため

電気機械器具の操作部分の照度《安衛則 335 条》

- 感電や誤操作による危険を防止するため、必要な照度を保持する

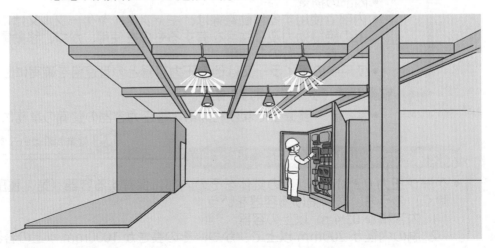

電気機械器具 （2）

事業者

移動電線等の被覆又は外装 《安衛則 337 条》

- 水その他導電性の高い液体で湿潤している場所で使用する移動電線・接続器具は、液体が浸入しない構造で、かつ、使用電圧に応じた絶縁性能を有するものを使用する

  移動電線…キャブタイヤケーブル、クロロプレン外装ケーブル、防湿2個よりコード等

  接続器具…防水型、防滴型、屋外型等

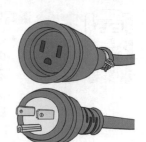

配線等の絶縁被覆及び仮設の配線・移動電線 《安衛則 336 条、338 条》

- 作業中や通行中に接触するおそれのある（おおむね側方60cm以内、作業床・通路面から2m以内）被覆を有する配線又は移動電線は、絶縁被覆の損傷・老化による感電防止のため、必要な補修や完全なものと取り換える等の措置をする 《安衛則 336 条》

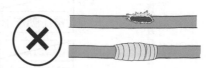

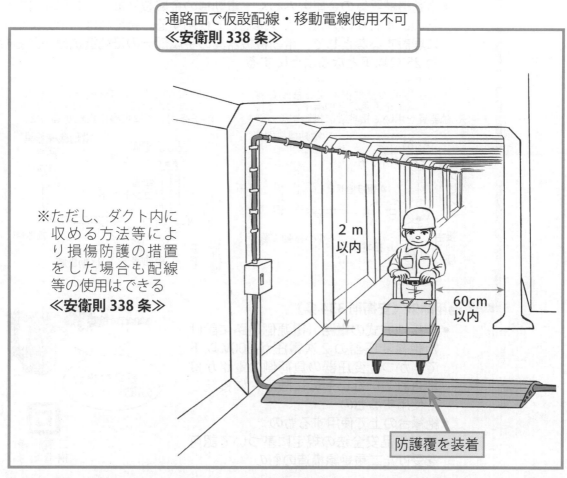

通路面で仮設配線・移動電線使用不可
≪安衛則 338 条≫

※ただし、ダクト内に収める方法等により損傷防護の措置をした場合も配線等の使用はできる
≪安衛則 338 条≫

2 m 以内

60cm 以内

防護覆を装着

漏電による感電の防止

事業者

漏電による感電の防止《安衛則 333 条 1 項》

- 移動式、可搬式の電動機械器具（非接地式電源に接続して使用するものを除く）で以下に該当するものは、漏電による感電の危険を防止するため、電動機械器具が接続される電路に、当該電路の定格に適合し、感度が良好で、かつ、確実に作動する感電防止用漏電しゃ断装置を接続する
  1. 対地電圧が 150 V を超えるもの
  2. 水等導電性の高い液体で湿潤している場所で使用するもの
  3. 鉄板上、鉄骨上、定盤上等の導電性の高い場所で使用するもの

●感度が良好とは以下の表のように表わされる

	動作感度電圧	動作時限
電圧動作形	おおむね 20 〜 30V	0.2 秒以下

	動作感度電流	動作時限
電流動作形※	おおむね 30mA	0.1 秒以下

※電動機器の接地線が切断又は不導通の場合電路を
しゃ断する保護機構を有する装置を除く

感電防止しゃ断装置

感電防止用漏電しゃ断装置の接続が困難な場合《安衛則 333 条 2 項》

- 電動機械器具の金属製外わく・電動機の金属製外被等の金属部分を以下のいずれかの方法により接地して使用する。接地極は、十分に地中に埋設するなどして、電動機械器具の金属部分の接地抵抗値がおおむね 25 Ω以下となるようにする

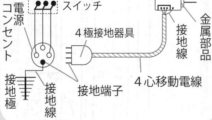

1心を専用の接地線とする移動電線と、1端子を専用の接地端子とする接続器具を用いて接地極に接続する方法

電源スイッチ / 電動機械器具 / 電源コンセント / 4極接地器具 / 金属部品 / 接地線 / 接地極 / 接地線 / 接地端子 / 4心移動電線

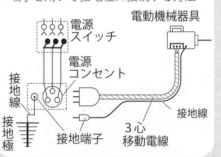

移動電線に添えた接地線と、電動機械器具の電源コンセント近くの接地端子を用いて接地極に接続する方法

電源スイッチ / 電動機械器具 / 電源コンセント / 接地線 / 接地線 / 接地極 / 接地端子 / 3心移動電線

適用除外《安衛則 334 条》

- 非接地方式の電路（電源側電路に設けた絶縁変圧器の 2 次電圧が 300V 以下で、かつ、変圧器の負荷側の電路が接地されていないものに限る）に接続して使用するもの
- 絶縁台の上で使用するもの
- 電気用品安全法の規定に基づいて認可を受けた二重絶縁構造のもの

二重絶縁構造の電動ドリル

二重絶縁構造記号

電気機械器具の点検

事業者

電気機械器具の使用前点検等《**安衛則 352 条**》
- その日の使用開始前
- 異常箇所は補修・取換え

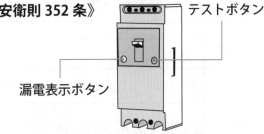

漏電しゃ断器のテストボタン（例）

● 電気機械器具の使用前点検

電気機械器具等の種別	点検事項
溶接棒等のホルダー（**安衛則 331 条**）	絶縁防護部分及びホルダー用ケーブルの接続部の損傷の有無
交流アーク溶接機用自動電撃防止装置（**安衛則 332 条**）	作動状態
感電防止用漏電しゃ断装置（**安衛則 333 条 1 項**）	
電動機械器具で、感電防止用漏電しゃ断装置が使用できず安衛則 333 条 2 項に定める方法で接地したもの（**安衛則 333 条**）	接地線の切断、接地極の浮上がり等の異常の有無
移動電線及びこれに附属する接続器具（**安衛則 337 条**）	被覆又は外装の損傷の有無
検電器具（**安衛則 339 条 1 項 3 号**）	検電性能
短絡接地器具（**安衛則 339 条 1 項 3 号**）	取付金具及び接地導線の損傷の有無
絶縁用保護具（**安衛則 341 〜 343 条**）	ひび、割れ、破れその他の損傷の有無及び乾燥状態
絶縁用防具（**安衛則 341 及び 342 条**）	
活線作業用装置（**安衛則 341 条及び 343 〜 345 条**）	
活線作業用器具（**安衛則 341 条、343 及び 344 条**）	
絶縁用保護具及び活線作業用器具（**安衛則 346 条及び 347 条**）ならびに絶縁用防具（**安衛則 347 条**）	
絶縁用防護具（**安衛則 349 条 3 号及び 570 条 1 項 6 号**）	

電気機械器具の囲い等の点検等《**安衛法 353 条**》
- 安衛則 329 条（電動機械器具の囲い等）の囲い及び絶縁覆いについて、毎月 1 回以上、取付部のゆるみ、はずれ、破損状態等について点検し、異常を認めたときは、直ちに補修する

153

※安全衛生法の定めによる照度は P157 と P174 参照

column 3 / 作業等に必要な照度

● 事務所の照度基準 （JIS Z9110）

照度 LUX	場所			作業
2000	- - - -			- - - -
1500 1000 750	事務所(a)※1、営業室、設計室、製図室、玄関ホール（昼間）※2			●設計●製図 ●タイプ●計算 ●キーパンチ
500	集会室、応接室、待合室、食堂、調理室、娯楽室、守衛室、玄関ホール(夜間)、エレベーターホール	事務所(b)、役員室、会議室、印刷室、電子計算機室、制御室、診療室 ●電気・機械室等の配電盤及び計器盤 ●受付		
300 200		倉庫、金庫室、電気室、講堂、機械室、雑作業室、エレベーター	- - - -	
150	- - - -		洗場、湯沸場、浴室、廊下、階段、洗面所、便所	
100	喫茶室、休憩室、宿直室、更衣室、倉庫、玄関（車寄せ）		- - - -	
75 50 30	屋内非常階段			

※ 1 ）事務室は細かい視作業を伴う場合及び昼光の影響により窓外が明るく、屋内が暗く感ずる場合は、（a）を選ぶことが望ましい

※ 2 ）玄関ホールでは、昼間の屋外自然光による数万 lux の照度に目が適応していると、ホール内部が暗く見えるので、照度を高くすることが望ましい。なお、玄関ホール（夜間）と（昼間）は段階点滅で調整してもよい

● 工場の照度基準 （JIS Z9110）

照度 LUX	場所	作業
3000	- - - -	- - - -
2000	制御室などの計器盤及び制御盤	精密機械、電子部品の製造、印刷工場での極めて細かい視作業 ●組立a ●検査a ●試験a ●選別a ●設計 ●製図
1500 1000 750	設計室、製図室	繊維工場での選別、検査、化学工場での分析など細かい視作業 ●組立b ●検査b ●試験b ●選別b
500 300	制御室	一般の製造工程などでの普通の視作業 ●組立c ●検査c ●試験c ●選別c ●包装a ●倉庫内の事務
200 150	電気室、空調機械室	粗な視作業 ●限定された作業●包装 b ●荷造 a
100 75	出入口、廊下、通路、階段、洗面所、便所、作業を伴う倉庫	ごく粗な視作業 ●限定された作業●包装 c ●荷造 b・c
50 30	屋内非常階段、倉庫、屋外動力設備	- - - -
20 10	屋外（通路、構内警備用）	- - - -

1.同種作業名について見る対象物及び作業の性質に応じた次の3つに分ける

（1）表中のaは細かいもの、暗いもの、対比の弱いもの、特に高価なもの、衛生に関係ある場合、精度の高いことを要求される場合、作業時間の長い場合などを表す

（2）表中のbは（1）と（3）の中間のものを表す

（3）表中のcは粗いもの、明色のもの、対比の強いもの、頑丈なもの、さほど高価でないものを表す

2.危険作業のときは、2倍の照度とする

第8章

作業方法から生ずる危険防止措置

・はい作業における危険の防止（1）（2） ……………… 156

・墜落等による危険の防止（1）～（3）……………… 158

・足場組立作業における安全管理 ……………………… 161

・足場の作業床の管理 …………………………………… 162

・移動式足場（ローリングタワー）の安全作業 ……… 163

・高所作業車の安全管理（1）～（3） ……………… 164

・飛来崩壊災害による危険の防止 ……………………… 167

・通路等（1）（2）…………………………………… 168

・column 4　腰痛対策………………………………… 170

はい作業における危険の防止 （1）

はいとは？

倉庫、上屋又は土場に積み重ねられた荷（小麦、大豆、鉱石等のばら物の荷を除く）の集団をいう

はいつけとは？

荷を積み重ねて、はいとすること

はいくずしとは？

荷を持出すときにはいをくずすこと

事業者

はい作業
主任者

選任 《安衛則 428 条》

 作業主任者は P16 参照

- 高さ 2 m 以上のはい付け・はいくずしの作業（荷役機械の運転者のみによって行われるものを除く）は、はい作業主任者技能講習を修了した者のうちから、はい作業主任者を選任する

職務 《安衛則 429 条》

作業の方法及び順序を決定し、作業を直接指揮する

器具及び工具を点検し、不良品を取り除く

| 作業箇所を通行する労働者を安全に通行させるため | → | その者に必要な事項を指示する |

| はいくずし作業の場合、はい崩壊の危険がないことを確認した後 | → | 作業着手を指示する |

昇降するための設備及び保護帽の使用状況を監視する

昇降設備の使用（滑止装置付きの移動はしご等）《安衛則 427 条》

- はいの上での作業（はい付け、はいくずし、検数、点検等）で、作業箇所の高さが床面から 1.5m を超えるときに使用

※ただし、はいが右図のような形状で、はいの崩壊・荷の落下のおそれがない場合、昇降用設備を使用しなくてもよい

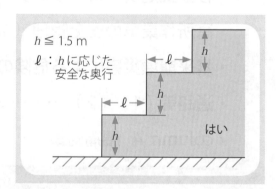

$h \leqq 1.5\,\mathrm{m}$

ℓ ： h に応じた安全な奥行

はい

はいの間隔 《安衛則 430 条》

- 高さが 2 m 以上のはい（容器が袋、かます又は俵である荷により構成されるものに限る）は、はいの下端において 10cm 以上の間隔をあける

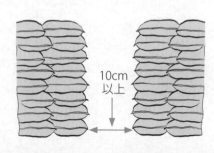

10cm
以上

はい作業における危険の防止（2）

事業者

はいくずし作業（床面からの高さ２m以上）《安衛則431条》

- 中抜き・下抜きをしない
- 容器が袋・かます・俵の荷で構成されるはいは、ひな段状にくずし、ひな段の各段（最下段を除く）の高さは1.5m以下とする

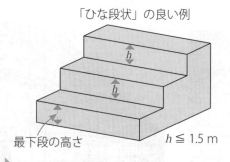

「ひな段状」の良い例

最下段の高さ

$h \leqq 1.5\,m$

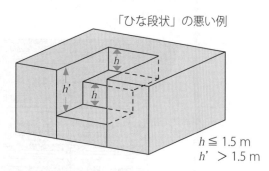

「ひな段状」の悪い例

$h \leqq 1.5\,m$
$h' > 1.5\,m$

はいの崩壊又は荷の落下の危険防止《安衛則432条》

- はいをロープで縛り、網を張り、くい止めをし、はい替えを行う等の危険防止措置を講じる

荷崩れ防止フィルム

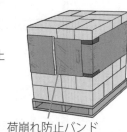

荷崩れ防止バンド

立入禁止《安衛則433条》

- はいの崩壊又は荷の落下の危険がある場所

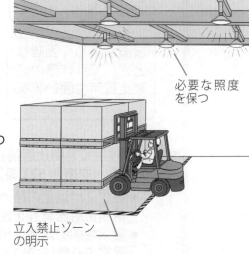

必要な照度を保つ

立入禁止ゾーンの明示

照度の保持《安衛則434条》

- 安全に作業ができる照度を保つ

はい付け・はいくずしの作業が行われている場所		20ルクス以上
労働者が作業のため通行する場所	倉庫内	8ルクス以上
	屋外	5ルクス以上

作業者

保護帽の着用《安衛則435条》

- はいの上（作業箇所の高さが床面から２m以上のものに限る）で作業を行うとき

墜落等による危険の防止（1）

事業者

作業床の設置等《安衛則 518 条》
- 高さ 2 m 以上の箇所（作業床の端、開口部等を除く）
- 設置が困難なときは、防網を張り、要求性能墜落制止用器具を使用させる等の措置

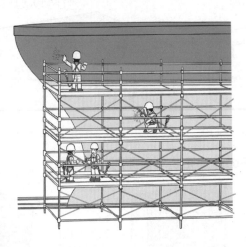
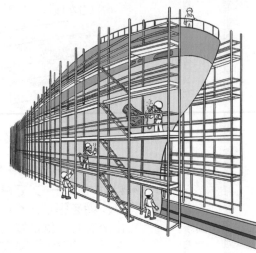

囲い等の設置《安衛則 519 条》

高さ 2 m 以上の作業床の端、開口部等で墜落の危険がある箇所
→ 囲い、手すり、覆い等を設置する

設置が著しく困難なとき、又は作業の必要上臨時に囲い等を取り外すとき
→ 防網を張り、労働者に要求性能墜落制止用器具を使用させる等の措置を講じる

覆い

出入り後は、転落防止の為、覆いのフタをする

要求性能墜落制止用器具等の取付設備（はり、柱、親ロープ、フック等）の設置《安衛則 521 条》
- 高さ 2 m 以上の箇所での作業で要求性能墜落制止用器具等を使用させるとき
- 要求性能墜落制止用器具等・取付設備等の異常の有無について随時点検する

必要な照度の保持《安衛則 523 条》
- 高さ 2 m 以上の箇所での作業

墜落等による危険の防止（2）

事業者

悪天候時、危険が予想されるときの作業の禁止《**安衛則 522 条**》

- 高さ 2 m 以上の箇所で作業を行う場合

※作業地域に強風、大雨、大雪等の気象注意報・警報が発せられ、悪天候が予想される場合も含みます

大雨警報発令中

強 風

10 分間の平均風速が毎秒 10 m 以上の風

大雨

1 回の降雨量が 50 mm 以上の降雨

大雪

1 回の降雪量が 25 cm 以上の降雪

〔昭 46. 4.15 基発第 309 号〕

昇降するための設備等の設置《**安衛則 526 条 1 項**》

- 高さ又は深さが 1.5 mを超える箇所での作業

移動はしご《**安衛則 527 条**》

- 丈夫な構造であること
- 材料に著しい損傷、腐食等がないこと
- 幅は 30cm 以上とする。踏み桟は 25cm 以上 35cm 以下で等間隔が望ましい
- すべり止め装置の取付け、はしご上部の構造物への固定、他の労働者の支え等、転位防止のための措置を講じる

固定
25～35cm
等間隔
30cm 以上
滑り止め

作業者

要求性能墜落制止用器具等、昇降するための設備等の使用《**安衛則 520 条、526 条 2 項**》

事業者

脚立《**安衛則 528 条**》

- 丈夫な構造であること
- 材料に著しい損傷、腐食等が ないこと
- 脚と水平面との角度を 75 度以 下とし、折りたたみ式は、脚 と水平面との角度を確実に保 つための金具等を備えること
- 踏み面は、作業を安全に行う ため必要な面積を有すること

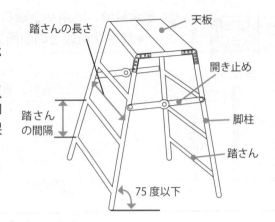

踏さんの長さ
天板
踏さん
の間隔
開き止め
脚柱
踏さん
75 度以下

立入禁止《**安衛則 530 条**》

- 墜落のおそれのある箇所

ホッパー等の内部での作業制限《**安衛則 532 条の 2**》

- 土砂・飼料・肥料・鉱 さい等への埋没や機械 設備等に巻き込まれる 危険のある箇所では、 要求性能墜落制止用器 具を使用させる等の措 置を講じたとき以外は、 作業を行わせない

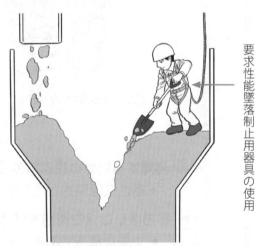

要求性能墜落制止用器具の使用

煮沸槽等への転落による危険の防止《**安衛則 533 条**》

- 火傷、窒息、中毒、機械 への巻き込まれ等の危険 がある煮沸槽、ホッパー、 ピット等は、必要な箇所 に高さが 75cm 以上の丈 夫なさく等を設置する。 設置できない場合は監視 人の配置、要求性能墜落 制止用器具の使用等危険 防止措置を講じる

75cm
以上

足場組立作業における安全管理

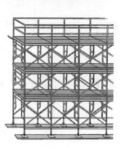

足場とは？

本足場、一側足場、つり足場、張出し足場、脚立足場等のごとく建設物、船舶等の高所部に対する塗装、鋲打、部材の取りつけ又は取り外し等の作業において、労働者を作業箇所に接近させて作業させるために設ける仮設の作業床及びこれを支持する仮設物をいう（**昭 34.2.18 基発第 101 号**）

事業者

特別教育《安衛法 59 条、安衛則 36 条 39 号》

- 足場の組立て、解体又は変更の作業に係る業務（地上又は堅固な床上における補助作業の業務を除く）

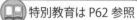特別教育は P62 参照

選任　**《安衛則 565 条》**

足場組立て等
作業主任者

- つり足場、張出し足場又は高さ 5 m 以上の足場の組立て・解体・変更の作業を行う場合は、技能講習修了者のうちから作業主任者を選任する

作業主任者は P16 参照

職務《安衛則 566 条》

材料の欠点の有無を点検し、不良品を取り除く

器具・工具・要求性能墜落制止用器具及び保護帽の機能を点検し不良品を取り除く

作業の方法及び労働者の配置を決定し、作業の進行状況を監視する

要求性能墜落制止用器具及び保護帽の使用状況を監視する

建築物等の組立て、解体又は変更の作業《安衛則 529 条》

指名

作業指揮者

- 建築物、橋梁、足場等の組立て、解体又は変更の作業（作業主任者を選任しなければならない作業を除く）を行う場合において、墜落の危険があるときは、以下の措置を講じる
  1. 作業を指揮する者を指名して、作業を直接指揮させる
  2. 作業方法や順序を労働者に周知する

つり足場、張出し足場又は高さ 2 m 以上の足場の組立、解体又は変更の作業の措置《安衛則 564 条》

- 組立、解体又は変更の時期、範囲及び順序を労働者に周知する
- 作業区域内には、関係労働者以外を立入禁止とする
- 悪天候時には作業を中止する
- 足場材の緊結、取外し、受渡し等の作業時には、幅 40cm 以上の作業床を設け、さらに要求性能墜落制止用器具を取付ける設備を設け、かつ、労働者に要求性能墜落制止用器具を使用させる
- 材料、器具、工具等を上げ、又は下す時には、つり綱、つり袋等を使用させる

第8章 作業方法から生ずる危険防止措置

足場の作業床の管理

事業者

作業床の最大積載荷重の設定、周知《安衛則 562 条》

- 構造及び材料に応じて、作業床の最大積載荷重を定め、かつ、これを超えて積載しない
- 最大積載荷重は、表示するなどにより労働者に周知する

最大積載荷重
足場作業床
1 スパン
$\bigcirc\bigcirc$ Kg

作業床《安衛則 563 条》

高さが 2 m 以上の作業場所には、次の定めるところにより作業床を設ける

- **標準足場板を使用する場合**

    足場板は 3 点支持、又は両端は支持物に緊結する

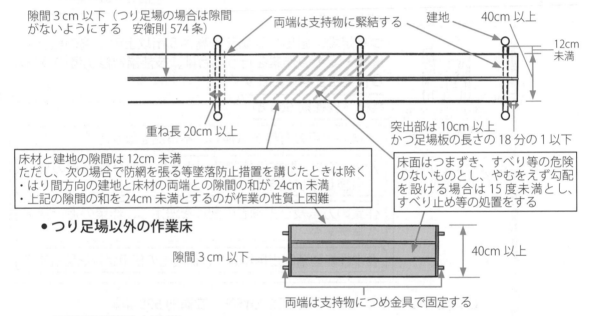

隙間 3 cm 以下（つり足場の場合は隙間がないようにする 安衛則 574 条）

両端は支持物に緊結する

建地

40cm 以上

12cm 未満

重ね長 20cm 以上

突出部は 10cm 以上
かつ足場板の長さの 18 分の 1 以下

床材と建地の隙間は 12cm 未満
ただし、次の場合で防網を張る等墜落防止措置を講じたときは除く
・はり間方向の建地と床材の両端との隙間の和が 24cm 未満
・上記の隙間の和を 24cm 未満とするのが作業の性質上困難

床面はつまずき、すべり等の危険のないものとし、やむをえず勾配を設ける場合は 15 度未満とし、すべり止め等の処置をする

- **つり足場以外の作業床**

隙間 3 cm 以下

40cm 以上

両端は支持物につめ金具で固定する

- **足場用墜落防止設備**

    わく組足場はイ又はロを、わく組足場以外の足場（一側足場を除く）はハの設備（丈夫でたわみが生じるおそれがなく、著しい損傷・変形・腐食がないもの）を設置

    イ 交さ筋かい及び高さ 15cm 以上 40cm 以下の桟、若しくは高さ 15cm 以上の幅木又はこれと同等以上の機能を有する設備

    ロ 手すりわく

    ハ 高さ 85cm 以上の手すり又はこれと同等以上の機能を有する設備（手すり等）及び高さ 35cm 以上 50cm 以下の桟、又はこれと同等以上の機能を有する設備（中桟等）

    わく組足場以外（ハ）

    手すり（単管）

    中桟（単管）

    手すり柱（単管）（作業床等に強固に固定する）

    作業床

    幅木 10cm 以上（合板敷板等）（手すり柱等に番線等で固定する）

    85cm 以上

- **物体の落下防止**

    高さ 10cm 以上の幅木、メッシュシート又は防網等を設置

移動式足場（ローリングタワー）の安全作業

移動式足場の安全基準に関する技術上の指針 《昭 50.10.18 技術上の指針公示第6号》

事業者

特別教育《安衛法 59 条、安衛則 36 条 39 号》
- 足場の組立て、解体又は変更の作業に係る業務（地上又は堅固な床上における補助作業の業務を除く）

選任 《**安衛則 565 条**》
- 技能講習修了者のうちから選任
- 高さ 5 m 以上の足場の組立て・解体、変更の作業

足場組立て等
作業主任者

《**安衛令 6 条 15 号**》

 作業主任者は P16 参照

職務《安衛則 566 条》
 P161 を参照

指名 《**安衛則 529 条**》
- 高さ 5 m 未満の足場の組立て・解体、変更の作業

 P161 を参照

作業指揮者

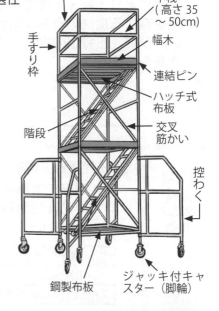

手すり（高さ 85cm 以上、技術上の指針では、90cm 以上を推奨）
中桟（高さ 35 ～ 50cm）
手すり枠
幅木
連結ピン
ハッチ式布板
階段
交叉筋かい
控わく
ジャッキ付キャスター（脚輪）
鋼製布板

第 8 章 作業方法から生ずる危険防止措置

技術上の指針より

使用時の注意
- 障害物等による転倒防止のため、路面状態を確認する
- 移動時は全ての脚輪のブレーキを解除した後に行う
- 労働者を足場に乗せたまま移動してはならない
- 移動中は転倒等による危険のあるところには、関係労働者以外は立入禁止にする
- 必ず昇降設備を設ける
- 脚輪のブレーキは移動中を除き、常に作動させておく
- 足場上では移動はしご、脚立等を使用しない
- 最大積載荷重を標示し、それを超えた荷重をかけない

最大積載荷重 Kg

（注）作業床の面積（㎡）≧ 2 の場合
250kg 以下

作業床の面積（㎡）＜ 2 の場合
（50 ＋ 100 ×作業床の面積）kg 以下

高さ及び控わくの関係

1. 控わくを使用する場合（建わくは専用部材とする）

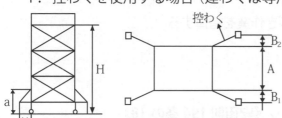

（注）H：脚輪の下端から作業床までの高さ（m）

- 控わくの高さが控わくの幅の 3 倍以上の場合（a ≧ 3 b のとき）

$$H \leqq 7.7 (A + B_1 + B_2) - 5.0 (m)$$

- 上記以外の場合

$$H \leqq 7.7 \left\{ \left(A + \frac{1}{2}(B_1 + B_2)\right) \right\} - 5.0 (m)$$

2. 控わくを使用しない場合（建わくは専用部材とする）

$L > \ell$

$$H \leqq 7.7 \ell - 5.0 (m)$$

高所作業車の安全管理 (1)

高所作業車とは？

高所における工事、点検、補修等の作業に使用される機械で作業床及び昇降装置その他の装置で構成され、作業床が昇降装置その他の装置により上昇・下降等をする設備を有する機械のうち、動力を用い、かつ、不特定の場所に自走できるものをいう

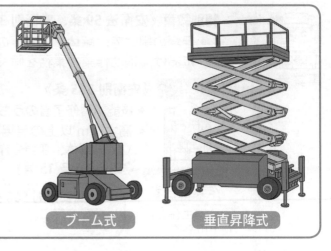

ブーム式　　垂直昇降式

事業者

技能講習・特別教育《安衛法 59 条、61 条》

● 運転の業務は、作業床の高さに応じ技能講習又は特別教育を修了した者以外行ってはならない

作業床の高さ	運転資格
10 m以上	技能講習修了者
2 m以上 10 m未満	特別教育修了者

 特別教育は P62 参照

〔安衛令 20 条 15 号、安衛則 36 条 10 号の 5〕

作業計画《安衛則 194 条の 9》

● 以下の事項等に適応する作業計画（作業方法を含む）を作成し、作業を行う。また作業方法を関係労働者に周知する
　1. 作業に係る場所の状況
　2. 高所作業車の種類及び能力

指名　《安衛則 194 条の 10》

作業指揮者

● 作業計画に基づき作業を指揮する

修理、作業床の装着・取外し《安衛則 194 条の 18》

作業を指揮する者を定め、以下の事項を行わせる
● 作業手順の決定、作業の直接指揮
● 安全支柱、安全ブロック等の使用状況監視

高所作業車の安全管理 （2）

事業者

指名

合図者

停止

停止

《安衛則 194 条の 12》
- 作業床以外の箇所で作業床を操作するときは、作業者間の連絡を確実にするため、合図を定め、合図者を指名する等の措置を講ずる

前照灯及び尾灯を備えたものの使用《安衛則 194 条の 8》
（走行の作業に必要な照度が保持された場所を除く）

転倒・転落の防止《安衛則 194 条の 11》
- アウトリガーの張出し
- 地盤の不同沈下防止
- 路肩の崩壊防止

アウトリガー

移送するための貨物自動車への積み卸し《安衛則 194 条の 14》
- 平坦で堅固な場所で行う
- 道板を使用する時は、十分な長さ、幅、強度のあるものを使用し、適当な勾配で確実に取り付ける

搭乗の制限《安衛則 194 条の 15》
- 乗車席及び作業床以外は乗車禁止

使用の制限《安衛則 194 条の 16》
- 積載荷重その他の能力をを超えて使用しない

主たる用途以外の使用の制限
《安衛則 194 条の 17》

第8章　作業方法から生ずる危険防止措置

高所作業車の安全管理 (3)

事業者

定期自主検査等

《安衛則 194 条の 23、26》

有資格者・検査業者による特定自主検査 → 1 年以内ごとに 1 回 → 検査後は検査標章を貼付する

検査標章

《安衛則 194 条の 24》

定期自主検査 → 1 カ月ごとに 1 回

《安衛則 194 条の 25、26》

定期自主検査（月次）
特定自主検査（年次）
の結果等を記録し、3 年間保存する

《安衛則 194 条の 27》

その日の作業開始前に点検を実施する

《安衛則 194 条の 28》

年次・月次の自主検査、作業開始前の点検の結果、異常を認めた場合は直ちに補修等を実施する

作業床への搭乗制限等 《安衛則 194 条の 20》

- 作業床で走行操作しない構造のものは、走行時に労働者を作業床に乗せない。ただし平坦で堅固な場所で以下の措置を講じた場合を除く
  1. 誘導者を配置し、誘導する
  2. 一定の合図を定め、誘導者が合図を行う
  3. 適正な制限速度を定め、運転する

平坦で堅固な場所以外の走行 《安衛則 194 条の 21》

- 作業床で走行操作をする構造の高所作業車を平坦で堅固な場所以外で走行させるときは、前条（上記）の措置を講ずる

運転者

運転位置から離れる場合の措置 《安衛則 194 条の 13》

- 作業床を最低降下位置に置く
- ブレーキを確実にかける
- 原動機を止める

ブーム等の降下による危険の防止 《安衛則 194 条の 19》

- ブーム等を上げ、その下で修理・点検等を行うときは、ブーム等の不意の降下を防止するため、安全支柱・安全ブロック等を使用する

要求性能墜落制止用器具等の使用 《安衛則 194 条の 22》

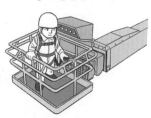

- 垂直にのみ昇降する構造以外の高所作業車の作業床上では、要求性能墜落制止用器具等を使用する

飛来崩壊災害による危険の防止

事業者

物体の落下による危険の防止《**安衛則 537 条**》
- 防網の設置、立入区域の設定等の措置を講じる

物体の飛来による危険の防止
《**安衛則 538 条**》
- 飛来防止の設備を設け、保護具を使用させる等の措置を講じる

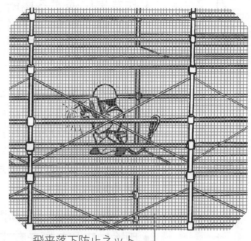
飛来落下防止ネット

作業者

高所からの物体投下による危険の防止《**安衛則 536 条**》
- 適当な投下設備の設置、監視人の配置等が講じられていないときは、3 m以上の高所から物体を投下してはならない

保護帽の着用《**安衛則 539 条**》
- 船台の附近や高層建築場等、上方で作業している箇所

投下設備

監視人の配置

● 災害事例

2階から工具を落として下の労働者に当たってしまう事故もあるので保護帽を着用しよう

167

通路等 （1）

事業者

通路《安衛則 540 条》

- 作業場に通ずる場所及び作業場内には、安全な通路を設け常時有効に保持し、主要通路は表示をする

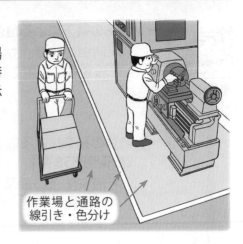
作業場と通路の
線引き・色分け

通路の照明《安衛則 541 条》

- 正常の通行を妨げない程度に採光又は照明の方法を講じる。常時使用しない地下室等で通行する場合に適当な照明具を所持させる場合を除く

屋内に設ける通路《安衛則 542 条》

- 用途に応じた幅を有する
- つまずき、すべり、踏抜等の危険のない状態に保持
- 通路面から高さ 1.8 m以内に障害物を置かない

1.8 m超

機械間等の通路《安衛則 543 条》

- 幅 80cm 以上とする

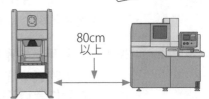
80cm
以上

作業場の床面《安衛則 544 条》

- つまずき、すべり等の危険のないものとする

安全かつ適当な高さの作業踏台《安衛則 545 条》

- 旋盤・ロール機等の機械が労働者の身長に比べて不適当に高いとき

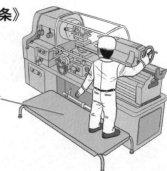

作業踏台

安全靴等の使用《安衛則 558 条》

- 通路等の構造又は作業状態に応じたもの

作業者

通路等（2）

事業者

危険物等の作業場等《安衛則546、547条》

- 避難階には、地上の安全な場所に避難できる2つ以上の出入口を設ける。戸は引戸又は外開戸とする《安衛則546条》
- 避難階以外の階は、避難階や地上に通ずる2つ以上の直通階段又は傾斜路を設ける。うち、1つはすべり台、避難用はしご、避難用タラップ等の避難用器具をもって代えることができる《安衛則547条1項》
- 直通階段・傾斜路のうちの1つは屋外に設ける（すべり台、避難用はしご、避難用タラップ等の避難用器具が設置されている場合はこの限りでない）《安衛則547条2項》

引戸又は外開戸《安衛則546条》

非常口の表示

非常口

2カ所以上の出入口《安衛則546条》

警報設備の設置《安衛則548条》

警報装置《安衛則548条》

- 危険物を製造・取扱う作業場又は常時50人以上の労働者が就業する屋内作業場には、自動警報設備、非常ベル等の警報設備又は携帯用拡声器、手動式サイレン等の警報用器具を備える

避難用の出入口等の表示等《安衛則549条》

- 常時使用しない避難用出入口、通路又は避難用器具は、避難用である旨の表示をし、容易に利用できるよう保持する

架設通路《安衛則552条》

- 丈夫な構造とする
- こう配は30度以下。ただし階段を設けたもの又は高さ2m未満で丈夫な手掛を設けたものを除く
- こう配が15度を超える場合は、踏さんその他の滑止めを設ける
- 墜落の危険のある箇所は、高さ85cm以上の手すり及び高さ35cm以上50cm以下の中桟等を設置する

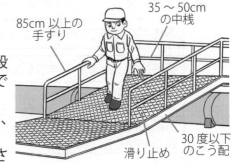

85cm以上の手すり

35～50cmの中桟

30度以下のこう配

滑り止め

はしご道《安衛則556条》

- 丈夫な構造とする
- 踏桟を等間隔に設ける
- 踏桟と壁との間に適当な間隔を保たせる
- はしごの転位防止のための措置を講ずる
- はしごの上端を床から60cm以上突出させる

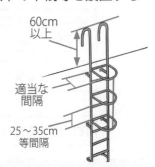

60cm以上

適当な間隔

25～35cm等間隔

労働衛生管理体制

作 業 管 理

- 自動化、省力化
- 作業姿勢、動作
- 作業の実施体制
- 作業標準の策定
- 休憩・作業量、作業の組合せ等
- 靴、服装等

健 康 管 理

- 健康診断
- 腰痛予防体操
- 職場復帰時の措置

腰痛は、休業 4 日以上の職業性疾病の 6 割を占める労働災害なんだね

厚生労働省は「職場における腰痛予防対策指針」（平 25. 6 .18 基発 0618 第 1 号）を示し、腰痛予防対策の啓発・指導を行っている

作 業 環 境 管 理

- 温度
- 照明
- 作業床面
- 作業空間や設備、荷の配置等
- 振動

労働衛生教育等

- 労働衛生教育
- 心理・社会的要因に関する留意点
- 健康の保持増進の為の措置

作業別　腰痛予防対策

● 重量物取扱い作業

重量物の取扱い作業	・機械による自動化 ・台車・昇降装置などの使用	➡ 省力化へ
人力作業の場合の重量	・男性（満 18 歳以上）	➡ 体重の約 40%
	・女性（満 18 歳以上）	➡ 男性が取扱う重量の約 60%

● 立ち作業

不自然な姿勢での作業とならないよう	➡ 作業者の体格を考慮して、作業機器や作業台を配置する
長時間立ったままの作業を避ける方法	➡ 他の作業を組み合わせる
1 時間に 1、2 回程度の小休止・休息をとる	➡ 屈伸運動・マッサージなどを行う
床面が硬い場合（立っているだけでも腰に負担がかかる）	➡ クッション性のある靴やマットを使用

● 座り作業

椅子は座面の高さ、奥行きの寸法、背もたれの寸法・角度、肘掛けの高さ	➡ 作業者の体格に合ったものを使用
不自然な姿勢での作業とならないようにする	➡ 作業者の体格を考慮して、作業機器や作業台を配置する
床に座って行う作業	➡ 股関節や仙腸関節（脊椎の根元にある関節）などに負担がかかるので、できるだけ避けるようにする

第 9 章

健康の保持増進のための措置

・有害な作業環境に対する措置 （1）（2） ……………172

・作業環境基準等 （1）（2）……………………………174

・粉じんによる障害の防止 （1）〜（4） ……………176

・有機溶剤中毒の予防 （1）〜（3）…………………180

・特定化学物質障害の予防 （1）〜（7） ……………183

・鉛中毒の予防 （1）（2） ……………………………190

・酸素欠乏症等の防止 （1）〜（4） …………………192

・作業環境測定 （1）（2） ……………………………196

・局所排気装置 （1）（2） ……………………………198

・労働衛生保護具 （1）〜（7） ………………………200

・騒音障害の防止 （1）〜（4） ………………………207

・振動障害の防止 （1）〜（4） ………………………211

・健康診断 （1）〜（5） ………………………………215

・column 5　　熱中症 …………………………………220

有害な作業環境に対する措置（1）

事業者

有害原因の除去《安衛則 576 条》

有害物を取り扱い
| ガス | 蒸気 |

| 粉じん |

を発散

| 有害な光線 |

| 超音波 |

にさらされる

| 騒音 | 振動 |

を発する

| 病原体 |

により汚染

等の有害な作業場ではその原因を除去するため

| 代替物の使用 |

| 作業の方法、機械等の改善 |

等を行う

超音波溶着機

機械の改善に必要な措置

有害物取扱い作業、高熱、騒音等を伴う作業等	隔離室を設け、遠隔操作で行う
超音波溶着機等	インターロック、自動しゃ断装置を設ける
有害な光線、超音波等	しゃへい板、しゃへい壁を設ける
振動工具等	防振装置を取付ける
精密工作、測定等の作業	拡大投影装置等を用いる

屋内作業場におけるガス等の発散の抑制等《安衛則 577 条》

- 有害な程度の濃度にならないように、発散源を密閉する設備、局所排気装置又は全体換気装置を設ける等の措置を講じる

蒸気 ガス 粉じん

有害な作業環境に対する措置（2）

事業者

▶ **内燃機関を有する機械の使用禁止**《**安衛則 578 条**》
- 坑、井筒、潜函、タンク又は船倉の内部その他の場所で、自然換気が不十分な場所（一酸化炭素が 100ppm 以上の濃度に蓄積するおそれのある場所）

▶ **有害物を含む排気の処理**《**安衛則 579 条**》
- 有害物の種類に応じ、吸収、燃焼、集じん等の有効な方式による排気処理装置を設ける

▶ **有害物を含む排液の処理**《**安衛則 580 条**》
- 有害物の種類に応じて、中和、沈でん、ろ過その他の有効な方式の処理後に排出する

▶ **病原体により汚染された排気、排液又は廃棄物の処理**《**安衛則 581 条**》
- 消毒、殺菌等適切な処理をした後に、排出し、又は廃棄する

▶ **立入禁止及びその表示**《**安衛則 585 条**》
- 多量の高熱物体を取り扱う場所又は著しく暑熱な場所
- 多量の低温物体を取り扱う場所又は著しく寒冷な場所
- 有害な光線又は超音波にさらされる場所
- 炭酸ガス濃度が 1.5% を超える場所、酸素濃度が 18% に満たない場所又は硫化水素濃度が 100 万分の 10（10ppm）を超える場所
- ガス、蒸気又は粉じんを発散する有害な場所
- 有害物を取り扱う場所
- 病原体による汚染のおそれの著しい場所

有害物

有害ガス漏えい

▶ **表示等**《**安衛則 586 条**》
- 有害物若しくは病原体又はこれらによって汚染された物は、一定の場所に集積し、かつ、その旨を見やすい箇所に表示する

作業環境基準等 （1）

気積とは？

場所の床面積×高さのことで、一般的に立方メートルで表します

事業者

屋内作業場の気積《安衛則 600 条》

- 設備の占める容積及び床面から 4 mを超える高さにある空間を除き、労働者一人について、10 m³ 以上とする

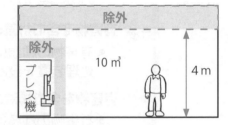

換気《安衛則 601 条》

窓等の開口部の直接外気に向かって開放することができる部分の面積が、常時床面積の 1/20 以上になるようにする

ただし、換気が十分に行われる性能を有する設備を設けた場合は除く

作業場の気温が 10℃以下のときは、換気する場合において労働者を毎秒 1 m 以上の気流にさらさないこと

照度《安衛則 604 条》

- 作業面の照度を、右表の基準に適合させる。ただし、感光材料を取扱う作業場、坑内の作業場等、特殊作業を行う作業場は除く

作業の区分	照度の基準
精密な作業	300 ルクス以上
普通の作業	150 ルクス以上
粗な作業	70 ルクス以上

採光及び照明《安衛則 605 条》

- 明暗の対照が著しくなく、かつ、まぶしさを生じさせない方法による
- 照明設備について、6 月以内ごとに 1 回、定期に点検する

温湿度調節《安衛則 606 条》

- 暑熱、寒冷又は多湿の屋内作業場で、有害のおそれのあるものは、冷房、暖房、通風等適当な温湿度調節の措置を講じる

気温、湿度等の測定《安衛則 607 条》

- 暑熱、寒冷又は多湿の屋内作業場について、半月以内ごとに 1 回、定期に、気温、湿度及びふく射熱を測定する

ふく射熱からの保護《安衛則 608 条》

- 屋内作業場に多量の熱を放射する溶融炉等があるときは、加熱された空気を直接屋外に排出し、又はその放射するふく射熱から防護する措置（隔壁、保護眼鏡、頭巾類、保護衣等の使用）を講じる

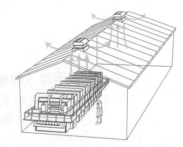

作業環境基準等（2）

事業者

加熱された炉の修理《安衛則 609 条》

- 作業箇所の気温を、黒球寒暖計示度 55℃以下に冷却した後でなければ、内部に立ち入らせてはならない

黒球寒暖計

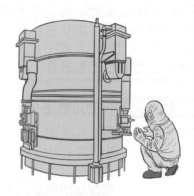

給湿《安衛則 610 条》

- 作業の性質上給湿を行うときは、有害にならない限度で行い、噴霧には清浄な水を用いる

休憩設備の設置《安衛則 613 条》

有害作業場の休憩設備《安衛則 614 条》

以下の作業場においては作業場外に休憩設備を設ける
- 著しく暑熱、寒冷又は多湿
- 有害放射線にさらされる
- 著しい振動を与える
- 有害物を取り扱う
- 有害なガス、蒸気又は粉じんを発散
- 強烈な騒音を発する
- 病原体による汚染のおそれが著しい

立業のためのいす《安衛則 615 条》

- 持続的立業に従事する労働者が座ることのできる機会のあるときは、利用することのできるいすを備える

睡眠及び仮眠の設備の設置《安衛則 616 条》

- 男性用と女性用に区別して設ける
- 寝具、かやその他必要な用品を備え、かつ、疾病感染を予防する措置を講じる

発汗作業に関する措置《安衛則 617 条》

- 多量の発汗を伴う作業場には、塩及び飲料水を備える

休養室等《安衛則 618 条》

- 労働者が常時 50 人以上又は常時女性 30 人以上のときは、労働者が、が床することのできる休養室又は休養所を、男性用と女性用に区別して設ける

粉じんによる障害の防止（1）

粉じんとは？

- 空気中に含まれる非生物体の固体粒子をいい、ヒュームも含まれる
- 研磨、粉砕、切削、穿孔などの作業工程で固体物質が破砕される等により生ずる
- 床や設備に沈積した粒子が風や人の動き等により再び舞い上がることもある

● 用語の定義　《じん肺法2条》

- じん肺　　　粉じんを吸入することによって肺に生じた線維増殖性変化を主体とする疾病
- 合併症　　　じん肺と合併した肺結核その他のじん肺の進展経過に応じてじん肺と密接な関係があると認められる疾病
- 粉じん作業　労働者がじん肺にかかるおそれのあると認められる作業（じん肺則別表による）

● じん肺健康診断の種類

種類	条文	必要な時期
就業時健康診断	じん肺法7条	新たに常時粉じん作業に従事することとなったとき
定期健康診断	じん肺法8条	粉じん作業従事状況とじん肺管理区分に応じ1年又は3年以内
定期外健康診断	じん肺法9条	一般健診、特殊健診でじん肺所見の場合等
離職時健康診断	じん肺法9条の2	離職時に一定の条件を満たした労働者が求めた時

事業者

粉じん則適用の特例《粉じん則3条》

- 設備による注水又は注油しながら行う場合の一定の作業は、粉じん則が適用されない

特定粉じん発生源に係る措置《粉じん則4条》

- 粉じん則別表2の特定粉じん発生源ごとに定められた措置（密閉する設備、局所排気装置、プッシュプル型換気装置、湿潤な状態に保つための設備等）を講ずる

📖 措置の内容は P179 参照

プッシュプル型換気装置

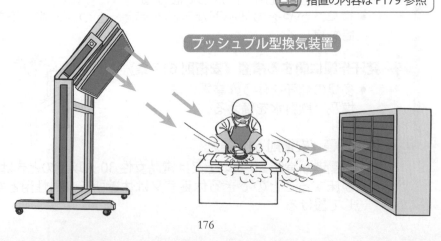

粉じんによる障害の防止 （2）

● 規制内容の要旨　《粉じん則４条等》

規制内容等／粉じん作業	いずれかの措置				全体換気	除じん装置	特別の教育	休憩設備	清掃	作業環境測定及び評価	呼吸用保護具（注）2	計画の届出（注）3
	湿潤な状態に保つための設備	密閉する設備	局所排気装置	プッシュプル型換気装置								
粉じん則条文	4				5	10	22	23	24	26 26の2	27	安衛則
特定粉じん作業（粉じん則別表2）屋内	△	△	○	△		△	○	○	○	○		△
呼吸用保護具を使用すべき作業（粉じん則別表第3）屋内							○	○			○	
呼吸用保護具を使用すべき作業（粉じん則別表第3）屋外								○			○	
呼吸用保護具を使用すべき作業（粉じん則別表第3）タンク内等								○			○	
その他の作業　屋内							○	○	○			
その他の作業　屋外								○				

（注）1：△印は、一部のものについて規制があることを示す
（注）2：呼吸用保護具を使用すべき作業の中で、所定の作業については電動ファン付き呼吸用保護具を使用するよう定められている
（注）3：計画の届出については、安衛則85、86条に定められている

事業者

全体換気の実施等《粉じん則５条》
- 特定粉じん作業（粉じん発生源が特定粉じん発生源である粉じん作業）以外の粉じん作業を行う屋内作業場

臨時作業・短期間作業・短時間作業に従事する場合の適用除外《粉じん則７条》
- 有効な呼吸用保護具を使用すれば特定粉じん発生源対策等は適用されない

研削といし等を用いて特定粉じん作業を行う場合の適用除外《粉じん則８条》
- 以下の機械を使用する作業で、有効な呼吸用保護具を使用し、かつ全体換気の措置を行った場合は、特定粉じん発生源対策は適用されない
  1. 直径 300mm 未満の研削といし
  2. 最大能力毎時 20kg 未満の破砕機・粉砕機
  3. ふるい面積 700cm^2 未満のふるい分け機
  4. 内容積 18 ℓ 未満の混合機

作業場の構造等により設備を設けることが困難な場合の適用除外《粉じん則９条》
- 労働基準監督署長が認定した場合は、有効な呼吸用保護具を使用し、かつ全体換気の措置を行えば特定粉じん発生源対策は適用されない

粉じんによる障害の防止（3）

事業者

除じん装置《粉じん則 10 条、13 条、14 条》

- 一定の特定粉じん発生源において設置する局所排気装置・プッシュプル型換気装置には、粉じんの種類に応じた「除じん装置」を設置。また、必要に応じ、粒径の大きい粉じんを除去するための前置き除じん装置を設ける

📖 除じん装置の設置については P179 参照

粉じん種類別の除じん方式

粉じんの種類	除じん方式
ヒューム	ろ過除じん方式 電気除じん方式
ヒューム以外の粉じん	サイクロンによる除じん方式 スクラバによる除じん方式 ろ過除じん方式 電気除じん方式

除じん装置

局所排気装置等《粉じん則 11 条、12 条》

- 局所排気装置・プッシュプル型換気装置については、決められた要件に適合するものとする。また、一定の要件を満たすよう稼働する

📖 局所排気装置は P198 ～ 199 参照

特別教育の実施《粉じん則 22 条、安衛則 36 条 29 号》

常時特定粉じん作業に就かせるとき

- 粉じんの発散防止及び作業場の換気の方法
- 作業場の管理
- 呼吸用保護具の使用方法
- 粉じんに係る疾病及び健康管理
- 関係法令

休憩設備《粉じん則 23 条》

- 粉じん作業を行う場所以外の場所に設置し、作業衣等に付着した粉じんを除去する用具を備え付ける

清掃の実施《粉じん則 24 条》

- 屋内作業場所は毎日 1 回以上清掃し、床・設備等及び休憩場所の床等は、たい積粉じんを 1 月以内ごとに 1 回定期に、真空掃除機又は水洗いで清掃する

作業環境測定《粉じん則 25 条～ 26 条の 4》

- 特定粉じん作業を行う屋内作業場においては、粉じん濃度を 6 カ月に 1 回測定し、その結果を評価し、評価結果に応じて改善のための必要な措置を講ずる

📖 作業環境測定は P196 ～ 197 参照

作業者

呼吸用保護具の使用《粉じん則 27 条》

- 粉じん則別表 3 の作業では、有効な呼吸用保護具を使用する（粉じん発生源を密閉する設備、局所排気装置又はプッシュプル型換気装置、粉じん発生源を湿潤な状態に保つための設備の設置等粉じん発散に有効な措置を行うときは除く）

粉じんによる障害の防止（4）

● 特定粉じん発生源に係る措置等

特定粉じん発生源（粉じん則別表2）		特定粉じん発生源に係る措置（粉じん則4条）		除じん装置の設置（粉じん則10条）
5号		4号	局所排気装置 プッシュプル型換気装置 湿潤な状態を保つための設備	
6号		5号	密閉する設備 局所排気装置	設置
7号	研削盤、ドラムサンダー等の回転体を有する機械を用いて岩石、鉱物若しくは金属を研磨し、若しくはばり取りし、又は金属を裁断する箇所を除く	4号	局所排気装置 プッシュプル型換気装置 湿潤な状態を保つための設備	設置（1事業場当たり10以上の特定粉じん発生源がある場合）
	研削盤、ドラムサンダー等の回転体を有する機械を用いて岩石、鉱物若しくは金属を研磨し、若しくはばり取りし、又は金属を裁断する箇所に限る	6号	局所排気装置 湿潤な状態を保つための設備	設置（1事業場当たり10以上の特定粉じん発生源がある場合）
8号	アルミニウムはくを破砕し、粉砕し、又はふるい分ける箇所に限る	5号	密閉する設備 局所排気装置	設置
	アルミニウムはくを破砕し、粉砕し、又はふるい分ける箇所を除く	7号	密閉する設備 局所排気装置 湿潤な状態を保つための設備	設置
9号		8号	局所排気装置 プッシュプル型換気装置	設置
10号		9号	密閉する設備 局所排気装置 プッシュプル型換気装置 湿潤な状態を保つための設備	
11号		9号	密閉する設備 局所排気装置 プッシュプル型換気装置 湿潤な状態を保つための設備	
12号		8号	局所排気装置 プッシュプル型換気装置	
13号		4号	局所排気装置 プッシュプル型換気装置 湿潤な状態を保つための設備	
14号	砂を再生する箇所に限る	5号	密閉する設備 局所排気装置	設置
	砂を再生する箇所を除く	10号	密閉する設備 局所排気装置 プッシュプル型換気装置	設置
15号		10号	密閉する設備 局所排気装置 プッシュプル型換気装置	設置

第9章　健康の保持増進のための措置

※ 2023年4月から、管理水準が一定以上であると、所轄都道府県労働局長が認定した事業場は、粉じん則の適用物質の管理を、事業者の自律的な管理に委ねることができるようになった（健康診断、保護具、清掃規定は除く）**《粉じん則第3条の2》**

有機溶剤中毒の予防 （1）

有機溶剤とは？《有機則1条》

有機溶剤（安衛法施行令別表6の2の物）及び有機溶剤を重量の5％を超えて含有する混合物が「有機溶剤等」として適用の対象となる

第1種有機溶剤	1,2-ジクロルエチレン（別名：二塩化アセチレン）及び二硫化炭素	2種
	特定化学物質である特別有機溶剤のうち、クロロホルム、四塩化炭素等5物質が、第1種有機溶剤として有機則の一部が準用される（特化則38条の8）	
第2種有機溶剤	イソプロピルアルコール、キシレン、トルエン他	35種
	特定化学物質である特別有機溶剤のうち、エチルベンゼン、スチレン等7物質が、第2種有機溶剤として有機則の一部が準用される（特化則38条の8）	
第3種有機溶剤	ガソリン、コールタールナフサ、石油エーテル、石油ナフサ他	7種

有機則は、「**屋内作業場等**」において「**有機溶剤業務**」を行う場合に適用される

有機溶剤業務

❶ 有機溶剤製造工程の有機溶剤等のろ過、混合、撹拌、加熱、容器・設備への注入

❷ 染料、医薬品、農薬等製造工程の有機溶剤等のろ過、混合、撹拌、加熱

❸ 有機溶剤含有物を用いて行う、印刷、文字の書込み、描画

❹ 有機溶剤等を用いて行う、つや出し、防水その他物の面の加工

❺ 接着のための有機溶剤等の塗布と接着

❻ 有機溶剤等を用いる洗浄、払しょく

❼ 有機溶剤含有物を用いた塗装

❽ 有機溶剤等が付着した物の乾燥

❾ 有機溶剤等を用いた試験、研究

❿ 有機溶剤等を入れたことのあるタンク等の内部における業務

屋内作業場等

❶ 船舶の内部
❷ 車両の内部
❸ タンクの内部
❹ ピットの内部
❺ 暗渠、マンホールの内部
❻ 箱桁の内部
❼ ダクトの内部
❽ 水管の内部
❾ 上記以外通風不十分な場所

事業者

→ 指名 《**有機則19条**》

有機溶剤
作業主任者

- 有機溶剤作業主任者技能講習修了者のうちから選任

作業主任者は
P16参照

職務《**有機則19条の2**》

有機溶剤により汚染され、又はこれを吸入しないよう	→ 作業の方法を決定し、労働者を指揮する
局所排気装置　全体換気装置　プッシュプル型換気装置	→ 1月を超えない期間ごとに点検
保護具の使用状況	→ 監視
有機溶剤がタンク内に残っていたり、流入しないための措置等（有機則26条〔タンク内作業〕P182参照）	→ 講じられていることを確認する

有機溶剤中毒の予防（2）

● 規制内容の要旨

規制内容等 \ 物質			第1種 有機溶剤等	第2種 有機溶剤等	第3種 有機溶剤等
設備	屋内作業場等の うちタンク等の 内部以外の場所	密閉装置	○ （いずれか）	○ （いずれか）	
		局所排気装置			
		プッシュプル型換気装置			
		全体換気装置	×	×	
	タンク等の内部 吹付け作業	密閉装置	○ （いずれか）	○ （いずれか）	○ （いずれか）
		局所排気装置			
		プッシュプル型換気装置			
		全体換気装置	×	×	×
	吹付け以外 の作業	密閉装置	○ （いずれか）	○ （いずれか）	○ （いずれか）
		局所排気装置			
		プッシュプル型換気装置			
		全体換気装置	×	×	

事業者

適用除外《有機則2条、3条》

- 屋内作業場等のうちタンク等の内部以外の場所において、作業時間1時間に消費する有機溶剤等の量が次の表にあげる許容消費量を超えないとき
- タンク等の内部において、1日に消費する有機溶剤等の量が次の表に掲げる許容消費量を超えないとき

消費する有機溶剤等の区分	有機溶剤等の許容消費量
第1種有機溶剤等	$w = 1／15 × A$
第2種有機溶剤等	$w = 2／5 × A$
第3種有機溶剤等	$w = 3／2 × A$

※w：有機溶剤等の許容消費量（単位g）
　A：作業場の気積（床面から4mを超える高さにある空間を除く（単位㎥））
　　ただし、気積が150㎥を超える場合は150㎥とする（単位㎥）

局所排気装置等《有機則14条〜16条の2》

- 局所排気装置・プッシュプル型換気装置・全体換気装置等については、決められた要件に適合するものとする。また、一定の要件を満たすよう稼働する

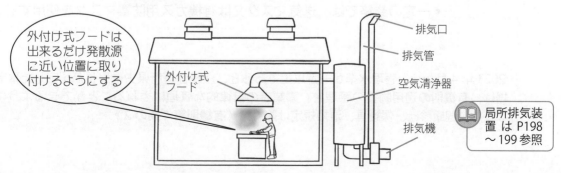

外付け式フードは出来るだけ発散源に近い位置に取り付けるようにする

外付け式フード

排気口
排気管
空気清浄器
排気機

局所排気装置は P198〜199参照

第9章 健康の保持増進のための措置

有機溶剤中毒の予防（3）

事業者

全体換気装置の性能《有機則 17 条》

全体換気装置に必要な性能
- 第 1 種有機溶剤等　　Q = 0.3 W
- 第 2 種有機溶剤等　　Q = 0.04 W
- 第 3 種有機溶剤等　　Q = 0.01 W

1 分間当たりの換気量（Q：単位 m^3）
1 時間当たりの有機溶剤等の消費量（W：単位 g）

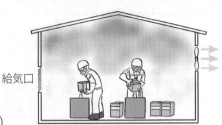

給気口

区分の表示《有機則 25 条》

有機溶剤等の区分を作業者が容易に知ることができるよう、色分け（赤・黄・青）及び色分け以外の方法（見やすい文字で記載する等）により、見やすい場所に表示する
- 第 1 種有機溶剤等→赤　● 第 2 種有機溶剤等→黄　● 第 3 種有機溶剤等→青

タンク内作業《有機則 26 条》

- 作業前の開口部すべての開放、退避設備器具の整備、作業後の身体汚染除去等
- 有機溶剤等を入れたことのあるタンクについては、
  1. 有機溶剤をタンクから排出し、かつ、タンクに接続するすべての配管から有機溶剤等がタンク内部に流入しないようにする
  2. 水又は水蒸気等でタンクの内壁を洗浄し、かつ、洗浄に用いた水等をタンクから排出する
  3. タンク容積の 3 倍以上の量の空気を送気、若しくは排気するか、又はタンクに水を満たした後、その水を排出する

開口部

退避設備器具（縄梯子）

作業環境測定《有機則 28 条〜 28 条の 4》

 作業環境測定は P196 〜 197 参照

健康診断《有機則 29 条〜 30 条の 4》

- 雇入れの際、配置替えの際、及びその後 6 月以内ごとに 1 回

健康診断は P215 〜 219 参照

保護具《有機則 32 条〜 33 条の 2》

- 一定の業務では、送気マスク又は有機ガス用防毒マスクを使用する

※ 2023 年 4 月から、管理水準が一定以上であると、所轄都道府県労働局長が認定した事業場は、有機則の適用物質の管理を、事業者の自律的な管理に委ねることができるようになった（健康診断、保護具、清掃規定は除く）《有機則第 4 条の 2》

特定化学物質障害の予防（1）

● 物質の区分　《特化則2条》

区　　分		適用	物質名
第1類物質		製造許可物質 （令別表第3第1号）	ジクロルベンジジン及びその塩、塩素化ビフェニル等 7物質
第2類物質	特定第2類物質	安衛令別表第3第2号に掲げる物質の一部	アクリルアミド、塩素、シアン化水素、臭化メチル、ベンゼン等　26物質
	オーラミン等	オーラミン、マゼンタ、これらを含有する物質	
	特別有機溶剤等	エチルベンゼン、クロロホルム、四塩化炭素、1,4-ジオキサン、1,2-ジクロロエタン、1,2-ジクロロプロパン、ジクロロメタン、スチレン、1,1,2,2-テトラクロロエタン、テトラクロロエチレン、トリクロロエチレン、メチルイソブチルケトン、これらを含有する物	
	管理第2類物質	第2類物質のうち特定第2類物質、特別有機溶剤等及びオーラミン等以外の物質	アルキル水銀化合物、コールタール、シアン化ナトリウム、溶接ヒューム等　21物質
第3類物質		安衛令別表第3第3号	アンモニア、硝酸等　8物質
第3類物質等		特定第2類物質及び第3類物質	
特別管理物質		職業がん等健康障害のおそれのある物質	第1類物質（PCBを除く）及び第2類物質のうち、特別有機溶剤、ホルムアルデヒド、塩化ビニル等　44物質

📖 P189 参照

第1類物質・第2類物質に汚染されたときは、速やかに洗浄し汚染を除去すること
また、労働者は取扱う物質に応じて、適宜保護具を使用すること

※ 2023年4月から、管理水準が一定以上であると、所轄都道府県労働局長が認定した事業場は、特化則の適用物質の管理を、事業者の自律的な管理に委ねることができるようになった（健康診断、保護具、清掃規定は除く）《**特化則第2条の3**》

事業者

第1類物質の製造《**安衛法56条、特化則48条～50条の2**》
- 第1類物質（製造許可物質）は厚生労働大臣の許可を得て、決められた基準に適合する設備、作業方法等で製造する

第1類物質の取扱いに係る設備《**特化則3条**》
- 第1類物質を容器から出し入れし、又は反応槽等へ投入する作業を行うときは、発散源を密閉する設備、囲い式フードの局所排気装置又はプッシュプル型換気装置を設ける

※ただし、塩素化ビフェニル等を容器から出し入れする作業で、局所排気装置を設ける場合はこの限りでない

特定化学物質障害の予防（2）

事業者

第2類物質の製造等に係る設備《特化則4条〜6条》

① 特定第2類物質又はオーラミン等（以下「特定第2類物質等」という）を製造する設備は密閉式構造とする

② 製造する特定第2類物質等の取扱いは隔離室（計器室等）にて遠隔操作で行う（粉状の特定第2類物質等を湿潤な状態で扱うときを除く）

計器室からの遠隔操作

③ 特定第2類物質等を計量し、容器に入れ、袋詰めする作業の場合で、①、②により密閉・遠隔操作が困難なときは、第2類物質等が身体に直接接触しない方法で行い、かつ作業場所に囲い式フードの局所排気装置又はプッシュプル型換気装置を設ける

④ 特定第2類物質又は管理第2類物質のガス・蒸気・粉じんが発散する屋内作業場には、発散源を密閉する設備、局所排気装置又はプッシュプル型換気装置を設ける

　ただし、装置の設置が著しく困難なとき、又は臨時の作業のときは全体換気装置を設け、又は物質を湿潤な状態にする等の措置を講じる

⑤ 労働基準監督署長が有害な濃度ではないと認定したときは、上記は適用除外

局所排気装置等《特化則7条、8条》

● 局所排気装置・プッシュプル型換気装置については、決められた要件に適合するものとする。また、一定の要件を満たすよう稼働する

📖 局所排気装置は P198 〜 199 参照

用後処理関係《特化則9条〜12条の2》

処理方式	区　分	装置の設置・処理
除じん《特化則9条》	第1類物質、第2類物質の粉じんを含有する気体を排出	排気筒、局所排気装置等に粉じん粒径に応じた有効な除じん装置を設け稼動
排ガス《特化則10条》	アクロレイン、弗化水素、硫化水素、硫酸ジメチルのガス又は蒸気を排出	排気筒、局所排気装置等に種類に応じた排ガス処理装置を設け稼働
排液《特化則11条》	アルキル水銀化合物、塩酸、硝酸、シアン化カリウム、シアン化ナトリウム、ペンタクロルフェノール・そのナトリウム塩、硫酸、硫化ナトリウムを含む排液	種類に応じた排液処理装置を設け稼動
残さい物《特化則12条》	アルキル水銀化合物を含有する残さい	除毒後に廃棄
ぼろ等《特化則12条の2》	特定化学物質により汚染されたぼろ等	蓋・栓をした不浸透性の容器に納める

特定化学物質障害の予防（3）

特定化学設備とは？《安衛令9条の3第2号》

第3類物質等（特定第2類物質又は第3類物質）を製造し、又は取り扱う設備で、移動式以外のものをいう

※第3類物質等については P183 参照

管理特定化学設備とは？《特化則18条の2》

特定化学設備のうち、発熱反応が行われる反応槽等で、異常化学反応等により第3類物質等が大量に漏えいするおそれのあるもの

事業者

腐食防止《特化則13条》

- 特定化学設備（バルブ又はコックを除く）のうち第3類物質等が接触する部分については、著しい腐食による物質の漏えい防止のため、物質の種類、温度、濃度等に応じ、腐食しにくい材料で造り、内張りを施す等の措置を講じる

接合部の漏えい防止措置《特化則14条》

- 特定化学設備のふた板、フランジ、バルブ、コック等の接合部は、第3類物質の漏えい防止のため、ガスケットを使用し、接合面を相互に密接させる等の措置を講ずる

バルブ等の開閉方向の表示等《特化則15条》

- 特定化学設備のバルブ若しくはコック又はこれらを操作するためのスイッチ、押しボタン等は、誤操作による第3類物質等の漏えい防止のため以下の措置を講ずる
    1. 開閉方向を表示
    2. 色分け、形状の区分等を行う（色分けのみは不可）

バルブ等の材質等《特化則16条》

- 特定化学設備のバルブ又はコックは…

    1. 開閉の頻度及び製造又は取扱いに係る第3類物質の種類、温度、濃度等に応じ、耐久性のある材料で造る
    2. 特定化学設備の使用中にしばしば開放し、又は取り外すことのあるストレーナ等とこれらに最も近接した特定化学設備との間には、二重に設ける

    ※ただし、ストレーナ等と特定化学設備の間に設けられるバルブ又はコックが確実に閉止していることを確認することができる装置を設けるときは除く

送給原材料等の表示《特化則17条》

- 特定化学設備への誤送給による第3類物質等の漏えい防止のため、見やすい位置に送給する原材料その他の種類、送給の対象となる設備その他必要な事項を表示する

特定化学物質障害の予防（4）

事業者

出入口《特化則 18 条》

- 特定化学設備を設置する屋内作業場及び作業場を有する建築物の避難階には、第 3 類物質等が漏えいした時に容易に地上の安全な場所に避難することができる 2 以上の出入口を設ける
- 作業場を有する建築物の避難階以外の階については、その階から避難階又は地上に通ずる 2 以上の直通階段又は傾斜路を設ける。この場合、一つについては、すべり台、避難用はしご、避難用タラップ等の避難用器具で代替できる
- 直通階段又は傾斜路のうち一つは、屋外に設ける。ただし、すべり台、避難用はしご、避難用タラップ等の避難用器具が設けられている場合は、この限りでない

計測装置の設置《特化則 18 条の 2》

- 発熱反応が行われる反応槽等で、異常化学反応等により第 3 類物質等が大量に漏えいするおそれのあるもの（管理特定化学設備）は、異常化学反応等の発生を早期には握するために必要な温度計、流量計、圧力計等の計測装置を設ける

警報設備等《特化則 19 条》

特定化学設備を設置する作業場又はそれ以外の作業場で第 3 類物質等を合計 100 ℓ 以上取り扱うもの

> 気体については、その容積 1 m³ を 2 ℓ とみなす

第 3 類物質等が漏えいした場合に関係者にこれを速やかに知らせるための警報用の器具その他の設備を備える

| 管理特定化学設備 | 異常化学反応等の発生を早期に把握するために必要な自動警報装置を設ける |

> 製造、又は取り扱う第 3 類物質等の量が合計 100 ℓ 以上のものに限る

自動警報装置を設けることが困難なとき

監視人を置き、当該管理特定化学設備の運転中はこれを監視させる等の措置を講じる

| 作業場 | 第 3 類物質等が漏えいした場合にその除害に必要な薬剤又は器具その他の設備を備える |

186

特定化学物質障害の予防（5）

事業者

緊急しゃ断装置の設置等 《特化則 19 条の 2》

> 管理特定化学設備は…
> 異常化学反応等による第 3 類物質等の大量の漏えいを防止するため

> 原材料の送給をしゃ断するための装置

> 製品等を放出するための装置

> 不活性ガス、冷却用水等を送給するための装置

> 装置から放出される特定化学物質による汚染防止のため、密閉式の構造とし、又は放出される特定化学物質を安全な場所へ導き、若しくは安全に処理することができる構造のものとする

等、当該異常反応等に対処するための装置を設ける

> その装置に設けるバルブ、コックは、以下による
>
> 1. 確実に作動する機能を有する
> 2. 常に円滑に作動できるような状態に保持する
> 3. 安全かつ正確に操作することのできるものとする

予備動力源等 《特化則 19 条の 3》

- 管理特定化学設備、その配管、附属設備に使用する動力源は以下による
    1. 動力源の異常時に、直ちに使用が可能な予備動力源を備える
    2. バルブ、コック、スイッチ等は、誤操作を防止するため、施錠、色分け、形状の区分等を行う（色分けのみは不可）

作業規程 《特化則 20 条》

- 特定化学設備又はその附属設備を使用するときは、次の事項について、第 3 類物質等の漏えいを防止するため必要な規程を定め、これにより作業を行わせる
    1. バルブ、コック等（特定化学設備に原材料を送給するとき、及び特定化学設備から製品等を取り出すときに使用されるものに限る）の操作
    2. 冷却装置、加熱装置、攪拌装置、圧縮装置の操作
    3. 計測装置、制御装置の監視、調整
    4. 安全弁、緊急しゃ断装置その他の安全装置及び自動警報装置の調整
    5. ふた板、フランジ、バルブ、コック等の接合部における第 3 類物質等の漏えいの有無の点検
    6. 試料の採取
    7. 管理特定化学設備にあっては、その運転が一時的又は部分的に中断された場合の運転中断中及び運転再開時における作業の方法
    8. 異常な事態が発生した場合の応急措置
    9. その他、第 3 類物質等の漏えいを防止するため必要な措置

事業者

退避等《特化則 23 条》

- 第 3 類物質等が漏えいし、健康障害を受けるおそれのあるときは、作業者を作業場等から退避させる
- この場合、第 3 類物質等による健康障害を受けるおそれのないことを確認するまでは、作業場等に関係者以外の立入を禁止し、その旨を見やすい箇所に表示する

立入禁止措置《特化則 24 条》

- 第 1 類物質・第 2 類物質の製造・取扱い作業場、特定化学設備を設置する作業場又は特定化学設備を設置する作業場以外の作業場で第 3 類物質等を合計 100 ℓ 以上取り扱うものには、関係者以外の者が立ち入ることを禁止し、かつ、その旨を見やすい箇所に表示する

選任 《特化則 27 条》

特定化学物質
作業主任者

- 特定化学物質及び四アルキル鉛等作業主任者技能講習（特別有機溶剤等に係る作業については有機溶剤作業主任者技能講習）を修了した者のうちから、特定化学物質作業主任者を選任する

📖 作業主任者は P16 参照

職務 《特化則 28 条》

| 特定化学物質により汚染され、又はこれを吸入しないように | → | 作業の方法を決定し、労働者を指揮する |

| 局所排気装置 | 排液処理装置 | 排ガス処理装置 |
| 除じん装置 | プッシュプル型換気装置 | 等 | → 1月を超えない期間ごとに点検

保護具の使用状況を監視する

| タンクの内部において特別有機溶剤業務に従事するとき | → | 特化則 38 条の 8 で準用する有機則 26 条に定める措置が講じられていることを確認する |

📖 有機則 26 条については P182 のタンク内作業を参照

作業環境測定及び評価《特化則 36 条〜 36 条の 5》

- 特定化学物質の濃度を 6 カ月に 1 回測定し、その結果を評価し、評価結果に応じて改善のための必要な措置を講ずる

📖 作業環境測定は P196 〜 P197 参照

洗浄設備《特化則 38 条》

- 第 1 類物質又は第 2 類物質を製造し、又は取り扱う作業に従事させるときは、洗眼、洗身又はうがいの設備、更衣設備及び洗たくのための設備を設け、汚染されたときは、速やかに身体を洗浄させ、汚染を除去させる

掲示《特化則 38 条の 3》

- 特別管理物質を製造、取扱う作業場の見やすい箇所に次の事項を掲示する
（2024 年 10 月 1 日からは、全ての特定化学物質が掲示対象になる）
  ・特別管理物質の名称　　・特別管理物質の人体に及ぼす作用
  ・使用すべき保護具　　　・特別管理物質の取扱い上の注意事項

特定化学物質障害の予防（7）

特別管理物質とは？

人体に対する発がん性が疫学調査の結果、明らかな物、動物実験の結果、発がんの認められたことが学会等で報告された物等、人体に遅発性効果の健康障害を与える、又は治癒が著しく困難である有害性に対し、特別の管理を必要とするもの

事業者

作業の記録《特化則38条の4》

- 特別管理物質を製造、取扱う作業場で常時従事する労働者について、1月を超えない期間ごとに次の事項を記録し、30年間保存する
  1. 労働者の氏名
  2. 作業の概要及び従事した期間
  3. 特別管理物質により著しく汚染される事態が生じたときは、その概要及び応急措置の概要

● 特殊な作業等の管理

1. 塩素化ビフエニル等に係る措置 ……………… 《特化則38条の5、6》
2. インジウム化合物等に係る措置 《特化則38条の 7 》
3. 特別有機溶剤等に係る措置 ……………… 《特化則38条の 8 》
4. エチレンオキシド等に係る措置 《特化則38条の10》
5. コバルト等に係る措置 ……………… 《特化則38条の11》
6. コークス炉に係る措置 ……………… 《特化則38条の12》
7. 三酸化二アンチモン等に係る措置 《特化則38条の13》
8. 燻蒸作業に係る措置 ……………… 《特化則38条の14》
9. ニトログリコールに係る措置 《特化則38条の15》
10. ベンゼン等に係る措置 ……………… 《特化則38条の16》
11. 1・3－ブタジエン等に係る措置 ……………… 《特化則38条の17》
12. 硫酸ジエチル等に係る措置 ……………… 《特化則38条の18》
13. 1・3－プロパンスルトン等に係る措置 ……… 《特化則38条の19》
14. リフラクトリーセラミックファイバー等に係る措置 《特化則38条の20》
15. 金属アーク溶接等作業に係る措置 ……………… 《特化則38条の21》

健康診断《特化則39条～42条》

- 第1・2類物質の製造又は取扱作業に常時従事する作業者に雇入れ時や配置換えの際、及びその後6カ月に1回（一部は1年に1回）、物質ごとに決められた項目により健康診断を行う
- 過去に事業場でβ－ナフチルアミンその他一定の物質の作業（**安衛令22条2項**）に従事した在職作業者についても同様に定期に健康診断を行う
- 特定化学物質が漏えいし作業者が汚染され、又は吸入したときは、遅滞なく、医師による診療・処置を行う

保護衣等《特化則44条》

- 皮膚に障害を与え、若しくは皮膚から吸収されることにより障害をおこすおそれのあるものを製造し、若しくは取り扱う作業又はこれらの周辺で行われる作業に従事する労働者に使用させるため、不浸透性の保護衣、保護手袋及び保護長靴並びに塗布剤を備え付ける
- 一定の作業では、保護眼鏡並びに不浸透性の保護衣、保護手袋及び保護長靴を使用させる

鉛中毒の予防（1）

鉛とは？

◇ 鉛 合 金 ＝鉛を重量の 10％以上含有する合金
◇ 鉛化合物＝酸化鉛、水酸化鉛、塩化鉛、炭酸鉛、珪酸鉛、硫酸鉛、クロム酸鉛、チタン酸鉛、硼酸鉛、砒酸鉛、硝酸鉛、酢酸鉛、ステアリン酸鉛

適用除外《鉛則2条〜3条》

- かま、るつぼ等の容量合計が 50 ℓ を超えない作業場で、450℃以下の温度による鉛又は鉛合金の溶融又は鋳造
- 臨時に行うはんだ付け、施釉・焼成、絵付け・焼成、金属の焼き入れ焼き戻し等
- 遠隔操作によって行う隔離室における業務
- 筆又はスタンプによる絵付けで労働基準監督署長が認定した業務等

事業者

選任 《鉛則 33 条》

鉛
作業主任者

- 鉛作業主任者技能講習修了者のうちから選任

職務《鉛則 34 条》

- 鉛等又は焼結鉱等に汚染されないように指揮する
- 身体の著しい汚染を発見した場合は速やかに汚染を除去させる
- 局所排気装置、プッシュプル型換気装置、全体換気装置、排気筒及び除じん装置を毎週1回以上点検する
- 労働衛生保護具の使用状況を監視する
- 鉛装置内部業務に当たり作業開始前・作業中・作業後の決められた措置が講じられていることの確認をする

局所排気装置等《鉛則 24 条〜 32 条》
局所排気装置は P198 〜 199 参照

- 局所排気装置・プッシュプル型換気装置・全体換気装置・排気筒・除じん装置については、決められた要件に適合するものとする。また、一定の要件を満たすよう稼働する

作業環境測定及び評価《鉛則 52 条〜 52 条の 4》
作業環境測定は P196 〜 P197 参照

健康診断《鉛則 53 条、54 条》

- 雇入れの際、配置替えの際、及びその後 6 カ月以内（一部の業務は 1 年以内）ごとに 1 回

保護具等《鉛則 58 条、59 条》

- 鉛装置の内部の業務では、有効な呼吸用保護具及び化学防護衣類を使用
保護具は P200 〜 206 参照

上記以外でも取り扱う物質や業務内容により、下記の業務等でも同様である

① 清掃	④ 乾燥室の内部の業務
② 含鉛塗料のかき落とし	⑤ ろ過集じん方式集じん装置のろ材の取替え
③ サンドバス業務のうち砂のかき上げ、取替え	⑥ 発散防止抑制措置に係る鉛業務

鉛則により設置が規定されている設備等の例

設備等 ＼ 作業（鉛業務）	鉛の製錬、精錬	銅等の製錬、精錬	鉛蓄電池	電線等	鉛合金等	鉛化合物	鉛ライニング	含鉛塗料のかき落とし等	はんだ付け	鉛装置の解体	含鉛塗料等	焼入れ等
焙焼	◎											
焼結	◎											
溶鉱	◎	◎										
転炉		◎										
溶融	●	◎	●	○	●	●	○				◎	●
鋳造（込）	●		●		●	●					○	
焼成	◎	◎				◎						
粉砕	●	●	●			●					●	
破砕	●							○		○		
混合	●	●				●					●	
ふるい分け	●	●				●						
容器詰め	●	●	●			●						
加工			○		○							
組立て			○									
溶接			○		○		○			○		
溶断			○		○		○			○		
切断			○		○							
錬粉			●			●					●	
煆焼							◎					
攪拌						●						
溶着							○					
溶射							○					
蒸着							○					
仕上げ							●					
加熱									○			
圧延									○			
はんだ付け									○※			

設備等（左端縦見出し）：局所排気装置又はプッシュプル型換気装置及び用後処理装置

注　◎：当該装置及び当該装置に設置を規定した局所排気装置又はプッシュプル型換気装置に用後処理装置の設置を規定しているもの
　　●：当該作業場に局所排気装置又はプッシュプル型換気装置及び用後処理装置の設置を規定しているもの
　　○：当該作業場に局所排気装置又はプッシュプル型換気装置の設置を規定しているもの
　　　（ただし、はんだ付け業務※については全体換気装置も可）

※ 2023年4月から、管理水準が一定以上であると、所轄都道府県労働局長が認定した事業場は、鉛則の適用物質の管理を、事業者の自律的な管理に委ねることができるようになった（健康診断、保護具、清掃規定は除く）**《鉛則第3条の2》**

第9章　健康の保持増進のための措置

191

酸素欠乏症等の防止 （1）

酸素欠乏とは？《酸欠則2条》

◆ 酸 素 欠 乏 ＝空気中の酸素の濃度が 18% 未満である状態
◆ 酸素欠乏等＝酸素欠乏又は空気中の硫化水素の濃度が 100 万分の 10（10ppm）を超える状態

● 酸素欠乏症等《酸欠則2条》

● 酸素欠乏の空気を吸入することにより生ずる症状

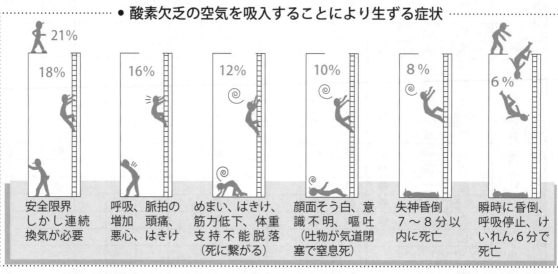

21%					
18%	16%	12%	10%	8%	6%
安全限界 しかし連続 換気が必要	呼吸、脈拍の増加 頭痛、悪心、はきけ	めまい、はきけ、筋力低下、体重支持不能 脱落（死に繋がる）	顔面そう白、意識不明、嘔吐（吐物が気道閉塞で窒息死）	失神昏倒 7〜8分以内に死亡	瞬時に昏倒、呼吸停止、けいれん6分で死亡

● 硫化水素濃度が 100 万分の 10 を超える空気を吸入することにより生ずる症状

・初期症状⇒ 眼、気道の刺激、嗅覚の鈍麻、胸痛等
・末期症状⇒ 肺水腫、肺炎、意識不明、呼吸停止、心臓停止等

事業者

作業開始前の濃度測定《酸欠則3条》

記録の保存は3年

- 第1種酸素欠乏危険作業＝酸素濃度
- 第2種酸素欠乏危険作業＝酸素濃度＋硫化水素濃度

測定器具《酸欠則4条》

- 酸素・硫化水素を測定する器具を備え、容易に利用できる措置を講じる

換気《酸欠則5条》保護具の使用等《酸欠則5条の2》

- 酸素濃度 18% 以上、硫化水素濃度 10ppm 以下に保つよう換気する 換気できない場合又は著しく困難な場合は、就業人数以上の空気呼吸器、酸素呼吸器又は送気マスクを備え使用させる

要求性能墜落制止用器具等《酸欠則6条》

- 酸素欠乏症等で転落のおそれがある場合は要求性能墜落制止用器具等を使用させる

保護具等の点検《酸欠則7条》

- 空気呼吸器、要求性能墜落制止用器具等を使用させる時は作業開始前に点検し、異常を認めたときは直ちに補修し、又は取り替える

人員の点検《酸欠則8条》

- 酸素欠乏危険場所への入場時と退場時に人員を点検する

酸素欠乏症等の防止 （2）

事業者

立入禁止 《酸欠則9条》
- 酸素欠乏危険場所に他の作業者が立入ることを禁止する
- その旨を見やすい箇所に表示する

連絡 《酸欠則10条》
- 近接作業による酸素欠乏等のおそれあるときは当該作業との連絡を保つ

選任 《酸欠則11条》
- 技能講習修了者のうちから選任

酸素欠乏危険
作業主任者

資格	
第1種酸素欠乏危険作業	→ 酸素欠乏危険作業主任者技能講習修了者
第2種酸素欠乏危険作業	→ 酸素欠乏・硫化水素危険作業主任者技能講習修了者

職務

- 酸素欠乏等の空気を吸入しないように、作業方法を決定し、作業者を指揮する
- 作業を開始する前及び作業者の身体、換気装置等に異常があったとき → 作業場所の空気中の酸素・硫化水素濃度を測定する

酸素濃度測定

- 測定器具、換気装置、空気呼吸器等その他の器具又は設備を点検する
- 空気呼吸器等の使用状況を監視する

特別教育の実施 《酸欠則12条、安衛則36条26号》
- 酸素欠乏（等）の発生原因
- 酸素欠乏症（等）の症状
- 空気呼吸器（等）の使用方法
- 事故の場合の退避及び救急そ生の方法
- その他、酸素欠乏症等の防止に必要な事項

監視人等 《酸欠則13条》
- 作業状況を監視し、異常時には直ちに、酸素欠乏危険作業主任者及び関係者に通報する者を置く等、異常を早期に把握するために必要な措置を講じる

退避 《酸欠則14条》
- 酸素欠乏等のおそれが生じたときは直ちに作業を中止し、退避させ、指名した者以外の立ち入りを禁止し、その旨を表示する

避難用具等 《酸欠則15条》
- 空気呼吸器等、はしご、繊維ロープ等の避難・救出用具を備え付け、作業開始前に点検し、異常を認めたときは直ちに補修し、又は取り替える

救出時の空気呼吸器等の使用 《酸欠則16条》
- 酸素欠乏等の場所における救出作業の際は、空気呼吸器等を使用

診察及び措置 《酸欠則17条》
- 酸素欠乏症にかかった作業者に直ちに医師の診断・処置を受けさせる

必要な措置の内容	酸欠則	1 特殊な地層に接し又は通ずる井戸等の内部	2 長期間使用されていない井戸等の内部	3 ケーブル等を収容するための暗きょ等の内部	3の2 雨水等が滞留した、又はしたことのある槽、暗きょ等の内部	3の3 海水が滞留している熱交換機等の内部	4 相当期間密閉されていた鋼製のボイラー等の内部	5 石炭等空気中の酸素を吸収する物質を入れてある貯蔵施設の内部	6 乾性油等のペイントで塗装され乾燥する前に密閉された地下室等通気不十分な施設の内部	7 穀物等の貯蔵、果菜の熟成等に使用しているサイロ等の内部	8 しょう油等発酵する物を入れてあり、又は入れたことのあるタンク等の内部	9 し尿、パルプ液等腐敗しやすい物質を入れてあり、又は入れたことのあるタンク等の内部	10 ドライアイスを使用している冷蔵庫、冷凍庫、船倉等の内部	11 ヘリウム、炭酸ガス等の不活性の気体を入れてあり、又は入れたことのある施設の内部
酸素濃度の測定	3	○	○	○	○	○	○	○	○	○	○	○	○	○
硫化水素の濃度測定	3					○						○		
測定器具の備付け	4	○	○	○	○	○	○	○	○	○	○	○	○	○
換気（酸素濃度18%以上に）	5	○	○	○	○	○	○	○	○	○	○	○	○	○
換気（硫化水素濃度10ppm以下に）	5					○						○		
保護具の使用等	5-2	○	○	○	○	○	○	○	○	○	○	○	○	○
要求性能墜落制止用器具等	6													
保護具等の点検	7													
人員の点検	8													
関係者以外の立入禁止	9													
近接する作業場所との連絡	10													
作業主任者の選任	11	○	○	○	○	○	○	○	○	○	○	○	○	○
特別の教育	12													
監視人等	13													
緊急時の退避	14													
避難・救出用具の備付け等	15	○	○	○	○	○	○	○	○	○	○	○	○	○
救出作業時の空気呼吸器等の使用	16													
診察及び処置	17	○	○	○	○	○	○	○	○	○	○	○	○	○
事故等の報告	29	○	○	○	○	○	○	○	○	○	○	○	○	○

酸素欠乏危険場所（安衛法施行令別表6）

酸素欠乏症等の防止（4）（特殊作業の防止措置）

	種類	規制事項
1	**ボーリング等《酸欠則18条》** ずい道等の堀削でメタン、炭酸ガス突出による酸素欠乏のおそれ	❶ ボーリング等の調査 ❷ メタン・炭酸ガスの処理方法 ❸ 掘削の時期、順序の決定
2	**消火設備等に係る措置《酸欠則19条》** 地下室、船倉等の炭酸ガス消火設備	❶ 転倒防止、ハンドル容易作動防止 ❷ みだりに作動させることの禁止
3	**冷蔵室等に係る措置《酸欠則20条》** 冷凍・冷蔵室等、密閉して使用する施設内部の作業	出入口の扉、ふた ❶ 締まらないような措置 ❷ 内部から容易に開く構造 ❸ 内部に通報、警報装置設置
4	**溶接に係る措置《酸欠則21条》** タンク、ボイラー、反応塔等の内部その他通風不十分な場所でのアルゴン、炭酸ガス溶接等	❶ 酸素濃度を18%以上に換気 ❷ 空気呼吸器等の使用
5	**ガス漏出防止措置《酸欠則22条》** ボイラー、タンク、反応塔等の内部で不活性気体を送給する配管があるところでの作業	❶ バルブ、コックを閉止又は配管に閉止板 ❷ バルブ、コックに施錠、開放禁止の表示 ❸ バルブ、コック、操作スイッチ等に不活性気体の名称及び開閉方向の表示
6	**ガス排出に係る措置《酸欠則22条の2》** 安全弁等から排出される不活性気体が流入するおそれのある通風、換気不十分な場所での作業	安全弁等から排出される不活性気体が滞留することを防止する措置
7	**空気の希薄化の防止《酸欠則23条》** 内部の空気を吸引する配管に通ずるタンク等、密閉して使用する施設・設備内部における作業	出入口のふた、扉が閉まらない措置
8	**ガス配管工事に係る措置《酸欠則23条の2》** 地下室等通風が不十分な場所において、メタンガス等を主成分とするガス等を送給する配管を取り外す等の作業	❶ ガスの遮断 ❷ 酸素濃度を18%以上に換気又は空気呼吸器等を使用
9	**地下室等に係る措置《酸欠則25条》** 酸素を吸収しやすい地層等に接し、又は通ずる井戸若しくは配管が設けられている地下室等の内部における作業	❶ 酸素欠乏空気の漏出箇所の閉そく ❷ 酸素欠乏空気の外部への放出設備の設置
10	**設備の改造等の作業《酸欠則25条の2》** し尿等、腐敗し又は分解しやすい物質を入れてあり、又は入れたことのあるポンプ等の設備の改造等において、設備を分解する作業	❶ 作業方法、順序の決定及びこれらを労働者へ周知 ❷ 指揮者の選任と作業の指揮 ❸ 硫化水素の排出、硫化水素が流入しないよう、バルブ、コック等の閉止と表示又は監視人の配置 ❹ 硫化水素濃度の測定、換気等

作業環境測定（1）

作業環境測定とは？

作業環境の実態を把握するため空気環境その他の作業環境について行うデザイン、サンプリング及び分析（解析を含む）
作業環境中の有害物質・因子について科学的に分析、把握し、評価し、作業環境の改善措置の必要性の有無を判断する
有害な物質・因子が有害な程度である場合は、除去又は安全な濃度まで低減させる等の措置を行う必要がある

●作業環境測定の流れ

有害物質の低減等が難しい場合は保護具を着用させること

調　査　→　サンプリング　→　評　価
デザイン　　　　分　析　　　報　告

● 作業環境測定結果の評価に基づいて行う事業者の措置（安衛法65条の2第1項）

事業者

| 測　定 | 作業環境測定基準（告示）に従って行う（安衛法65条2項） |
| 評　価 | 作業環境評価基準（告示）に従って行う（安衛法65条の2第2項） |

作業環境測定の評価結果が第3管理区分に区分された場合、令和6年4月1日より以下が義務化
①当該作業場所の作業環境の改善の可否と、改善できる場合の改善方策について、外部の作業環境管理専門家の意見を聴かなければなりません
②①の結果、当該場所の作業環境の改善が可能な場合、必要な改善措置を講じ、その効果を確認するための濃度測定を行い、結果を評価しなければなりません
その他、厳しい措置が義務化されます

第1管理区分
作業環境濃度が適切であると判断される状態

→ 2年以上継続　｜　1年6カ月以上継続
→ 所轄労働基準監督署長の許可
→ 相対濃度指示方法又は検知管による測定が出来る（作業環境測定基準）　｜　規定風速未満の制御風速での局所排気装置の稼働（有機則）

第2管理区分
作業環境管理になお、改善の余地があると判断される状態

→ 点検の実施
→ 改善措置

第3管理区分
作業環境管理が適切でないと判断される状態

→ 点検の実施（直ちに）
→ 改善措置
→ 効果確認のための測定及び評価

◆ 有効な呼吸用保護具の使用（応急措置）
◆ 健康診断の実施（産業医が必要と認めた場合）
（有機則、鉛則、特化則、粉じん則、石綿則）

作業環境測定（2）

● 作業環境測定を行うべき作業場《安衛法 65 条、安衛令 21 条》

	作業場の種類	関連規則	測定項目	測定回数	記録の保存
○1	土石、岩石、鉱物、金属又は炭素の粉じんを著しく発散する屋内作業場	粉じん則 26 条	空気中の粉じん濃度、遊離けい酸含有率	6 カ月以内ごとに 1 回	7 年
2	暑熱、寒冷又は多湿の屋内作業場	安衛則 607 条	気温、湿度、ふく射熱	半月以内ごとに 1 回	3 年
3	著しい騒音を発する屋内作業場	安衛則 590 条 591 条	等価騒音レベル	6 カ月以内ごとに 1 回（注 1）	3 年
4	中央管理方式の空気調和設備を設けている建築物の室で、事務所の用に供されるもの	事務所則 7 条	空気中の一酸化炭素及び二酸化炭素の含有率、室温及び外気温、相対湿度	2 カ月以内ごとに 1 回（注 2）	3 年
5	放射線業務を行う作業場　（1）放射線業務を行う管理区域	電離則 54 条	外部放射線による線量当量率又は線量当量	1 カ月以内ごとに 1 回（注 3）	5 年
	○（2）放射性物質取扱室　○（3）事故由来廃棄物取扱施設　（4）坑内核原料物質掘採場所	電離則 55 条	空気中の放射性物質の濃度	1 カ月以内ごとに 1 回	5 年
	第 1 類もしくは第 2 類の特定化学物質を製造し、又は取り扱う屋内作業場など	特化則 36 条	空気中の第 1 類物質又は第 2 類物質の濃度	6 カ月以内ごとに 1 回	3 年（注4）
○6	特定有機溶剤混合物を製造し、または取り扱う屋内作業場	特化則 36 条の 5	空気中の特別有機溶剤および有機溶剤の濃度	6 カ月以内ごとに 1 回	3 年
	石綿等を取り扱い、又は試験研究のため製造する屋内作業場	石綿則 36 条	空気中の石綿の濃度	6 カ月以内ごとに 1 回	40 年
○7	一定の鉛業務を行う屋内の作業場	鉛則 52 条	空気中の鉛濃度	1 年以内ごとに 1 回	3 年
＊8	酸素欠乏危険場所において作業を行う場合の当該作業場	酸欠則 3 条	空気中の酸素濃度（硫化水素発生危険場所の場合は同時に硫化水素濃度）	その日の作業開始前	3 年
○9	有機溶剤を製造し、又は取り扱う屋内作業場	有機則 28 条	空気中の有機溶剤濃度	6 カ月以内ごとに 1 回	3 年

作業場の種類の欄に○印を付した作業場は**指定作業場**であり、測定は作業環境測定士又は作業環境測定機関が行わなければならない。また、＊印の作業場の測定は、酸素欠乏危険作業主任者に行わせる

（注）　1　施設、設備、作業工程又は作業方法を変更した場合には、遅滞なく測定する
　　　　2　室温及び相対湿度については、1 年間基準を満たし、かつ、今後 1 年間もその状況が継続すると見込まれる場合は、春又は秋、夏及び冬の年 3 回
　　　　3　放射線装置を固定して使用する場合において使用の方法及び遮へい物の位置が一定しているとき、又は 3.7 ギガベクレル以下の放射性物質を装備している機器を使用するときは 6 月以内ごとに 1 回
　　　　4　特別管理物質については 30 年間

第9章　健康の保持増進のための措置

局所排気装置 （1）

局所排気装置とは？

有害物の発生源に局所的吸込口（フード）を設けて、発生する有害物が拡散する前に吸引除去する装置。フード、ダクト、排気処理装置（空気清浄機）、排風機、排気口等からなる

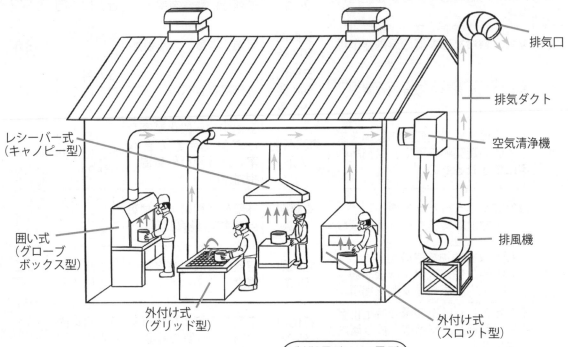

- レシーバー式（キャノピー型）
- 囲い式（グローブボックス型）
- 外付け式（グリッド型）
- 外付け式（スロット型）
- 排気口
- 排気ダクト
- 空気清浄機
- 排風機

● 性能（制御風速等）

制御風速とは局所排気装置の汚染物質を吸引する能力を示す指標のこと

有機溶剤《有機則 16 条》

型　　式		制御風速(m/s)
囲い式フード		0.4
外付け式フード	側方吸引型	0.5
	下方吸引型	0.5
	上方吸引型	1.0

- 制御風速はすべての装置のフードを開放した場合の風速
- 制御風速はフードの型式に応じ

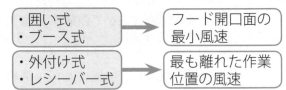

- ・囲い式
- ・ブース式 → フード開口面の最小風速
- ・外付け式
- ・レシーバー式 → 最も離れた作業位置の風速

鉛《鉛則 30 条》
- フードの外側における鉛の濃度が空気 1 m^3 当たり、0.05mg を超えない能力を有する

特定化学物質《特化則 7 条・S50.9.30 労働省告示第 75 号》
- 物質により、フードの外側における空気中濃度を決めているものと、制御風速（ガス状 0.5 m/s　粒子状 1.0 m/s）を決めているものがある

粉じん《粉じん則 11 条・昭 54.7.23 労働省告示第 67 号》
- 粉じん発生源の区分、フードの型式により制御風速が 0.7～1.3 m/s となっている研削盤等の回転体を有する機械に係るものは 0.5 ～ 5.0 m/s

局所排気装置（2）

局所排気装置等の設置要件の概要

	種類	性能要件	関連規則
1	局所排気装置のフード	❶ 蒸気・粉じんの発生源ごとに設置 ❷ 外付け式・レシーバー式フードは発生源にできるだけ近い位置に設置 ❸ ［有機則・鉛則］蒸気・粉じんを吸引するのに適した大きさと形式 ❹ ［鉛則］多量の粉じんが発散する場所はできるだけ囲い式	有機則 14 条 鉛則 24 条 特化則 7 条 粉じん則 11 条
2	ダクト	❶ 長さができるだけ短く、ベンド（継手）の数ができるだけ少ないもの ❷ ［鉛則・特化則・粉じん則］適当な箇所にそうじ口が設けられる等そうじしやすい構造のもの ❸ ［鉛則］接続部の内部に突起物がない	有機則 14 条 鉛則 25 条 特化則 7 条 粉じん則 11 条
3	排風機（ファン）	❶ 局所排気装置の排風機は空気清浄・除じん後の空気が通る位置に設置 ❷ ［有機則、鉛則］全体換気装置のファンは蒸気・粉じんの発散源に近い位置に設置	有機則 15 条 鉛則 28 条 特化則 7 条 粉じん則 11 条
4	排気口	❶ 屋外に設ける ❷ ［有機則］空気清浄装置を設けていない場合は屋根からの高さ 1.5 m 以上	有機則 15 条の 2 鉛則 29 条 特化則 7 条 粉じん則 11 条
5	定期自主検査	❶ 1 年以内ごとに 1 回、定期に自主検査 ❷ 1 年を超えて使用せずに再開のときに自主検査 ❸ 自主検査記録を 3 年間保存	有機則 20 ～ 21 条 鉛則 35・36 条 特化則 29・30・32 条 粉じん則 17・18 条
6	点検	❶ 局所排気装置等をはじめて使用するとき、また分解して改造・修理したとき ❷ ［特化則、粉じん則］点検記録を 3 年間保存	有機則 22 条 鉛則 37 条 特化則 33・34 条の 2 粉じん則 19・20 条

労働衛生保護具 （1）

事業者

呼吸用保護具等《**安衛則 593 〜 595 条**》
- 有害業務においては、その業務に従事する労働者に使用させるために、適切な保護具を備える

保護具の数等《**安衛則 596 条**》
- 同時に就業する労働者の人数と同数以上を備え、常時清潔に保持する

専用の保護具等《**安衛則 598 条**》
- 呼吸用保護具等は各人専用のものを備える等、疾病感染を予防する

作業者

作業者の使用義務《**安衛則 597 条**》
- 一定の有害業務に従事する場合は、保護具を使用する

労働安全衛生規則等の改正（令和 4 年）安衛則 577 条の 2 第 2 項

屋内作業において、作業者の吸入ばく露濃度が濃度基準値を超えないことが義務化された。（令和 6 年 4 月 1 日施行）また、ばく露濃度を測定し、濃度基準値以下にばく露低減することが可能な能力を有する呼吸用保護具を選択し、かつ、顔面からの漏れがないように密着性を担保した条件で、呼吸用保護具も対応策として認められた。

実際には、化学物質に関する情報を理解できる担当者がリスクアセスメントを行ってから適切なばく露低減策を講じることが優先であり、その上で個人用保護具の採択・選択を行うべきである

● 呼吸用保護具（防じん、防毒マスク、電動ファン付呼吸用保護具）の型式検定

- 呼吸用保護具は、厚生労働省の定める国家検定に合格したものを使用する (**安衛法 42 条・44 条の 2**)

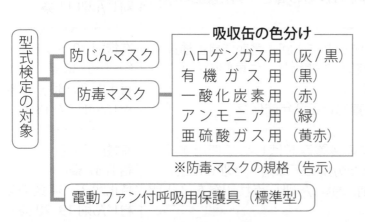

型式検定の対象

防じんマスク

防毒マスク

── 吸収缶の色分け ──
ハロゲンガス用 （灰 / 黒）
有 機 ガ ス 用 （黒）
一 酸 化 炭 素 用 （赤）
アンモニア用 （緑）
亜硫酸ガス用 （黄赤）

※防毒マスクの規格（告示）

電動ファン付呼吸用保護具（標準型）

防じん機能を有する防毒マスクは、ろ過材の位置に白線を入れる

白線

防毒マスク

労働衛生保護具（2）

● 防じんマスク、防毒マスク及び電動ファン付き呼吸用保護具の選択、使用等について
基発 0525 第 3 号令和 5 年 5 月 25 日

- 検定合格標章により型式検定合格品である事を確認する
- 店社、事業場ごとに保護具着用管理責任者を選任し、呼吸用保護具の適正選択、着用及び取扱方法の指導、適正な保守管理を推進
- 防じんマスクや防じん機能を有する電動ファン付き呼吸用保護具は、有害なガスが存在する場所においては使用しない
- SDS や濃度測定等で、有害物質の種類及びばく露濃度を把握する。濃度測定は、労働者に試料採取機器を装着して行う個人サンプリング法や個人ばく露測定で行う。測定濃度から、要求防護係数を求め、要求防護係数より大きい指定防護係数を有する呼吸用保護具を選択
- 防護性能に関係する事項以外に、着用者、作業、作業強度、環境等についても考慮して呼吸用保護具を選択
- 着用者によっては、呼吸用保護具着用による心肺機能への影響、閉所恐怖症、面体との接触による皮膚炎、腰痛等の筋骨格系障害を生じないか、産業医に確認。
- 呼吸用保護具の取扱説明書等に基づき、適正な装着方法、使用方法及び顔面と面体の密着性の確認方法について十分な教育や訓練実施
- 労働者に作業記録を作成し、作業記録を踏まえた適正な保守管理実施
- 有害物質を直接取り扱う作業者以外の作業者についても、必要に応じ呼吸用保護具を使用
- 目の保護が必要な場合は、全面形面体、ルーズフィット形呼吸用保護具インタフェースを検討
- 作業中に臭気、息苦しさ等の異常を感じたら、速やかに作業を中止し避難するとともに、状況を保護具着用管理責任者に報告する。

呼吸用保護具の密着性

- フィットテストを 1 年に 1 回定期的に実施し、密着性を確認する（顔との密着性を要求しないルーズフィット形手順は適用外）テストの手順は JIS T8150 又はこれと同等の方法に従う
- マスクのしめひもは、耳にかけることなく、後頭部において固定させる。面体と顔の間に、タオルを挟んだり、ひげ・もみあげ・前髪が入らないようにする
- 面体を着用した直後には、シールチェック（面体を有する呼吸用保護具を着用した労働者自身が呼吸用保護具の装着状態の密着性を調べる方法）を行い、各着用者が顔面と面体とのフィット（密着性）が良好であることを確認することが望ましい

第 9 章　健康の保持増進のための措置

労働衛生保護具 (3)

● 有害物質に有効な呼吸用保護具の種類

有害物質の状態	選択可能で有効な呼吸用保護具の種類
粒子状物質・ミスト	・防じんマスク ・粒子状物質用 PAPR ・送気マスク
ガス・蒸気	・防毒マスク ・有毒ガス用 PAPR ・送気マスク
粒子状物質・ミストと ガス・蒸気が混在	・防じん機能付き防毒マスク ・有毒ガス用 PAPR（防じん機能付き） ・送気マスク
酸素濃度＜18％ または濃度不明	・送気マスク ・自給式呼吸器

● 呼吸用保護具の選択方法

要求防護係数を上回る指定防護係数（次項）を有する呼吸用保護具を選択する

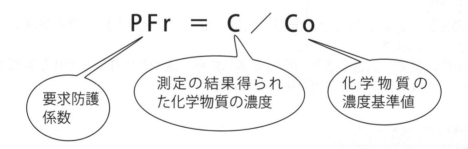

$$PFr = C / Co$$

要求防護係数

測定の結果得られた化学物質の濃度

化学物質の濃度基準値

---- 計算例 ----

・作業者呼吸域での有害物質濃度：3 mg/m^3

・濃度基準値（OEL）：0.5mg/m^3 ⇒ PFr ＝ 3 (mg/m^3)÷0.5(mg/m^3) ＝ 6

指定防護係数が 6 以上の呼吸用保護具を選択する

労働衛生保護具 （4）

● 指定防護係数

呼吸用保護具が正常に機能しており、かつ、呼吸用保護具について十分にトレーニングされた着用者が使用した場合に少なくとも得られるであろうと期待される防護係数をいう。指定防護係数は、呼吸用保護具の種類ごとに JIS T8150 などで規定されている

JIS T8150 指定防護係数

呼吸用保護具の種類				呼吸用インターフェース（面体等）の種類			
				半面形面体	全面形面体	フード	フェイスシールド
給気式呼吸用保護具	自給式呼吸器	空気呼吸器	プレッシャデマンド形	50	10000		
			デマンド形	10	50		
	送気マスク	エアラインマスク	プレッシャデマンド形	50	1000		
			デマンド形	10	50		
			一定流量型	50	1000	25/1000[1]	25
		ホースマスク	電動送風機形	50	1000	25	25
			手動送風機形	10	50		
			肺力吸引形	10	50		
ろ過式呼吸用保護具	有毒ガス用電動ファン付き呼吸用保護具			50/300[1]	1000	25/1000[1]	25/300[1]
	電動ファン付き呼吸用保護具		S級・PL3/PS3	50/300[1]	1000	25/1000[1]	25/300[1]
			S級・PL2/PS2	—[2]	—[2]	20	20
			S級・PL1/PS1	—[2]	—[2]	11	11
			A級・PL3/PS3	—	—[2]	20	20
			A級・PL2/PS2	33	90	20	20
			A級・PL1/PS1	14	19	11	11
			B級・PL3/PS3	—[2]	—[2]	11	11
			B級・PL2/PS2	—[2]	—[2]	11	11
			B級・PL1/PS1	14	19	11	11
	防毒マスク			10	50	—	—
	防じんマスク	取替え式	RL3/RS3	10	50	—	—
			RL2/RS2	10	14	—	—
			RL1/RS1	4	4	—	—
		使い捨て式	DL3/DS3	10	—	—	—
			DL2/DS2	10	—	—	—
			DL1/DS1	4	—	—	—

労働衛生保護具 （5）

防じんマスクの選択

- それぞれの作業に適した防じんマスクを選択する（下表）
- 防じんマスクの使用中に息苦しさを感じた場合には、ろ過材を交換する。石綿、インジウム、ひ素、クロム等の有害性が高い粉じん等に対して使用したろ過材は1回使用ごとに廃棄

粉じん等の種類及び作業内容	防じんマスクの性能の区分
○安衛則 592 条の 5 廃棄物の焼却施設に係る作業で、ダイオキシン類の粉じんのばく露のおそれのある作業において使用する防じんマスク ・オイルミスト等が混在しない場合 ・オイルミスト等が混在する場合	 RS3、RL3 RL3
○電離則 38 条 放射性物質がこぼれたとき等による汚染のおそれがある区域内の作業又は緊急作業において使用する防じんマスク ・オイルミスト等が混在しない場合 ・オイルミスト等が混在する場合	RS3、RL3 RL3
○鉛則 58 条、特化則 43 条及び粉じん則 27 条 金属のヒューム（溶接ヒュームを含む）を発散する場所における作業において使用する防じんマスク ・オイルミスト等が混在しない場合 ・オイルミスト等が混在する場合	 RS2、RS3、DS2、DS3 RL2、RL3、DL2、DL3 RL2、RL3、DL2、DL3
○鉛則 58 条及び特化則 43 条 管理濃度が 0.1mg/m^3 以下の物質の防じんを発散する場所における作業において使用する防じんマスク ・オイルミスト等が混在しない場合 ・オイルミスト等が混在する場合	RS2、RS3、DS2、DS3 RL2、RL3、DL2、DL3 RL2、RL3、DL2、DL3
○上記以外の粉じん作業 ・オイルミスト等が混在しない場合 ・オイルミスト等が混在する場合	RS1、RS2、RS3 DS1、DS2、DS3 RL1、RL2、RL3 DL1、DL2、DL3 RL1、RL2、RL3 DL1、DL2、DL3

労働衛生保護具 （6）

破過とは？

吸収缶は一定量の有害ガスを除去すると除去する能力がなくなる。除去できなくなると、有害ガスがマスクの内側に漏れる。これを破過という

破過時間とは？

防毒マスクの吸収缶に、一定濃度の有毒ガスを連続して通気した際、通気の開始から破過までの時間

● 防毒マスクの選択

- 有害物質の種類、濃度及び粉じん等の有無に応じて、面体及び吸収缶の種類を選ぶ。対応する吸収缶の種類がない場合は、要求防護係数より高い指定防護係数を有する給気式呼吸用保護具を選択する
- ガス又は蒸気の有害物質が粉じん等と混在している作業環境中では、粉じん等を捕集する防じん機能を有する防毒マスクを選択する
- 吸収缶除毒能力は、作業環境中の有害物質の濃度に対して除毒能力に十分な余裕のあるものであること。破過曲線図を参考にできるが、対象作業ガスと吸収缶試験用ガスとの違い、温度・湿度等で破過時間は変わるので注意が必要
- 一度使用した吸収缶を再使用できるのは、破過曲線図、使用時間記録カード等により、十分な除毒能力が残存していることを確認できる場合のみ
（メタノール、二硫化炭素等破過時間が試験用ガスの破過時間よりも著しく短い物質は不可）

● 労働衛生保護衣類

- 労働衛生保護衣類には、化学防護服（JIS T8115）、化学防護手袋（JIS T8116）、化学防護長靴（JIS T8117）がある

事業者

保護具の使用による皮膚等障害化学物質等への直接接触の防止
《安衛則 594 条の 2、安衛則 594 条の 3》

以下の場合、その物質の有害性に応じて、保護眼鏡、不浸透性の保護衣、保護手袋または履物等適切な保護具を使用させる

- 健康障害を起こすおそれのあることが明らかな物質を製造し、または取り扱う業務に従事する労働者
（2023 年 4 月 1 日努力義務⇒ 2024 年 4 月 1 日から義務化）
- 健康障害を起こすおそれがないことが明らかなもの以外の物質を製造し、または取り扱う業務に従事する労働者
（2023 4 月 1 日努力義務）

第9章 健康の保持増進のための措置

化学防護手袋の選択に当たっては、取扱説明書等に記載された試験化学物質に対する耐透過性クラスを参考として、作業で使用する化学物質の種類及び当該化学物質の使用時間に応じた耐透過性を有し、作業性の良いものを選ぶこと。「化学防護手袋の選択、使用等について」（平成 29 年 1 月 12 日基発 0112 第 6 号）

材質と透過性の特徴（参考）　詳細は取扱い説明書を確認すること

素材	特徴
天然ゴム	アルカリ、硫酸やリン酸、有機酸、メタノール以外のアルコールに耐透過性を示す。一般的な有機溶剤は適さない
クロロプレン（ネオプレン）ゴム	アルカリ、酸、メタノール以外のアルコールに耐透過性を示す。天然ゴムよりやや優れている
ニトリルゴム	薄手で水色のものがよく見られる。手にフィットするので使いやすい。アルカリ、硫酸・リン酸、一部の油脂には耐透過性があるが、塩素化及び芳香族炭化水素・ケトン系の有機溶剤には不適である
ブチルゴム	広範囲の酸に耐透過性を示す。アルコール、アルデヒド、アルカリ、アルデヒド類、ケトン類に適している
Viton®	フッ素樹脂系で有機化合物全般に対して耐透過性が高い。密着性が低く、使用しにくい
EVOH（エチレン-ビニルアルコール共重合体）	ポリエチレンなどと積層にして、耐溶剤性を上げたもの。経皮吸収のある発がん性の芳香族アミン類に対しても耐透過性を示す。かさばるので、上にニトリル手袋をして手に密着させて使用するなどの工夫が必要である

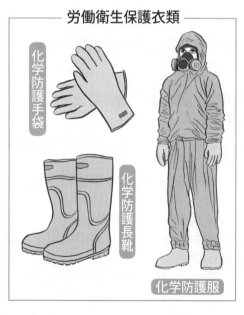

労働衛生保護衣類

化学防護手袋

化学防護長靴

化学防護服

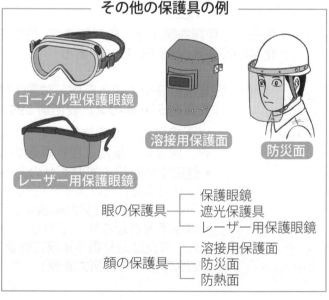

その他の保護具の例

ゴーグル型保護眼鏡

レーザー用保護眼鏡

溶接用保護面

防災面

眼の保護具 ─┬─ 保護眼鏡
　　　　　　├─ 遮光保護具
　　　　　　└─ レーザー用保護眼鏡

顔の保護具 ─┬─ 溶接用保護面
　　　　　　├─ 防災面
　　　　　　└─ 防熱面

騒音障害の防止（1）

事業者

騒音を発する場所の明示等《安衛則583条の2》

強烈な騒音を発する屋内作業場である旨を標識で明示する等の措置をする

強烈な騒音を発する屋内作業場
等価騒音レベルが90デシベル以上の屋内作業場

標識等で明示する等

- 強烈な騒音を発する場所とそれ以外の場所を、区画物に標識を付し、又は床上に白線、黄線等を引くことにより区画する
- 屋内作業等の入口等に、その旨を掲示する等

130	耳が痛くなる
110	ロックコンサート
100	電車の通るガード下
90	電車の中
80	せみの鳴き声
	大声の会話音
70	
60	静かな乗用車
	会話音
50	
40	こおろぎの鳴き声
20	ささやき声

騒音の伝ぱの防止《安衛則584条》

- 事業者は、強烈な騒音を発する屋内作業場においては、その伝ぱを防ぐため、隔壁を設ける等必要な措置を講じなければならない
- 伝ぱ防止の措置例
    1. 機械の配置を適当に変更する
    2. 周壁、天井等を音響吸収性の材料をもって被覆する
    3. 機械と床との間に緩衝枕を挿入する

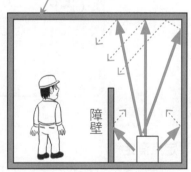
音響吸収剤
障壁

騒音の作業環境測定を行うべき業務《安衛則588条、590～591条》

① 鋲打ち機、はつり機、鋳物の型込機等圧縮空気により駆動される機械又は器具を取り扱う業務
② ロール機、圧延機等による金属の圧延、伸線、ひずみ取り又は板曲げの業務（液体プレス除く）
③ 動力により駆動されるハンマーを用いる金属の鍛造又は成型の業務
④ タンブラーによる金属製品の研ま又は砂落しの業務
⑤ 動力によりチェーン等を用いてドラム缶を洗浄する業務
⑥ ドラムバーカーにより、木材を削皮する業務
⑦ チッパーによりチップする業務
⑧ 多筒抄紙機により紙を抄く業務

測定項目、測定回数、記録保存についてはP197参照

- 安衛則 588 条により騒音測定が義務付けられている 8 作業場（別表第 1）の他、騒音レベルが高いとされる 52 作業場（別表第 2）を対象とする。なお、別表第 1 及び別表第 2 に掲げる作業場以外の作業場であっても、騒音レベルが高いと思われる業務を行う場合には、本ガイドラインに基づく騒音障害防止対策と同様の対策を講ずることが望ましい

- 屋内作業場では、作業環境測定を行い、第Ⅰ管理区分、第Ⅱ管理区分、第Ⅲ管理区分に区分し、区分ごとの対策を行う。別表第 2 の作業場では、騒音源が移動する場合等においては、作業環境測定に代えて、個人ばく露測定に基づく措置及び記録を行うことができる

- 坑内の作業場では、定点測定を実施し、措置・記録を行う。騒音源が移送する場合等においては、定点測定に変えて、個人ばく露測定に基づく措置及び記録を行うことができる。

- 屋外作業場では、定点測定、または個人ばく露測定を実施し、措置・記録を行う。騒音源が地上にあって周辺に建物や壁等がない場所では、測定の代わりに以下の式で推計値を求めても良い

$$Lp = Lw - 20\log_{10}r - 8$$

Lp（dB）：推計値
Lw（dB）：音響パワーレベル
r（m）：騒音源からの距離

定点測定
　騒音源に近接する場所において作業が行われている時間のうち、騒音レベルが最も大きくなると思われる時間に、当該作業が行われる位置において等価騒音レベルの測定を行う。測定は、作業が定常的に行われている時間帯に、1 測定点について 10 分間以上継続して行う

個人ばく露測定
　ばく露計のマイクロホン部分を測定対象者の頭部、首又は肩の近くに装着し、終日又は半日、ばく露計を装着させたままで騒音作業を行わせることにより、騒音作業に従事する時間の等価騒音レベルを測定する方法

騒音障害の防止（3）

騒音障害防止のためのガイドライン　　令和5年4月20日 基発0420 第2号

● 測定結果に基づく措置

〈作業環境測定〉〈作定点測定、個人ばく露測定〉

		B 測定		
		85dB(A) 未満	85dB(A) 以上 90dB(A) 未満	90dB(A) 以上
A測定平均値	85dB(A) 未満	第Ⅰ 管理区分	第Ⅱ 管理区分	第Ⅲ 管理区分
	85dB(A) 以上 90dB(A) 未満	第Ⅱ 管理区分	第Ⅱ 管理区分	第Ⅲ 管理区分
	90dB(A) 以上	第Ⅲ 管理区分	第Ⅲ 管理区分	第Ⅲ 管理区分

備考　1　「A測定平均値」は、測定値を算術平均して求める

　　　2　「A測定平均値」の算定には、80dB(A) 未満の測定値は含めない

　　　3　A測定のみを実施した場合は、表中のB測定の欄は 85dB(A) 未満の欄を用いて評価を行う

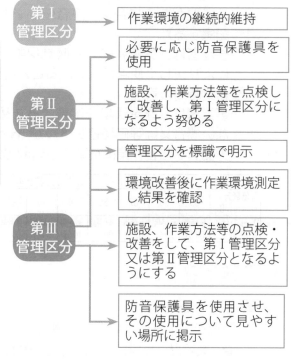

- 第Ⅰ管理区分 → 作業環境の継続的維持
- 第Ⅱ管理区分 →
  - 必要に応じ防音保護具を使用
  - 施設、作業方法等を点検して改善し、第Ⅰ管理区分になるよう努める
  - 管理区分を標識で明示
  - 環境改善後に作業環境測定し結果を確認
- 第Ⅲ管理区分 →
  - 施設、作業方法等の点検・改善をして、第Ⅰ管理区分又は第Ⅱ管理区分となるようにする
  - 防音保護具を使用させ、その使用について見やすい場所に掲示

● 定点測定、個人ばく露測定

❶ 85dB 未満の場合

当該場所における作業環境の継続的維持に努める

❷ 85dB 以上 90dB 未満の場合

・施設又は設備の設置又は整備、作業工程又は作業方法の改善その他の作業環境を改善するため必要な措置を講じ、等価騒音レベルが 85dB 未満となるよう努める

・騒音作業に従事する労働者に対し、必要に応じ、聴覚保護具を使用させる

❸ 90dB 以上の場合

・施設又は設備の設置又は整備、作業工程又は作業方法の改善その他の作業環境を改善するため必要な措置を講じ、等価騒音レベルが 85dB 未満となるよう努める。対策実施後、当該措置を講ずる直前に行った測定と同様の方法で定点測定を行い、その効果を確認すること

・騒音作業に従事する労働者に聴覚保護具を使用させた上で、その使用状況を管理者に確認させるとともに、聴覚保護具の使用について、作業中の労働者が容易に知ることができるよう、当該作業場の見やすい場所に掲示すること

● 作業管理

❶ 聴覚保護具の使用

聴覚保護具は、日本産業規格（JIS）T8161-1 に規定する試験方法により測定された遮音値を目安に、必要かつ十分な遮音値のものを選定する

（危険作業等において安全確保のために周囲の音を聞く必要がある場合や会話の必要がある場合は、遮音値が必要以上に大きい聴覚保護具を選定しないよう配慮する）

管理者は、労働者に対し聴覚保護具の正しい使用方法を指導させた上で、目視により正しく使用されていることを確認すること

❷ 作業時間の管理

事業者は、作業環境を改善するための措置を講じた結果、第Ⅰ管理区分とならない場合又は等価騒音レベルが 85 dB未満とならない場合は、次の表を参考に、労働者が騒音作業に従事する時間の短縮を検討する

等価騒音レベル（A特性音圧レベル）による許容基準															
等価騒音レベル(dB)	85	86	87	88	89	90	91	92	93	94	95	96	97	98	99	100
1日のばく露時間	8時間00分	6時間20分	5時間02分	4時間00分	3時間10分	2時間30分	2時間00分	1時間35分	1時間15分	1時間00分	0時間47分	0時間37分	0時間30分	0時間23分	0時間18分	0時間15分

健康管理

❶ 雇入時等健康診断

騒音作業に常時従事する労働者の雇い入れ、または配置換えの際には、既往歴調査、業務歴、自覚症状・他覚症状の有無、オージオ検査（250、500、1,000、2,000、4,000、6,000、8,000Hz）、その他医師が必要と認める検査を実施

❷ 定期健康診断

騒音作業に常時従事する労働者に対し、6月以内ごとに1回、健康診断を行う。（第Ⅰ管理区分に区分されることが継続している場所又は等価騒音レベルが継続的に 85 dB未満である場所において業務に従事する労働者については省略可能）

健診内容は、既往歴調査、業務歴、自覚症状・他覚症状の有無、選別聴力検査（1,000、4,000Hz）　ただし、定期検診で異常が認められるまたは医師が必要と認めるものには、二次検査であるオージオ検査（250、500、1,000、2,000、4,000、6,000、8,000Hz）、その他医師が必要と認める検査を行う

❸ 事後措置

事業者は、健康診断の結果の評価に基づき、次に掲げる措置を講ずる

前駆期の症状及び軽度の聴力低下が認められる者：第Ⅱ管理区分に区分された場所又は等価騒音レベルが 85dB 以上 90dB 未満である場所においても、聴覚保護具を使用させる、他必要な措置

中等度以上の聴力低下が認められる者：聴覚保護具を使用させるほか、騒音作業に従事する時間の短縮、配置転換その他必要な措置

労働衛生教育

❶ 騒音の人体に及ぼす影響　　　　❸ 防音保護具の使用及び作業方法の改善
❷ 適切な作業環境の確保と維持管理　❹ 関係法令

振動障害の防止（1）

チェーンソー以外の振動工具の取扱い業務に係る振動障害予防対策指針
平 21.7.10 基発 0710 第 2 号

● 以下の工具を取り扱う業務が対象

1 ピストンによる打撃機構を有する工具
2 エンジンカッター等の内燃機関を内蔵する工具で、可搬式のもの
（チェーンソーを除く）
3 携帯用の皮はぎ機等の回転工具
4 携帯用のタイタンパー等の振動体内蔵工具
5 携帯用研削盤、スイング研削盤その他手で保持し、また支えて操作する
型式の研削盤
- 研削といしの製造時の直径が 150 ㎜を超えるものに限る
- 金属、石材等を研削、切断する業務に限る
6 卓上用研削盤、床上用研削盤
- といしの直径が 150 ㎜を超えるものに限る
- 鋳物のばりとり・溶接部のはつりをする業務に限る
7 締付工具
8 往復動工具

携帯用研削盤
（ディスクサンダー）

エンジンカッター

● 振動工具の選定基準

- 卓上用研削盤・床上用研削盤以外の工具を使用する場合は以下の要件に適合して
いるものを選定する

1 振動

- 振動ができるだけ小さいこと
- 振動発生部分以外の部分へ伝達しにくいこと
- ハンドル又はレバー（以下「ハンドル等」という）
  1. ハンドル等のみの保持で作業ができる
  2. 適正な角度に取り付けられ、手指、手首に無
理な力をかける必要がない
  3. 工具の重心に対し、適正な位置に取り付けら
れている
  4. 防振ゴム等の防振材料を介して工具に取り付け
られている
  5. にぎり部は、手の大きさ等に応じたもので、
厚手で軟質のゴム等の防振材料で覆われている

にぎり部は
防振材料を
使用する

211

振動障害の防止（2）

チェーンソー以外の振動工具の取扱い業務に係る振動障害予防対策指針

平 21. 7. 10 基発 0710 第 2 号

② 重量等

- 手で保持し、かつ、重量を身体で支えながら使用する振動工具については軽量であること
- 作業に必要とする大部分の推力が機械力又はその自重で得られること
- エアーホース又はコードは、適正な位置及び角度に取り付けられていることなお、エアーホースの取付部は、自在型のものであることが望ましい

③ 騒音

圧縮空気を動力源とし、又は内燃機関を内蔵する振動工具は、吸排気に伴う騒音を軽減するためのマフラーが装着されていること

④ 排気の方向

圧縮空気を動力源とし、又は内燃機関を内蔵する振動工具は、直接マフラーからの排気にさらされないこと

- 卓上用研削盤・床上用研削盤を使用するときは、振動加速度が出来るだけ小さいものとするとともに、加工の方法、被加工物の大きさ等に適合している支持台（**ワークレスト**）が取り付けられているものを選定する

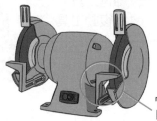

ワークレスト

● 振動作業の作業時間の管理

❶ 振動業務とこれ以外の業務を組み合わせ、振動業務に従事しない日を設けるように努める

❷ 使用する振動工具の「周波数補正振動加速度実効値の３軸合成値」[※1] と１日当たりの振動ばく露時間から、日振動ばく露量Ａ(8)[※2]を求め、それに応じた振動ばく露時間の抑制等の措置を講ずる

※1：3軸合成値とは

使用する振動工具の全ての振動に対し、人体に影響を与える周波数帯域を抽出し、周波数ごとの補正を行って振動の強さとして表わした振動値を、前後、左右、上下の３方向測定して合成した値。これが手腕への振動の強さを表す

$$a = 「周波数補正振動加速度実効値の3軸合成値」 [m/s^2]$$

※2：日振動ばく露量Ａ(8)とは

１日当たりの振動ばく露量であり、工具の３軸合成値 $a [m/s^2]$ 及び１日当たりの振動ばく露時間Ｔ〔時間〕から次式により算出できる

$$日振動ばく露量：A(8) = a \times \sqrt{\frac{T}{8}} [m/s^2]$$

❸ 作業開始前、具体的な振動工具を用いた作業の計画を作成し、書面等により労働者に示す

振動障害の防止（3）

チェーンソー以外の振動工具の取扱い業務に係る振動障害予防対策指針
平 21. 7.10 基発 0710 第 2 号

④

| ピストンによる打撃機構を有する工具を取り扱う業務のうち | → | 1 連続の振動ばく露時間の最大は、おおむね10分以内 | → | 1 連続作業の後5 分以上の休止時間を設ける |

金属・岩石の
はつり
かしめ
切断
鋲打
削孔

→ 作業の性質上、ハンドル等を強く握る場合又は工具を強く押さえる場合には、1 連続の振動ばく露時間を短縮し、かつ、休止時間の延長を図る

⑤

| ピストンによる打撃機構を有する工具を取り扱う業務以外の業務 | → | 1 連続の振動ばく露時間の最大は、おおむね30分以内 | → | 1 連続作業の後5 分以上の休止時間を設ける |

● 工具の操作時の措置

❶ 操作方法
- ハンドル等以外の部分は持たない
- ハンドル等は、強く握らず、かつ、強く押さない

❷ 避けるべき作業方法
- ハンドル等を強く握る、手首に強く力を入れる、腕を強く曲げて工具の重量を支える等の筋の緊張を持続させる作業方法
- 肩、腹、腰等手以外の部分で工具を押す等工具の振動が直接身体に伝わる作業方法
- 排気を直接吸い込むおそれのある作業方法

❸ 重量を手で支えて使用する工具
- アーム、支持台、スプリングバランサー、カウンターウエイト等により支持する

スプリングバランサー

スプリングバランサーは腕の疲労を軽減する

第9章 健康の保持増進のための措置

213

振動障害の防止（4）

チェーンソー以外の振動工具の取扱い業務に係る振動障害予防対策指針

平 21. 7. 10 基発 0710 第 2 号

● 点検・整備

- 定期的に点検・整備し、常に最良の状態に保つ

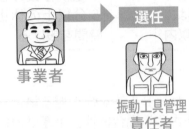

事業者 → 選任 → 振動工具管理責任者

職務
振動工具の点検・整備状況を定期的に確認するとともに、その状況を記録する

● 作業標準の設定

- 振動工具の取扱い及び整備や作業の方法について、作業標準を具体的に定める

● 保護具の支給及び使用

- 軟質の厚い防振手袋を支給し、作業者に使用させる
- 90dB(A) 以上の騒音を伴う作業には、耳栓又は耳覆いを支給し、使用させる

● 体操の実施

- 作業開始時及び作業終了後に手、腕、肩、腰等の運動を主体とした体操を行う
  作業中も随時行うことが望ましい

手首のストレッチ

肩、腕のストレッチ

腰のストレッチ

● 健康診断の実施

- 雇入れの際、配置替えの際及び次に定める期間以内ごとに１回、定期に行う
  1. ピストンによる打撃機構を有する工具を取り扱う業務については、６カ月（うち１回は冬期）
  2. その他の業務については、１年（冬期）

● 安全衛生教育の実施

- 新たに振動業務に就かせ、又は取り扱う振動工具の種類を変更したときは、振動が人体に与える影響、日振動ばく露量A（8）に基づく振動ばく露限界時間等の工具の適正な取扱い及び管理方法についての教育を行う

健康診断（1）

● 健康診断の種類

一般健康診断：雇入時／定期／特定業務従事者／海外派遣労働者／給食従業員

特殊健康診断：有害業務従事者／歯科医師による

※ただし、❶ は医師による健康診断受診後、3月以内であれば、健康診断結果の証明書を提出すれば、相当する項目は省略できる

事業者

一般健康診断《安衛法 66 条第 1 項》

❶ 雇入時の健康診断《**安衛則 43 条**》
常用使用する労働者を雇い入れる際に実施

❷ 定期健康診断《**安衛則 44 条**》
常用使用する労働者に 1 年以内ごとに 1 回実施

❸ 特定業務従事者の健康診断《**安衛則 45 条**》
特定業務従事労働者について配置替えの際及びその後 6 カ月以内ごとに実施

特定業務：安衛則 13 条第 1 項第 3 号に規定された業務	
• 多量の高熱物体を取り扱う業務及び著しく暑熱な場所における業務	• 坑内における業務
	• 深夜業を含む業務
• 多量の低音物体を取り扱う業務及び著しく寒冷な場所における業務	• 水銀、ヒ素、黄りん、弗化水素酸、塩酸、硝酸、硫酸等の有害物を取り扱う業務
• 有害放射線にさらされる業務	
• 土石・獣毛等のじんあい、粉末を著しく飛散する場所における業務	• 鉛、水銀、クロム、ヒ素、黄りん、弗化水素酸、塩素等の有害物のガス、蒸気、粉じんを発散する場所における業務
• 異常気圧下における業務	
• 身体に著しい振動を与える業務	
• 重量物取扱い等重激な業務	• 病原体によって汚染のおそれが著しい業務
• 強烈な騒音を発する場所における業務	

❹ 海外派遣労働者の健康診断《**安衛則 45 条の 2**》
労働者を 6 カ月以上海外に派遣する際及び 6 カ月以上海外に派遣した労働者を帰国させ国内の業務に就かせる際に実施

❺ 給食従業員の検便《**安衛則 47 条**》
給食従業員を雇い入れの際、当該業務へ配置換えの際に実施

健康診断（2）

● 雇入れ時・定期一般健康診断項目

	雇入れ時の健康診断（安衛則43条）	定期健康診断（安衛則44条）
1	既往歴及び業務歴の調査	既往歴及び業務歴の調査
2	自覚症状及び他覚症状の有無の検査	自覚症状及び他覚症状の有無の検査
3	身長、体重、腹囲、視力及び聴力の検査	身長※、体重、腹囲※、視力及び聴力の検査
4	胸部エックス線検査	胸部エックス線検査※及び喀痰検査※
5	血圧の測定	血圧の測定
6	貧血検査（血色素量及び赤血球数）	貧血検査（血色素量及び赤血球数）※
7	肝機能検査（GOT、GPT、γ－GTP）	肝機能検査（GOT、GPT、γ－GTP）※
8	血中脂質検査（LDLコレステロール、HDLコレステロール、血清トリグリセライド）	血中脂質検査（LDLコレステロール、HDLコレステロール、血清トリグリセライド）※
9	血糖検査	血糖検査※
10	尿検査（尿中の糖及び蛋白の有無の検査）	尿検査（尿中の糖及び蛋白の有無の検査）
11	心電図検査	心電図検査※

※定期健康診断(安衛則44条)における健康診断の項目の省略基準(平10.6.24労働省告示第88号)
　定期健康診断については、以下の健康診断項目については、それぞれの基準に基づき、医師が必要でないと認めるときは省略することができる。なお、「医師が必要でないと認める」とは、自覚症状及び他覚症状、既往歴等を勘案し、医師が総合的に判断することをいう。したがって、以下の省略基準については、年齢等により機械的に決定されるものではない

項　　目	医師が必要でないと認める時に省略できる者
身長	20歳以上の者
腹囲	1．40歳未満（35歳を除く）の者 2．妊娠中の女性その他の者であって、その腹囲が内臓脂肪の蓄積を反映していないと診断された者 3．BMIが20未満である者(BMI(Body Mass Index)=体重(kg)／身長(m)^2) 4．BMIが22未満であって、自ら腹囲を測定し、その値を申告した者
胸部エックス線検査	40歳未満のうち、次のいずれにも該当しない者 1．5歳毎の節目年齢（20歳、25歳、30歳及び35歳）の者 2．感染症法で結核に係る定期の健康診断の対象とされている施設等で働いている者 3．じん肺法で3年に1回のじん肺健康診断の対象とされている者
喀痰検査	1．胸部エックス線検査を省略された者 2．胸部エックス線検査によって病変の発見されない者又は胸部エックス線検査によって結核発病のおそれがないと診断された者
貧血検査、肝機能検査、血中脂質検査、血糖検査、心電図検査	40歳未満（35歳を除く）の者

健康診断（3）

● 定期一般健康診断の実施と事後措置の概要

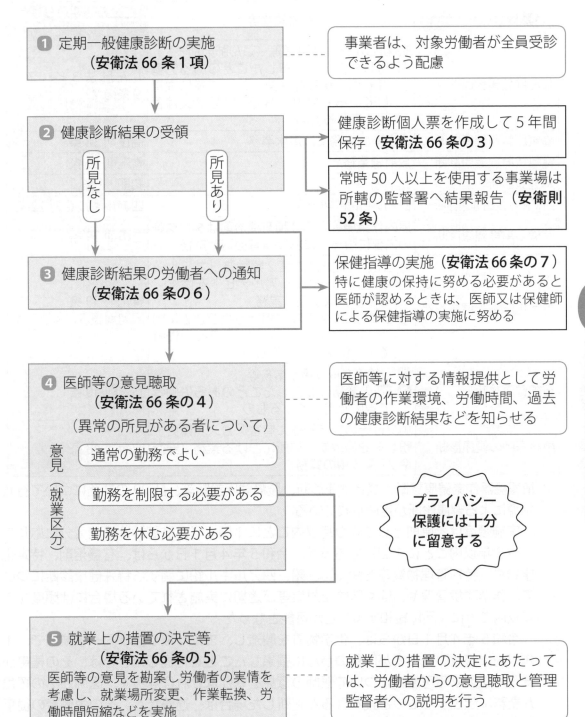

❶ 定期一般健康診断の実施
（安衛法 66 条 1 項）

　事業者は、対象労働者が全員受診できるよう配慮

❷ 健康診断結果の受領

所見なし　　所見あり

　健康診断個人票を作成して 5 年間保存（**安衛法 66 条の 3**）

　常時 50 人以上を使用する事業場は所轄の監督署へ結果報告（**安衛則 52 条**）

❸ 健康診断結果の労働者への通知
（安衛法 66 条の 6）

　保健指導の実施（**安衛法 66 条の 7**）特に健康の保持に努める必要があると医師が認めるときは、医師又は保健師による保健指導の実施に努める

❹ 医師等の意見聴取
（安衛法 66 条の 4）
（異常の所見がある者について）

意見（就業区分）
- 通常の勤務でよい
- 勤務を制限する必要がある
- 勤務を休む必要がある

　医師等に対する情報提供として労働者の作業環境、労働時間、過去の健康診断結果などを知らせる

プライバシー保護には十分に留意する

❺ 就業上の措置の決定等
（安衛法 66 条の 5）
医師等の意見を勘案し労働者の実情を考慮し、就業場所変更、作業転換、労働時間短縮などを実施

　就業上の措置の決定にあたっては、労働者からの意見聴取と管理監督者への説明を行う

第 9 章　健康の保持増進のための措置

217

健康診断（4）

● 有害業務における健康診断

特殊健康診断の種類	対象業務等	健診の時期及び項目の条文
じん肺健康診断	❶ 粉じん作業従事者等（じん肺則別表） ❷ 粉じん作業に従事したことのある労働者で現に粉じん作業以外の作業に従事しているもののうちで、管理2又は管理3であるもの	じん肺法3条、7～9条の2
高気圧業務健康診断	高圧室内業務又は潜水業務	高圧則38条
電離放射線健康診断	放射線業務	電離則56条
鉛健康診断	鉛業務	鉛則53条
四アルキル鉛健康診断	四アルキル鉛等の業務	四アルキル鉛則22条
有機溶剤等健康診断	屋内作業場等（第3種有機溶剤はタンク等の内部に限る）における有機溶剤業務	有機則29条
特定化学物質健康診断	❶ 第1類物質又は第2類物質（エチレンオキシド、ホルムアルデヒドを除く）を製造、取り扱う業務 ❷ 安衛令22条2項に掲げる物を過去に製造、取り扱っていたことのある労働者で現に使用しているもの	特化則39条 同則別表3、4
石綿健康診断	❶ 石綿等を取り扱う業務等 ❷ ❶の業務に従事したことのある労働者で現に使用しているもの	石綿則40条
歯科医師の健康診断	歯又はその支持組織に有害なガス・蒸気・粉じんを発散する場所における業務（安衛令22条3項の業務）	安衛則48条

※ 情報機器作業健康診断、騒音健康診断、腰痛健康診断等、計29の業務について行政指導による健康診断が定められている

実施頻度は、原則として6カ月以内ごとに1回（じん肺健診は管理区分に応じて1～3年以内ごとに1回）であるが、令和5年4月1日からは、有機溶剤、特定化学物質（特別管理物質等を除く）、鉛、四アルキル鉛に関する特殊健康診断について、作業環境管理や、ばく露防止対策等が適切に実施されている場合には頻度を1年以内ごとに1回に緩和することが可能となった

令和5年4月1日からは、化学物質を製造し、または取り扱う同一事業場で、1年以内に複数の労働者が同種のがんに罹患したことを把握したときは、その罹患が業務に起因する可能性について医師の意見を聴かなければならず、医師がその罹患が業務に起因するものと疑われると判断した場合は、遅滞なく、その労働者の従事業務の内容等を、所轄都道府県労働局長に報告しなければならなくなった

特別規則（特化則、有機則等）に規定されていないリスクアセスメントの対象物質については、以下の場合は「リスクアセスメント対象物健康診断」を実施する。2024年4月1から施行（安衛則第577条の2第3項～第5項まで、第8項及び第9項関係）

（1）リスクアセスメントの結果に基づき、関係労働者の意見を聴き、必要があると認めるときは、医師又は歯科医師が必要と認める項目について、医師等による健康診断を行い、その結果に基づき必要な措置を講じなければならない

（2）濃度基準値設定物質について、労働者が濃度基準値を超えてばく露したおそれがあるときは、速やかにリスクアセスメント対象物健康診断を実施し、その結果に基づき必要な措置を講じなければならない

リスクアセスメント対象物健康診断を実施した場合

（1）当該記録を作成し、5年間（がん原性のある物質として厚生労働大臣が定めるものに係る健康診断については30年間）保存しなければならない

（2）受診した労働者に対しては、遅滞なく健康診断結果を通知しなければならない

● 深夜業に従事する労働者の自発的健康診断　**《安衛法66条の2》**

1 当該健康診断受診日前6カ月間を平均して1カ月4回以上深夜業に従事した労働者は、自ら受けた健康診断（自発的健康診断）の結果を事業者に提出できる

2 自己の健康に不安を有する深夜業従事者が自らの判断で受診し、健康診断の結果を事業者に提出することにより、特定業務健診と同様の事後措置等を講じようとするものである

● 労災保険による二次健康診断

• 脳・心臓疾患に関連する①血圧、②血中脂質、③血糖、④肥満度の全てに異常所見のある労働者（1つ以上の項目で異常なしの所見があるが、それらの検査項目について、就業環境等を総合的に勘案すれば、異常の所見が認められると産業医等から診断された者を含む）は、労災保険で「二次健康診断」や医師等による「特定保健指導」が受けられる

● 熱中症の症状と分類

I度	めまい・失神	「立ちくらみ」のことで、「熱失神」とも呼ぶ
	筋肉痛・筋肉の硬直	「こむら返り」のことで、「熱痙攣」とも呼ぶ
	大量の発汗	
II度	頭痛・気分の不快・吐き気・嘔吐・倦怠感・虚脱感	体がぐったりする、力が入らない等。従来「熱疲労」といわれていた状態
	集中力や判断力の低下	
III度	意識障害・痙攣・手足の運動障害	呼びかけや刺激への反応が異常、ガクガクと引きつけがある、真っ直ぐ歩けない、等
	高体温	体にさわると熱い感触がある。従来「熱射病」といわれていたもの

小 → 重症度 → 大

現場での応急処置

熱中症を疑う症状はあるか？

・めまい、失神、立ちくらみ
・こむら返り
・大量の発汗
・体がぐったりする
・力が入らない

意識がない、呼びかけに応じない返事がおかしい、全身が痛い、等

意識はあるか？　　　　　　　救急隊を要請する

意識は清明である

涼しい環境へ避難させる
脱衣・冷却する

涼しい環境へ避難させる
脱衣・冷却する

自力で摂取できない

水分を自力で摂取できるか？　　医療機関へ搬送する

自力で摂取できる

意識が清明である、又は水分摂取できる状態であっても、II度熱中症が疑われる場合は以上機関搬送を検討

回復しない

水分・塩分を摂取させる

回復したか？

（1）WBGT 値の低減

- 作業場所に、WBGT 指数計を設置する等により、WBGT 値を求めることが望ましい。特に、事前に WBGT 値が WBGT 基準値を超えることが予想される場合は、WBGT 値を作業中に測定するよう努める
- 下表の衣類を着用して作業を行う場合は、測定 WBGT 値に着衣補正値を加える
- 補正した WBGT 値が、WBGT 基準値を超える、又は超えるおそれのある場合には、「熱を遮る遮へい物」、「直射日光・照り返しを遮ることができる簡易な屋根」、「通風・冷房の設備」の設置など、WBGT 値削減に努める

※ 通風が悪い場所での散水については、散水後の湿度の上昇に注意する

組合せ	コメント	WBGT値に加えるべき着衣補正値（C-WBGT）
作業服	織物製作業服で、基準となる組合せ着衣である	0
つなぎ服	表面加工された綿を含む織物製	0
単層のポリオレフィン不織布製つなぎ服	ポリエチレンから特殊な方法で製造される布地	2
単層の SMS 不織布製のつなぎ服	SMS はポリプロピレンから不織布を製造する汎用的な手法である	0
織物の衣服を二重に着用した場合	通常、作業服の上につなぎ服を着た状態	3
つなぎ服の上に長袖ロング丈の不透湿性エプロンを着用した場合	巻付型エプロンの形状は化学薬剤の漏れから身体の前面及び側面を保護するように設計されている	4
フードなしの単層の不透湿つなぎ服	実際の効果は環境湿度に影響され、多くの場合、影響はもっと小さくなる	10
フードつき単層の不透湿つなぎ服	実際の効果は環境湿度に影響され、多くの場合、影響はもっと小さくなる	11
服の上に着たフードなし不透湿性のつなぎ服	－	12
フード	着衣組合せの種類やフードの素材を問わず、フード付きの着衣を着用する場合。フードなしの組合せ着衣の着衣補正値に加算される	＋1

注記1　透湿抵抗が高い衣服では、相対湿度に依存する。着衣補正値は起こりうる最も高い値を示す

注記2　SMS はスパンボンド - メルトブローンスパンボンドの 3 層構造からなる不織布である

注記3　ポリオレフィンは、ポリエチレン、ポリプロピレン、ならびにその共重合体などの総称である

（2）休憩場所の整備など

- 高温多湿作業場所の近隣に、冷房を備えた休憩場所・日陰などの涼しい休憩場所を設けるよう努める。当該休憩場所は、足を伸ばして横になれる広さを確保する
- 高温多湿作業場所やその近隣に、氷、冷たいおしぼり、水風呂、シャワーなどの、身体を適度に冷やすことのできる物品や設備を設けるよう努める
- 水分・塩分の補給を、定期的、かつ容易に行えるよう、高温多湿作業場所に、飲料水の備え付けなどを行うよう努める

● 作業管理

（1）作業時間の短縮など

- 作業の状況などに応じて、「作業の休止時間・休憩時間の確保と、高温多湿作業場所での連続作業時間の短縮」、「身体作業強度（代謝率レベル）が高い作業を避けること」、「作業場所の変更」に努める

（2）暑熱順化

- 計画的に、暑熱順化期間を設けるよう努める
- ※ 例：作業者が順化していない状態から、7日以上かけて熱へのばく露時間を次第に長くする（ただし、熱へのばく露を中断すると、4日後には順化の喪失が始まり、3〜4週間後には完全に失わる）

（3）水分・塩分の摂取

- 自覚症状の有無に関わらず、作業の前後、作業中の定期的な水・塩分の摂取を指導する。摂取を確認する表の作成、作業中の巡視における確認などにより、その摂取の徹底を図る
- ※ 作業場所の WBGT 値が WBGT 基準値を超える場合、少なくとも、0.1〜0.2%の食塩水、または、ナトリウム 40〜80mg／100ml のスポーツドリンク・経口補水液などを、20〜30分ごとに、カップ 1〜2杯程度摂取することが望ましい（ただし、身体作業強度などに応じて、必要な摂取量は異なる）

（4）服装など

- 熱を吸収する服装、保熱しやすい服装は避け、透湿性・通気性の良い服装を着用させる
- 直射日光下では、通気性の良い帽子などを着用させる
- 飛沫飛散防止器具（マスク等）の着用は、熱中症の発症リスクを有意に高めるとの科学的なデータは示されておらず、着衣補正値の WBGT 値への加算は必要ないと考えられる。作業の種類・負荷、気象条件等に応じて 選択するとともに、周囲に人がいない等、器具を外してもよい場面を明確にし、周知することが望ましい

（5）作業中の巡視

- 高温多湿作業場所の作業中は、巡視を頻繁に行い、定期的な水分・塩分を摂取しているかどうか、健康状態に異常はないかを確認する。熱中症を疑わせる兆候が表れた場合においては、速やかに、作業の中断などの必要な措置を講ずる

● 健康管理

（1）健康診断結果に基づく対応など

- 健康診断及び異常所見者への医師などの意見に基づく就業上の措置を徹底する
- 熱中症の発症に影響を与えるおそれのある疾患を治療中の労働者について
  - ・高温多湿作業場所における、作業の可否、当該作業を行う場合の留意事項などについて、産業医・主治医などの意見を勘案し、就業場所の変更、作業の転換等の措置を講ずる
  - ※ 熱中症の発症に影響を与えるおそれのある疾患には、糖尿病、高血圧症、心疾患、腎不全、精神・神経関係の疾患、広範囲の皮膚疾患などがある

（2）日常の健康管理など

- 睡眠不足、体調不良、前日などの飲酒、朝食の未摂取、感冒などによる発熱、下痢などによる脱水などは、熱中症の発症に影響を与えるおそれがある
  ⇒日常の健康管理について、指導を行うとともに、必要に応じて、健康相談を行う
- 熱中症の発症に影響を不えるおそれのある疾患を治療中の労働者について
  ⇒熱中症を予防するための対応が必要であることを教示するとともに、主治医などから熱中症を予防するための対応が必要とされた場合、または熱中症を予防するための対応が必要となる可能性があると判断した場合は、事業者に申し出るよう指導する

（3）健康状態の確認

- 作業開始前・作業中の巡視を行い、声掛けなどによって、健康状態を確認する。また複数の労働者による作業においては、労働者にお互いの健康状態について留意させる

（4）身体の状況の確認

- 休憩場所などに、体温計や体重計などを備えることで、必要に応じて、体温、体重その他の身体の状況を確認できるように努める
- 以下は、熱へのばく露を止めることが必要とされている兆候を表す
  ・心機能が正常な労働者については、1分間の心拍数が、数分間継続して、180から年齢を引いた値を超える場合
  ・作業強度のピークの1分後の心拍数が、120を超える場合
  ・休憩中などの体温が、作業開始前の体温に戻らない場合
  ・作業開始前より、1.5％を超えて体重が減少している場合
  ・急激で激しい疲労感、悪心、めまい、意識喪失などの症状が発現した場合 など

● 労働衛生教育

- 作業を管理する者や労働者に対して、あらかじめ次の事項について労働衛生教育を行う
  ・熱中症の症状　・熱中症の予防方法　・緊急時の救急処置・熱中症の事例

● 救急処置

（1）緊急連絡網の作成・周知

- あらかじめ、病院・診療所などの所在地や連絡先を把握するとともに、緊急連絡網を作成し、関係者に周知する

（2）救急措置

- 具体的な救急処置については、P220「熱中症の救急処置（現場での応急処置）」を参考にする

WBGT 値とは

暑熱環境による熱ストレスの評価を行う暑さ指数で、以下の式により算出される
①日射がない場合
　WBGT 値＝ 0.7 ×自然湿球温度＋ 0.3 ×黒球温度
②日射がある場合
　WBGT 値＝ 0.7 ×自然湿球温度＋ 0.2 ×黒球温度＋ 0.1× 気温（乾球温度）

第10章

メンタルヘルス及び快適な職場環境の形成

- メンタルヘルス（1）（2）……………………………………226
- 快適な職場環境の形成（1）（2）…………………………228
- 職場における喫煙対策（1）（2）…………………………230
- column 6　5S活動 ………………………………………232

メンタルヘルス （1）

事業者

面接指導 《安衛法 66 条の 8、66 条の 8 の 2、安衛則 52 条の 2、3、6、7》

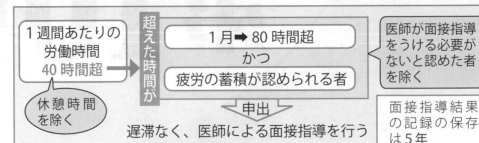

1 週間あたりの労働時間 40 時間超（休憩時間を除く）／超えた時間が／1 月➡ 80 時間超 かつ 疲労の蓄積が認められる者／医師が面接指導をうける必要がないと認めた者を除く／申出／遅滞なく、医師による面接指導を行う／面接指導結果の記録の保存は 5 年

※時間外上限規制の適用除外である新商品開発業務従事者は 100 時間を超えれば、申出がなくても面接指導を実施

面接指導の結果に基づく必要な措置について医師の意見の聴取を行い、必要があるときは、作業等の変更、医師の意見の衛生委員会等への報告等の措置を講ずる

心理的な負担の程度を把握するための検査等 《安衛法 66 条の 10》

- 常時使用する労働者に対して、医師、保健師等による「心理的な負担の程度を把握するための検査（**ストレスチェック**）」を行う

50 人未満の事業場は当分の間努力義務です

- 検査結果は、検査を実施した医師、保健師等から直接本人に通知され、本人の同意なく事業者にしてはならない
- 検査の結果、一定の要件に該当する労働者から申出があった場合、医師による面接指導を行う。また、申出を理由とする不利益な取扱いをしてはならない
- 面接指導の結果に基づき、医師の意見を勘案し、必要があると認めるときは、労働者の実情を考慮して、就業場所の変更、作業の転換、労働時間の短縮、深夜業の回数の減少等の措置を講ずる

ストレスチェック制度の流れ

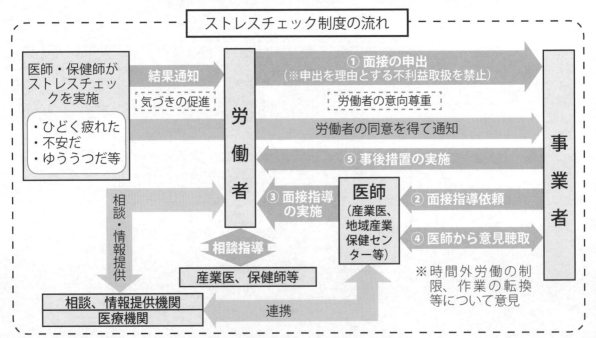

メンタルヘルス（2）

事業者

心理的な負担の程度を把握するための検査 (1 年以内ごとに 1 回) の実施内容《安衛則 52 条の 9》
- 労働者の心理的な負担の原因及び、心身の自覚症状
- 他の労働者による当該労働者への支援

検査の実施者等《安衛則 52 条の 10》

医師等 〔 • 医師　• 保健師　• 研修を修了した歯科医師、看護師、精神保健福祉士又は公認心理師 〕

検査結果等の記録保存の事務が適切に行われるための措置《安衛則 52 条の 11》
- 記録の保存を担当する者の指名
- 記録の保存場所の指定
- 保存期間の設定
- 記録が実施者及び本人以外に閲覧されないようなセキュリティの確保

など

検査結果の通知《安衛則 52 条の 12》
- 検査を行った医師等から、遅滞なく、検査の結果を労働者に通知させる

検査結果の集団ごとの分析等《安衛則 52 条の 14》
- 検査を行った医師等に、検査の結果を事業場の部署に所属する労働者の集団その他の一定規模の集団ごとに集計させ、その結果を分析させるよう努める
- 分析の結果を勘案し、必要があれば集団の労働者の心理的な負担を軽減するための措置を講ずるよう努める

面接指導の対象となる労働者の要件《安衛則 52 条の 15》
- 検査の結果、心理的な負担の程度が高い者で、面接指導を受ける必要があると当該検査を行った医師等が認めたもの

面接指導の実施方法等《安衛則 52 条の 16》
- 面接指導の申出は要件に該当する労働者が検査の結果の通知を受けた後、遅滞なく行う
- 事業者は要件に該当する労働者から申出があったときは遅滞なく面接指導を行う
- 検査を行った医師等は要件に該当する労働者に申出を行うよう勧奨することができる

面接指導における確認事項《安衛則 52 条の 17》

医師は、面接指導を行うに当たり、労働者に以下の事項について確認を行う
- 勤務状況　• 心理的な負担の状況　• 心身の状況

面接指導結果の記録の作成《安衛則 52 条の 18》

以下の項目を 5 年間保存する
- 実施年月日　• 労働者の氏名　• 医師の氏名　• 医師の意見

面接指導結果についての医師からの意見聴取《安衛則 52 条の 19》
- 面接指導が行われた後、遅滞なく行う

第10章　メンタルヘルス及び快適な職場環境の形成

快適な職場環境の形成 （1）

事業者

事業者の講ずる措置《**安衛法71条の2**》

1. 作業環境を快適な状態に維持管理するための措置
2. 労働者の従事する作業について、その方法を改善するための措置
3. 作業に従事することによる労働者の疲労を回復するための施設・設備の設置整備
4. その他快適な職場環境形成のための必要な措置

● **快適な職場環境の形成のための措置に関する指針**　平9.9.25労働省告示第104号

● **法定の安全衛生水準と職場の快適化との関係**

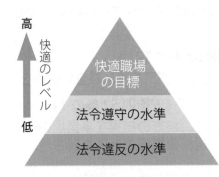

高
低
快適のレベル

快適な職場づくりに取り組む

● 働きやすい職場
● 職場の活性化

● 生産性向上
● 災害危険性減少

● **講ずべき事項の内容**

1. 作業環境の管理

不快と感じることがないよう、空気の汚れ、臭気、温度、湿度等の作業環境を適切に維持管理する

- 空気環境……空気の汚れ、臭気、浮遊粉じん、タバコの煙
- 温熱条件……温度、湿度、感覚温度、冷暖房条件（外気温との差、仕事にあった温度、室内の温度差、気流の状態）
- 視環境………明るさ、採光方法、照明方法（直接・間接・全体・局所）、グレア、ちらつき、色彩
- 音環境………騒音レベルの高い音、音色の不快な音
- 作業空間等…部屋の広さ、動き回る空間（通路等）、レイアウト、整理整頓

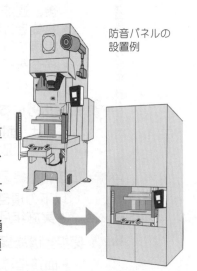

防音パネルの設置例

快適な職場環境の形成（2）

2. 作業方法の改善

心身の負担軽減のため、相当の筋力を要する作業等について、作業方法を改善する

- **不良姿勢作業**…腰部、頚部に大きな負担のかかる不自然な姿勢
- **重筋作業**………荷物の持ち運び等、相当の筋力を要する作業
- **高温作業等**……高温・多湿や騒音等にさらされる作業
- **緊張作業等**……高い緊張状態の持続が要求される作業や一定の姿勢の持続が求められる作業
- **機械操作等**……操作がしにくい機械設備等の操作

3. 疲労回復支援施設

疲労やストレスを効果的に癒せる休憩室等を設置・整備する

- **休憩室**………リフレッシュルーム等疲労やストレスを癒す施設
- **洗身施設**……シャワー室等多量の発汗や身体の汚れを洗う施設
- **相談室**………疲労やストレスについて相談できる施設
- **環境整備**……運動施設、緑地等

4. 職場生活支援施設

洗面所、トイレ等職場生活で必要となる施設等を清潔で使いやすい状態にしておく

- **洗面所**
- **更衣室等** ｝ 洗面所、更衣室等就業に際し必要となる設備

- **食堂等** ｝ 食事をすることのできるスペース

- **給湯設備**
- **談話室等** ｝ 給湯設備や談話室等の確保

● 考慮すべき事項

継続的かつ計画的な取組
- 快適職場推進担当者の選任等、体制の整備
- 快適な職場環境の形成を図るための機械設備等の性能や機能の確保についてのマニュアルの整備
- 作業内容の変更、年齢構成の変化、技術の進展等に対応した見直しの実施

労働者の意見の反映
- 作業者の意見を反映する場の確保

個人差への配慮
- 温度、照明等、職場の環境条件について年齢等、個人差への配慮

潤いへの配慮
- 職場に潤いを持たせ、リラックスさせることへの配慮

第10章　メンタルヘルス及び快適な職場環境の形成

事業者

▶ **受動喫煙の防止《安衛法 68 条の 2》**
- 労働者の受動喫煙を防止するため、実情に応じて適切な措置を講ずるよう努めるものとする

※令和 2 年 4 月から、改正健康増進法が全面施行されている。同法では、規制対象となる施設をその性質により分類しているが、工場は「第二種施設」に該当する

職場における受動喫煙防止のためのガイドライン（令元・7・1 基発 0701 第 1 号）では、事業者の努力義務の内容を示しているが、第二種施設に関する部分を中心に紹介する

● 事業者・労働者の役割

事業者
- 衛生委員会等で、労働者の受動喫煙防止対策についての意識・意見を十分に把握し、
- 事業場の実情を把握した上で、適切な措置を決定する

労働者
- 事業者が決定した措置や基本方針を理解しつつ、
- 衛生委員会等の代表者を通じる等により、必要な対策について積極的に意見を述べる

● 受動喫煙防止対策の組織的な進め方

推進計画の策定
- 受動喫煙防止対策を推進するための計画を策定する。計画の内容の例として将来達成する目標と時期、目標達成のための措置や活動等がある
- 計画は、事業者が参画し、労働者の協力を得て、衛生委員会等で検討する

受動喫煙防止対策の担当部署等の指定
- 担当部署や担当者を指定し、相談対応等を実施させ、受動喫煙防止対策の状況を把握、分析、評価等を行い、問題がある場合は改善のための指導を行わせる
- 評価結果等は、経営幹部や衛生委員会等に報告し、適切な措置を講ずる

労働者の健康管理
- 受動喫煙防止対策の状況を衛生委員会等における調査審議事項とする
- 産業医の職場巡視に当たり、受動喫煙防止対策の実施状況に留意する

標識の設置・維持管理
- 施設内に喫煙専用室などを定めるときは、標識を掲示する（次ページの技術的基準参照）意識の高揚及び情報の収集・提供
- 労働者に対して、教育や相談対応を行うことで意識の高揚を図る
- 他社の対策の事例、調査研究等の情報を収集し、衛生委員会等に提供する

労働者の募集・求人時の受動喫煙防止対策の明示
- 労働者の募集・求人の申込みに当たって、受動喫煙を防止するための措置を明示する（施設の屋内全面禁煙、原則禁煙で喫煙専用室を設けているなど）

● 妊婦等への特別な配慮

妊婦・呼吸器等に疾患を持つ者・疾病を治療しながら就業する労働者に特別な配慮が必要！

● 施設における受動喫煙防止対策

工場（第二種施設）が健康増進法により、「原則屋内喫煙」とされていることから、施設内では、たばこの流出を防止するための技術的基準に適合した室を除き、労働者に施設の屋内で喫煙させない

喫煙専用室

施設の屋内又は内部の場所の一部のうち、施設の管理権限者によって区画され、受動喫煙を防止するために健康増進法施行規則で定める必要な措置が取られた場所（飲食不可）

指定たばこ専用喫煙室

施設の屋内又は内部の場所の一部の一定の場所であって、指定たばこ（加熱式たばこ）の煙の流出を防止できるための技術的基準に適合した室（飲食可能）
なお、施設の屋内を全面禁煙とし、屋外喫煙所（閉鎖系に限る）を設ける場合は、助成を受けることができる

● 健康増進法における技術的基準

喫煙専用室の出入口及び施設の主たる出入口の見やすい箇所に必要事項を記載した標識を掲示する
　①喫煙専用室標識
　　・そこが専ら喫煙できる場所である旨
　　・20 歳未満の者の立ち入りが禁止されている旨
　②喫煙専用室設置施設等標識
　　・喫煙専用室が設置されている旨

煙が室外へ流出しないよう壁・天井等によって区画

煙を屋外又外部に排気

屋外排気が困難なときは、経過措置を設け、脱煙機能付き喫煙ブース（総揮発性有機化合物の除去率 95 ％以上、浮遊粉塵 0.015mg/m³ 等の基準を満たす）を設置する

気流 0.2m/s 以上

屋外排気が困難なときは、経過措置として脱煙機能付き喫煙ブース（総揮発性有機化合物の除去率 95％以上、浮遊粉塵 0.015 ㎎ / m³ 等の基準を満たす）に代えることも可

● 5 S 活動とは？

　5 S とは、整理、整頓、清掃、清潔、躾（しつけ）の 5 つの頭文字の「S」をとった活動のことをいいます。一部の事業者はこれに習慣を付け加え 6 S 活動、さらにみんなでニコニコ笑ってやろうということでスマイルをプラスして 7 S 活動としているところもあります

5 つの S

整理

必要なものと不要なものを区分し、必要なものは再生し、不要なものは処分し、職場には不必要なものは一切置かない。基本的には「捨てる」作業のこと

ゴミ置き場

整頓

必要な物の置き場所、置き方、並べ方を決め、使いやすく、分かりやすく整えておくことをいい、基本的には「並べる、収納する」作業のこと

清掃

清掃とは、要る物を、ゴミなし、汚れなしの状態にすること

清潔

整理・整頓・清掃の徹底が常に維持されている状態。この 3 つを実行することで、清潔な職場環境を保つことができる

躾

決められたことを守り、任されたことをやり遂げるように習慣づけること

ご安全に

● 整頓のポイント

─ 物の積み方 ─

①形の揃った物は、揃えて積む
②重い物から軽い物へ、大きい物から小さい物へ、順に積み重ねる
③高さは床の幅の 3 倍以下とする
④長い物、すわりの悪い物は、横に寝かせて積む
⑤転がる物は、必ず〝かませもの〟をする
⑥すぐ使う物は、下積みにしない
⑦壊れやすい物は別に置く

─ 物のしまい方 ─

①出し入れの多い物は、すぐ出せる所に置く
②小さいボルト、ナット類は、サイズ別にしてケースに入れる
③壊れやすい物は、当て木をする
④発火しやすい物等は、危険物として所定の場所に保管する
⑤品名、数量が分かるようにしておく

第11章

資格・表示・書類の保存・その他

- 安全・衛生担当者の職務と資格（1）〜（4）　…… 234
- 業務に必要な資格等　（1）〜（6）　……………… 238
- 表示・掲示が必要な場所　（1）（2）　………… 244
- 立入禁止が必要な場所　（1）（2）　…………… 246
- 合図の必要な場所　………………………………… 248
- 信号・警報の装置設備等　………………………… 248
- 安全衛生関係書類の保存　（1）（2）　………… 249
- 計画の届出等〈安衛法 88 条〉（1）（2）　……… 251
- 悪天候時に規制のある作業　……………………… 252
- column 7　　地震時の安全対策………………………… 253

作業主任者を除く（作業主任者は P16 参照）

職名	選任基準	職務内容	資格	関係条文
総括安全衛生管理者	常時 300 人以上の労働者を使用する事業場（製造業）	❶ 安全管理者、衛生管理者、救護技術管理者の指揮 ❷ 以下の業務を適切かつ円滑に実施するための措置、及び実施状況の監督等責任あるとりまとめ ①労働者の危険又は健康障害を防止するための措置に関すること ②労働者の安全・衛生教育の実施に関すること ③健康診断の実施その他健康の保持増進のための措置に関すること ④労働災害の原因調査、再発防止対策に関すること ⑤安全衛生に関する方針表明に関すること ⑥安衛法 28 条の 2 第 1 項又は安衛法 57 条の 3 第 1 項及び第 2 項の危険性又は有害性の調査及びその結果に基づき講ずる措置に関すること ⑦安全衛生に関する計画の作成、実施、評価及び改善に関すること	当該事業場で、その事業の実施を統括管理する者	安衛法 10 条 安衛令 2 条 安衛則2条、3条の2
安全管理者	常時 50 人以上の労働者を使用する事業場 ※以下の業種では、安全管理者のうち少なくとも 1 人を専任の安全管理者とする 〔業種／労働者数〕 有機化学工業製品・石油製品製造業／300人 無機化学工業製品・化学肥料製造業／500人 紙・パルプ製造業、鉄鋼業、造船業／1000人 過去 3 年間の労働災害による休業 1 日以上の死傷者数の合計が100人を超える製造業（上記業種を除く）／2000人	❶ 総括安全衛生管理者（❷①～⑦）の安全に係る技術的事項の管理 ①建設物、設備、作業場所、作業方法に危険がある場合の応急措置、防止措置 ②安全装置、保護具その他危険防止のための設備・器具の定期的点検、整備 ③作業の安全についての教育、訓練 ④発生した災害の原因調査、対策の検討 ⑤消防及び避難の訓練 ⑥作業主任者その他安全に関する補助者の監督 ⑦安全に関する資料の作成、収集及び重要事項の記録 ⑧労働者が行う作業が他の事業の労働者が行う作業と同一場所で行われる場合の安全に関し必要な措置など ❷作業場等を巡視し、設備、作業方法等に危険がある場合の直ちに必要な措置	(1) 以下のいずれかに該当し、厚生労働大臣が定める研修を修了した者 ①理科系大学・高専卒で産業安全の実務経験 2 年以上 ②理科系高校卒で産業安全の実務経験 4 年以上 (2) 労働安全コンサルタント (3) その他厚生労働大臣の定める者	安衛法 11 条 安衛令 3 条 安衛則 4～6 条 昭 47.9.18 基発 601 号の 1

安全・衛生担当者の職務と資格 （2）

職名	選任基準	職務内容	資格	関係条文
衛生管理者	業種に係わらず、事業場の規模に応じた衛生管理者を選任する **常時使用する労働者数 / 衛生管理者数** 50～200人 / 1人以上 201～500人 / 2人以上 501～1000人 / 3人以上 1001～2000人 / 4人以上 2001～3000人 / 5人以上 3000人以上 / 6人以上 ※以下の事業場では、衛生管理者のうち少なくとも1人を専任の衛生管理者とする ・常時使用する労働者数1001人以上 ・常時使用する労働者数が501人以上で、一定の有害な業務に常時30人以上の労働者を従事させる事業場	**1** 総括安全衛生管理者（**2**①～⑦）の衛生に係る技術的事項の管理 ①健康に異常のある者の発見、措置 ②作業環境の衛生上の調査 ③作業条件、施設等の衛生上の改善 ④労働衛生保護具、救急用具等の点検、整備 ⑤衛生教育、健康相談その他労働者の健康保持に必要な措置 ⑥労働者の負傷、疾病、それによる死亡、欠勤及び移動に関する統計の作成 ⑦労働者の行う作業が他の事業の労働者が行う作業と同一場所で行われる場合の衛生に関し必要な措置 ⑧衛生日誌の記載等職務上の記録の整備等 など **2** 毎週1回以上作業場等を巡視し、設備、作業方法、衛生状態に有害なおそれのある場合の直ちに必要な措置	（1）以下の都道府県労働局長の免許を受けた者 ①第1種衛生管理者免許 ②第2種衛生管理者免許 ③衛生工学衛生管理者免許 （2）医師又は歯科医師 （3）労働衛生コンサルタント （4）その他厚生労働大臣の定める者	安衛法12条 安衛令4条 安衛則7条 安衛則10～12条 昭47.9.18 基発601号の1
安全衛生推進者	常時10人以上50人未満の労働者を使用する事業場	安全衛生業務について権限と責任を有する者の指揮を受け、総括安全衛生管理者（**2**①～⑦）の業務を担当し、以下の措置を講ずる ①施設・設備等（安全装置、労働衛生関係設備、保護具等を含む）の点検・使用状況の確認、結果に基づく必要な措置に関すること ②作業環境（作業環境測定を含む）・作業方法の点検、結果に基づく必要な措置に関すること ③健康診断、健康の保持増進のための措置に関すること ④安全衛生教育に関すること ⑤異常事態における応急措置に関すること ⑥労働災害の原因調査、再発防止対策に関すること ⑦安全衛生情報の収集、労働災害、疾病・休業等の統計の作成に関すること ⑧関係行政機関に対する安全衛生に係る各種報告、届出等に関すること など	1.都道府県労働局長の登録を受けた者が行う講習を修了した者 2.以下の者 （1）大学・高専卒で安全衛生の実務経験1年以上 （2）高卒で安全衛生の実務経験3年以上 （3）5年以上の安全衛生の実務経験者 （4）（1）～（3）までの者と同等以上の能力を有すると認められる者	安衛法12条の2 安衛則12条の2～4 昭63.9.5労働省告示80号 昭63.9.18基発602号

第11章　資格・表示・書類の保存・その他

235

職名	選任基準	職務内容	資格	関係条文
化学物質管理者	リスクアセスメント対象物を製造、取扱い、または譲渡提供をする事業場（業種・規模要件なし）	・ラベル・SDS 等の確認 ・化学物質に関わるリスクアセスメントの実施管理 ・リスクアセスメント結果に基づくばく露防止措置の選択、実施の管理 ・化学物質の自律的な管理に関わる各種記録の作成・保存 ・化学物質の自律的な管理に関わる労働者への周知、教育 ・ラベル・SDS の作成（リスクアセスメント対象物の製造事業場の場合） ・リスクアセスメント対象物による労働災害が発生した場合の対応	①リスクアセスメント対象物を製造している事業場。 厚生労働大臣が定める化学物質の管理に関する講習をいち修了した者又はこれと同等以上の能力を有すると認められる者 ②それ以外の事業場 ①に定める者のほか、第一項各号の事項を担当するために必要な能力を有すると認められる者	安衛則12条の5
保護具着用管理責任者	保護具に関する知識及び経験を有すると認められる者	有効な保護具の選択、労働者の使用状況の管理その他保護具の管理に関わる業務	保護具に関する知識及び経験を有すると認められる者とは、基発0424第2号令和5年4月24日に規定）	安衛則12条の6
産業医	業種に係模に応じた産業医を選任する 常時使用労働者数 50〜3000人：産業医数1人以上 3001人以上：産業医数2人以上 ※以下の事業場では、その事業場に専属の者を産業医として選任する ・常時労働者数1000人以上 ・坑内労働、深夜業を含む業務又は一定の有害な業務に常時500人以上の労働者を従事させる事業場	❶以下の措置等に関することで、医学に関する専門的知識を必要とするもの ①健康診断・面接指導等の実施、結果に基づく労働者の健康保持のための措置 ②ストレスチェックの実施、面接指導の実施とその結果に基づく労働者の健康保持のための措置 ③作業環境の維持管理 ④作業の管理 ⑤①〜④ほかの労働者の健康管理 ⑥健康教育、健康相談その他健康の保持増進のための措置 ⑦衛生教育 ⑧健康障害の原因調査、再発防止措置 ❷1月以内（情報提供に関する一定の条件を満たせば2月以内）ごとに1回以上作業場等を巡視し、作業方法、衛生状態に有害のおそれのある場合の必要な措置 ❸労働者の健康管理等について事業者・総括安全衛生管理者に対する勧告、衛生管理者に対する指導・助言	医師であって、以下のいずれかに該当する者 ・厚生労働大臣の指定する者が行う研修の修了者 ・産業医の養成講座を設置している大学で、厚生労働大臣が指定するものにおいて当該課程を修了し、実習を履修した者 ・労働衛生コンサルタント試験（試験区分：保健衛生）に合格した者 ・大学にて労働衛生に関する科目を担当する教授、准教授又は講師（常勤に限る）の職にあり、又はあった者 ・厚生労働大臣の定める者 ただし、法人の代表者もしくは事業を営む個人（事業場の運営について利害関係を有しない者を除く）又は事業場においてその事業の実施を統括管理する者を選任することはできない	安衛法13条 安衛令5条 安衛則13〜15条

職名	選任基準	職務内容	資格	
作業主任者	安衛令第6条で定める業務	当該作業に係る労働者の指揮、その他必要な業務	都道府県の免許を受けた者、技能講習修了者	安衛法14条 安衛令6条 安衛則 　16～17条

職名		設置基準		職務内容	関係条文
安全衛生委員会	安全委員会	・安全委員会 **常時使用労働者数 / 業種（製造業）** 50人以上：木材・木製品製造業、化学工業、鉄鋼業、金属製品製造業、輸送用機械器具製造業 100人以上：物の加工業を含み、上記の業種を除く		・安全関係で以下の事項の調査審議と事業者への意見具申 ①労働者の危険防止のための基本対策 ②労働災害の原因、再発防止対策 ③その他労働者の危険防止の重要事項	安衛法17条 安衛令8条 安衛則21条
	衛生委員会	・衛生委員会 常時50人以上の労働者を使用する事業場（全業種）		・衛生関係で以下の事項の調査審議と事業者への意見具申 ①労働者の健康障害防止のための基本対策 ②労働者の健康保持増進のための基本対策 ③労働災害の原因、再発防止対策 ④その他労働者の健康障害防止、健康保持増進に関する重要事項	安衛法18条 安衛令9条 安衛則22条

第11章

資格・表示・書類の保存・その他

業務に必要な資格等（1）

業務等	業務内容	配置する担当者・有資格者	免許	技能講習	特別教育	事業者による選任・指名等	関係条文
機械	機械運転開始時の合図	合図者				指名	安衛則104条
研削砥石	研削といしの取替又は取替時の試運転	作業者			○		安衛則36条1号
木材加工用機械	5台以上（携帯用を除く。自動送材車式帯のこ盤を含む場合は3台以上）有する事業場での作業の指揮、点検、監視等	木材加工用機械作業主任者		○		選任	安衛令6条6号 安衛則129条 安衛則130条
プレス機械	5台以上有する事業場での機械の点検、金型の取付け・取外し等作業の指揮等	プレス機械作業主任者		○		選任	安衛令6条7号 安衛則133条 安衛則134条
	動力プレスの金型、シヤーの刃部、安全装置・安全囲いの取付け・取外し・調整	作業者			○		安衛則36条2号
産業用ロボット	教示等（マニプレータの動作の順序・位置・速度の設定・変更・確認）、又は共同して行う教示等に係る機器の操作	作業者			○		安衛則36条31号
	検査、修理、調整、結果の確認、又は共同して行う検査等に係る機器の操作	作業者			○		安衛則36条32号
電気取扱	・高圧・特別高圧の充電電路又は充電電路の支持物の敷設、点検、修理、操作 ・低圧の充電電路の敷設又は修理 ・配電盤室、変電室等に設置する低圧の電路のうち充電部分が露出している開閉器の操作	作業者			○		安衛則36条4号
	対地電圧が50ボルトを超える低圧の蓄電池を内蔵する自動車の整備の業務	作業者			○		安衛則36条4号の2
危険物の製造・取扱	危険物の製造・取扱作業の指揮・点検・記録	作業指揮者				定め	安衛則257条
	種別ごとの危険物の取扱と立会	危険物取扱者	○				消防法13条
	危険物取扱作業の保安監督	危険物保安監督者	○			定め	消防法13条
	一定の基準を超える危険物の貯蔵・取扱う場合の保有業務統括管理	危険物保安統括管理者				定め	消防法12条の7
防火管理	収容人員が50人以上の工場・寄宿舎・事業場等の建物の防火管理	防火管理者				○ ※	消防法8条
化学設備	化学設備・附属設備の改造、修理、清掃等を行う場合の、設備の分解作業・内部での作業の指揮	作業指揮者				定め	安衛則275条
乾燥設備	危険物等は内容量1m³以上、危険物等以外は熱源燃料の最大消費量が固形：10kg／毎時以上、液体：10ℓ／毎時以上、気体：1m³／毎時以上、熱源電力の定格消費電力が10kw以上の設備での乾燥作業の指揮等	乾燥設備作業主任者		○		選任	安衛令6条8号 安衛則297条 安衛則298条

※講習修了者等有資格者や実務経験者から選任

238

業務等	業務内容			配置する担当者・有資格者	必要な資格			事業者による選任・指名	関係条文
					免許	技能講習	特別教育		
ボイラー（小型ボイラーを除く）	ボイラー取扱業務			・胴内径750mm以下で長さ1,300mm以下の蒸気ボイラー ・伝熱面積3㎡以下の蒸気ボイラー ・伝熱面積14㎡以下の温水ボイラー ・伝熱面積30㎡以下の貫流ボイラー（気水分離器を有するものは内径400mm以下で、内容積0.4m³以下）の取扱いの業務	特級・1級・2級ボイラー技士、ボイラー取扱技能講習修了者	○	○		安衛令20条3号ボイラー則23条2項
				黒枠以外のボイラーの取扱いの業務	特級・1級・2級ボイラー技士	○			安衛令20条3号ボイラー則23条1項
	ボイラー取扱作業主任者	作業の指揮等		伝熱面積の合計が500㎡以上の場合（貫流ボイラーのみを取扱う場合を除く）における取扱いの作業	特級ボイラー技士	○			選任	安衛令6条4号ボイラー則24条、25条
				伝熱面積の合計が25㎡以上500㎡未満の場合（貫流ボイラーのみを取扱う場合において、その伝熱面積の合計が500㎡以上の場合を含む）	特級・1級ボイラー技士	○			選任	
				伝熱面積の合計が25㎡未満の場合	特級・1級・2級ボイラー技士	○			選任	
				黒枠の業務	黒枠の資格と同じ	○	○		選任	
	据付			黒枠以外のボイラーの据付作業方法等の決定、指揮、点検、監視	作業指揮者				定め	ボイラー則16条
	整備			黒枠以外の整備	ボイラー整備士	○				安衛令20条5号ボイラー則35条
第一種圧力容器（小型圧力容器及び内容積が一定規模以下の容器を除く）	第一種圧力容器取扱作業主任者	作業の指揮等	化学設備	第1種圧力容器の取扱い作業	化学設備関係第一種圧力容器取扱作業主任者技能講習修了者		○		選任	安衛令6条17号ボイラー則62条、63条
			化学設備以外	化学設備以外の第1種圧力容器の取扱い作業	特級・1級・2級ボイラー技士、化学設備関係・普通第一種圧力容器取扱作業主任者技能講習修了者	○	○		選任	
	整備			第1種圧力容器の整備	ボイラー整備士	○				安衛令20条5号ボイラー則70条

業務等	業務内容	配置する担当者・有資格者	必要な資格			事業者による選任・指名等	関係条文
			免許	技能講習	特別教育		
ボイラー・第一種圧力容器の溶接	溶接部の厚さが25mm以下の場合又は管台、フランジ等を取付ける場合の溶接	特別ボイラー溶接士、普通ボイラー溶接士	○				安衛令20条4号ボイラー則　9条、55条
	上記以外の溶接	特別ボイラー溶接士	○				
小型ボイラー	小型ボイラーの取扱い	特別教育修了者			○		安衛則36条14号ボイラー則92条
特定化学物質	特定化学物質等の製造、取扱い設備等の改造等で設備の分解又は立ち入りの作業の指揮	作業指揮者				選任	特化則22条
	上記の設備を除く設備の改造等で設備の分解又は立ち入りの作業の指揮						特化則22条の2
液化酸素	液化酸素を製造する設備の改造、修理、清掃等で当該設備の内部での作業の指揮	作業指揮者				定め	安衛則328条の4
溶接・溶断・加熱	可燃性ガス又は酸素を用いて行う金属の溶接・溶断・加熱	・ガス溶接作業主任者・ガス溶接技能講習修了者	○	○			安衛令20条10号安衛則41条安衛則別表第3
	金属アーク溶接等作業	特定化学物質作業主任者			○		安衛令6条18号特化則27条
	アーク溶接機を用いて行う金属の溶接・溶断等	アーク溶接作業者			○		安衛則36条3号
車両系荷役運搬機械等	作業計画に基づく作業の指揮	作業指揮者				定め	安衛則151条の4
	修理、アタッチメントの装着・取外しの作業手順の決定、指揮、監視	作業指揮者				定め	安衛則151条の15
	転倒・転落、接触のおそれのある場合の誘導	誘導者				配置	安衛則151条の6、7
フォークリフト	最大荷重1t以上のフォークリフトの運転	フォークリフト運転技能講習修了者		○			安衛令20条11号安衛則41条安衛則別表3
	最大荷重1t未満のフォークリフトの運転	特別教育修了者			○		安衛則36条5号
ショベルローダー・フォークローダー	最大荷重1t以上のショベルローダー・フォークローダーの運転	ショベルローダー等運転技能講習修了者		○			安衛令20条13号安衛則41条安衛則別表3
	最大荷重1t未満のショベルローダー・フォークローダーの運転	特別教育修了者			○		安衛則36条5号の2

業務	業務内容	配置する担当者・有資格者	必要な資格			事業者による選任・指名等	関係条文
			免許	技能講習	特別教育		
高所作業車	作業床の高さ 10 m 以上の高所作業車の運転	高所作業車運転技能講習修了者		○			安衛令 20 条 15 号 安衛則 41 条 安衛則別表 3
	作業床の高さ 10 m 未満の高所作業車の運転	特別教育修了者			○		安衛則 36 条 10 号の 5
	作業計画に基づく作業の指揮	作業指揮者				定め	安衛則 194 条 の 10
	作業床以外で作業床の操作をするときの作業者との連絡合図	合図者				指名	安衛則 194 条 の 12
	修理、作業床の装着・取外しの作業手順の決定、指揮、監視	作業指揮者				定め	安衛則 194 条 の 18
	高所作業車の走行の誘導	誘導者				配置	安衛則 194 条 の 20
クレーン	つり上げ荷重 5 t 以上のクレーン（跨線テルハを除く）の運転	クレーン・デリック運転士	○				安衛令 20 条 6 号 クレーン則 22 条
	つり上げ荷重 5 t 以上の床上運転式クレーンの運転	床上運転式クレーン・デリック運転士	○				クレーン則 224 条 の 4
	つり上げ荷重 5 t 以上のクレーン（跨線テルハを除く）の運転のうち、床上で運転し、かつ、運転者が荷の移動とともに移動する方式のクレーンの運転	・クレーン・デリック運転士 ・床上操作式クレーン運転技能講習修了者	○	○			安衛令 20 条 6 号 クレーン則 22 条
	つり上げ荷重 5 t 未満のクレーンの運転	特別教育修了者			○		安衛則 36 条 15 号
	つり上げ荷重 5 t 以上の跨線テルハの運転	特別教育修了者			○		安衛則 36 条 15 号
	定格荷重を超えての作業の指揮	作業指揮者				指名	クレーン則 23 条
	天井クレーン等に近接する建物、機械、設備等の点検、補修、塗装等の作業の指揮	作業指揮者				定め	クレーン則 30 条 の 2
	クレーンの組立て、解体の作業の指揮	作業指揮者				選任	クレーン則 33 条
移動式クレーン	つり上げ荷重 5 t 以上の移動式クレーンの運転	移動式クレーン運転士	○				安衛令 20 条 7 号 クレーン則 68 条
	つり上げ荷重 1 t 以上 5 t 未満の移動式クレーンの運転	・移動式クレーン運転士 ・小型移動式クレーン運転技能講習修了者	○	○			安衛令 20 条 7 号 クレーン則 68 条
	つり上げ荷重 1 t 未満の移動式クレーンの運転	特別教育修了者			○		安衛則 36 条 16 号 クレーン則 67 条
	移動式クレーンのジブの組立て、解体の作業の指揮	作業指揮者				選任	クレーン則 75 条 の 2

第11章

資格・表示・書類の保存・その他

業務	業務内容	配置する担当者・有資格者	必要な資格			事業者による選任・指名等	関係条文
			免許	技能講習	特別教育		
デリックの運転	つり上げ荷重5t以上のデリックの運転	クレーン・デリック運転士	○				安衛令20条8号 クレーン則108条
構内運搬車 貨物自動車	1つの荷が100kg以上のものを積み卸す場合の作業手順・方法等の決定、指揮、点検、監視等	作業指揮者				定め	安衛則151条の62 安衛則151条の70
玉掛け	つり上げ荷重が1t以上のクレーン、移動式クレーン又はデリックの玉掛け	玉掛け技能講習修了者		○			安衛令20条16号 安衛則41条 安衛則別表3 クレーン則221条
	つり上げ荷重が1t未満のクレーン、移動式クレーン又はデリックの玉掛け	特別教育修了者			○		安衛則36条19号 クレーン則222条
巻上げ機の運転	動力により駆動される巻上げ機の運転	特別教育修了者			○		安衛則36条11号
ゴンドラ	ゴンドラの操作	特別教育修了者			○		安衛則36条20号 ゴンドラ則12条
四アルキル鉛等	製造、ガソリンに混入、あるいはこれらに使用する機械等の修理等、汚染されたあるいは汚染のおそれのあるタンク等の内部、含有する残さい物、ドラム缶等の取扱い、研究、汚染の除去	特別教育修了者			○		安衛則36条25号
酸欠危険場所	酸素欠乏危険場所（施行令別表6）における作業	特別教育修了者			○		安衛則36条26号
特殊化学設備の取扱い等	特殊化学設備の取扱い、整備及び修理（施行令20条5号の第一種圧力容器の整備の業務を除く）	特別教育修了者			○		安衛則36条27号
エックス線、ガンマ線の透過写真の撮影	エックス線装置又はガンマ線照射装置を用いて行う透過写真の撮影	特別教育修了者			○		安衛則36条28号
加工施設等で核燃料物質等の取扱い	加工施設、再処理施設又は使用施設等の管理区域内で核燃料物質若しくは使用済燃料又はこれらによって汚染された物の取扱い	特別教育修了者			○		安衛則36条28号の2 電離則52条の6
原子炉施設で核燃料物質等の取扱い	原子炉施設の管理区域内において、核燃料物質若しくは使用済燃料又はこれらによって汚染された物を取扱う	特別教育修了者			○		安衛則36条28号の3 電離則52条の7
特定粉じん作業	特定粉じん作業	特別教育修了者			○		安衛則36条29号

業務	業務内容		配置する担当者・有資格者	必要な資格			事による選任・指名等	関係条文
				免許	技能講習	特別教育		
廃棄物の焼却施設	・廃棄物の焼却施設におけるばいじん及び焼却灰その他燃え殻の取扱い		特別教育修了者			○		安衛則 36 条 34 号
	・廃棄物の焼却施設に設置された廃棄物焼却炉、集じん機等の設備の保守点検等							安衛則 36 条 35 号
	・廃棄物の焼却施設に設置された廃棄物焼却炉、集じん機等の設備の解体等及びばいじん及び焼却灰その他の燃え殻の取扱い							安衛則 36 条 36 号
	作業指揮者	上記黒枠の作業指揮の他、下記の①〜③の措置の点検①設備内部のダイオキシン類を含む付着物の除去②ダイオキシン類を含む発散源の湿潤化③適切な保護具の使用	作業指揮者				定め	安衛則 592 条の 6
電気工事	・停電作業・高圧活線作業・高圧活線近接作業、・特別高圧活線作業・特別高圧活線近接作業を行う場合の作業方法・順序の周知、指揮、確認等		作業指揮者				定め	安衛則 350 条
エレベーター	屋外に設置するエレベーターの昇降路塔又はガイドレール支持塔の組立て、解体の作業の指揮		作業指揮者				選任	クレーン則 153 条
建築物	建築物、橋梁、足場等の組立て、解体又は変更の作業で墜落の危険のある作業（但し、作業主任者の選任を要する作業を除く）の指揮		作業指揮者				指名	安衛則 529 条
足場	つり足場、張出足場又は高さが 5 m 以上の足場の組立、解体、変更の作業		足場の組立等作業主任者		○			安衛則 565 条
	足場の組立、解体又は変更の作業に係る作業（地上又は堅固な床上における補助作業を除く）		足場の組立等作業者			○		安衛則 36 条 39 号
高所	高さが 2 m 以上の箇所において、作業床を設けることが困難な場合で、フルハーネス型を使用して行う作業（ロープ高所作業を除く）		作業員			○		安衛則 36 条

区分	表示・掲示の内容	表示・掲示箇所	関係条文
管理体制関係	安全衛生推進者等氏名	安全衛生推進者等氏名を作業場の見やすい箇所に	安衛則 12 条の 4
	作業主任者氏名等	作業主任者の氏名及びその者に行わせる事項を作業場の見やすい箇所に	安衛則 18 条
設備・機械等関係	重量	一の貨物で重量 1 t 以上のものを発送する時に（包装していない貨物で一見してその重量が明らかなものはこの限りでない）	安衛法 35 条
	名称・人体に及ぼす作用等	容器又は包装に	安衛法 57 条 安衛則 30 条
	運転停止	機械・機械の刃部の掃除、給油、修理、検査、調整等を行うため運転を停止しているとき、当該機械の起動装置に	安衛則 107・108 条
	作業中	産業用ロボットの可動範囲内において検査、修理、調整、掃除・給油、これらの結果の確認作業のため運転停止しているとき、当該ロボットの起動装置に	安衛則 150 条の 5
	特定自主検査標章	フォークリフトの特定自主検査実施の標章を貼付	安衛則 151 条の 24
		高所作業車の見やすい箇所に	安衛則 194 条の 26
	使用者の名札	通風又は換気が不十分な場所でのガス溶接等の作業でガス等供給口のバルブ又はコック	安衛則 262 条
	使用前・使用中・使用済みの区別	ガス溶接等のガス等の容器に	安衛則 263 条
	開閉の方向	化学設備及び配管のバルブ等に	安衛則 271 条
	送給原材料の種類、送給先設備等	労働者の見やすい位置に	安衛則 273 条
	開放禁止	化学設備等の改造・修理・清掃等で分解作業・内部作業を行う場合の化学設備等の配管のバルブ等に	安衛則 275 条
		液化酸素製造設備の改造・修理・清掃等で内部作業を行う場合の酸素漏えい防止のバルブ、コック等に	安衛則 328 条の 4
	火気使用禁止	火災又は爆発の危険場所に	安衛則 288 条
	火気厳禁	アセチレン溶接装置・ガス集合溶接装置から 5m 以内に	安衛則 312・313 条
	窒素・炭酸ガスの表示	腐食性液体を圧送する作業で窒素、炭酸ガスの圧力を動力として用いる作業場所	安衛則 328 条
	安全通路	作業場に通ずる場所及び作業場内の主要通路に	安衛則 540 条
	避難用出入口	常時使用しない避難用の出入口、通路に	安衛則 549 条
	避難用器具	避難用器具	安衛則 549 条
	鋼管強度の識別	外径が近似して強度が異なる鋼管足場の鋼管	安衛則 573 条
	騒音発生場所	強烈な騒音を発する屋内作業場にその旨を	安衛則 583 条の 2
		耳栓等の保護具を使用すべき旨を見やすい場所に	安衛則 595 条
	有害物集積箇所	有害物、病原体等の集積場所に	安衛則 586 条

表示・掲示が必要な場所 （2）

区分	表示・掲示の内容		表示・掲示箇所	関係条文
設備・機械等関係	事故現場等		有機溶剤、高圧作業室・気こう室、酸素欠乏危険場所等による事故現場等があるとき、その現場に	安衛則 640 条
	作業床の最大積載荷重		足場の見やすい場所に	安衛則 655 条
			作業構台の見やすい場所に	安衛則 655 条の 2
	最高使用圧力位置表示		ボイラー・第 1 種圧力容器・第 2 種圧力容器の圧力計・水高計の目盛に最高使用圧力を示す位置	ボイラー則 28・65・87 条
	検査証及びボイラー取扱作業主任者の資格、氏名		ボイラー設置場所の見やすい箇所に	ボイラー則 29 条
	第 1 種圧力容器取扱い作業主任者の氏名		第 1 種圧力容器設置場所の見やすい箇所に	ボイラー則 66 条
	巻過ぎ防止標識		巻過ぎ防止装置を具備しないクレーン、デリックの巻上げ用ワイヤロープに	クレーン則 19 条・106 条
	定格荷重		運転者・玉掛け作業者の見やすいところに	クレーン則 24 条の 2
	運転禁止		天井クレーン等の点検作業等を行うとき、操作部分に	クレーン則 30 条の 2
	有機溶剤	取扱上の注意事項等	有機溶剤業務を行う場所の見やすい箇所に	有機則 24 条
		区分表示	溶剤の区分を（第 1 種（赤）、第 2 種（黄）、第 3 種（青））	有機則 25 条
	喫煙・飲食の禁止		屋内での鉛業務作業場所の見やすい箇所に	鉛則 51 条
	四アルキル鉛容器		四アルキル鉛を入れるドラム缶等の当該容器	四鉛則 2 条
	消火器又は消火設備で炭酸ガスを使用するものをみだりに作動させない旨		地下室その他通風が不十分な場所に	酸欠則 19 条
	開放禁止		ボイラー、タンク等の内部で作業する場合に不活性気体を送給する配管のバルブ等で閉止したもの	酸欠則 22 条
	不活性気体の名称・開閉方向		不活性気体を送給する配管のバルブ・コック、これを操作するためのスイッチ等	酸欠則 22 条
電気関係	通電禁止		停電作業中、開閉器に	安衛則 339 条
	接近禁止		特別高圧活線近接作業の際に、接近限界距離を保つ見やすい箇所に	安衛則 345 条

第11章 資格・表示・書類の保存・その他

種　別	立入禁止該当箇所	立入禁止対象者	関係条文
車両系荷役運搬機械等	フォーク、ショベル、アーム等又はこれらにより支持されている荷の下	全労働者	安衛則 151 条の 9
構内運搬車貨物自動車	一の荷の重さが 100kg 以上のものの積卸しの作業箇所	関係労働者以外の労働者	安衛則 151 条の 62、70
化学設備の危険物取扱	危険物流出等爆発・火災の急迫した危険がある作業場等	関係者以外の労働者	安衛則 274 条の 2
爆発・火災危険	爆発、火災の危険がある箇所	必要のない者	安衛則 288 条
アセチレン溶接装置	発生器室	係員以外の者	安衛則 312 条
電気取扱業務	充電部分に囲い、絶縁覆いを設けていない配電盤室、変電室	電気取扱者以外の者	安衛則 329 条
貨物取扱作業	一の荷の重さが 100kg 以上の物の貨車への積卸し作業箇所	関係労働者以外の労働者	安衛則 420 条
はい付け、はいくずし	はいの崩壊、荷の落下の危険箇所		安衛則 433 条
高所作業	墜落の危険箇所		安衛則 530 条
物体落下のおそれのある作業	物体落下の危険箇所	全労働者	安衛則 537 条
足場の組立等	つり足場、張出し足場又は高さが 5 m 以上の足場の組立て、解体、変更作業の区域内	関係労働者以外の労働者	安衛則 564 条
温度・光・音・有害物等	多量の高熱・低温物体を取り扱う場所又は著しく暑熱・寒冷な場所	関係者以外の者	安衛則 585 条
	有害な光線又は超音波にさらされる場所		
	炭酸ガス濃度が 1.5 ％を超える場所、酸素濃度が 18 ％に満たない場所又は硫化水素濃度が 100 万分の 10 を超える場所		
	ガス、蒸気、粉じん発散場所		
	有害物を取り扱う場所		
	病原体による汚染のおそれの著しい場所		
炉の修理	冷却されていない加熱された炉	全労働者	安衛則 609 条
ボイラー室	ボイラー室その他のボイラー設置場所	関係者以外の者	ボイラー則 29 条
クレーン・デリック	ケーブルクレーンの巻上げ用ワイヤロープ・横行用ワイヤロープ、デリックの巻上げ用ワイヤロープ・起伏用ワイヤロープの内角側でワイヤロープが通っているシーブ若しくはその取付具の破損により、ワイヤロープがはね、又はシーブ若しくはその取付具が飛来する危険のある箇所	全労働者	クレーン則 28 条 クレーン則 114 条

立入禁止が必要な場所 （2）

種　別	立入禁止該当箇所	立入禁止対象者	関係条文
クレーン・移動式クレーン・デリック	作業に係る、下記に①～⑥に該当する場合のつり荷（⑥についてはつり具を含む）の下の区域 ①ハッカーを用いて玉掛けをした荷がつり上げられているとき ②つりクランプ1個を用いて玉掛けをした荷がつり上げられているとき ③ワイヤーロープ、つりチェーン、繊維ロープ又は繊維ベルトを用いて1箇所に玉掛けをした荷がつり上げられているとき（当該荷に設けられた穴又はアイボルトにワイヤーロープ等を通して玉掛けしている場合を除く） ④複数の荷が一度につり上げられている場合で、複数の荷が結束され、箱に入れられる等により固定されていないとき ⑤磁力又は陰圧により吸着させるつり具又は玉掛け用具を用いて玉掛けをした荷がつり上げられているとき ⑥動力下降以外の方法により荷又はつり具を下降させるとき	全労働者	クレーン則29条 クレーン則74条の2 クレーン則115条
クレーン	クレーンの組立て又は解体の作業を行う区域	関係労働者以外の労働者	クレーン則33条
移動式クレーン	移動式クレーンの上部旋回体と接触するおそれのある箇所	全労働者	クレーン則74条
	移動式クレーンのジブの組立て又は解体の作業を行う区域	関係労働者以外の労働者	クレーン則75条の2
デリック	デリックの組立て又は解体の作業を行う区域		クレーン則118条
有機溶剤の取扱	換気装置の故障や汚染される事態が生じたときの有機溶剤による中毒のおそれのある場所	全労働者	有機則27条
有機溶剤の貯蔵	屋内貯蔵場所		有機則35条
四アルキル鉛	四アルキル鉛等業務を行う作業場所又は四アルキル鉛の入ったタンク、ドラムかん等がある場所	関係労働者以外の労働者	四鉛則19条
	製造装置、換気装置の故障、四アルキル鉛の漏れ・こぼれ、四アルキル鉛での汚染が生じた場合		四鉛則20条
特定化学物質	第3類物質漏えいにより、健康障害を受けるおそれのあるとき	関係者以外の者	特化則23条
	第1類物質又は第2類物質（クロロホルム等関係は除く）を製造し、又は取扱う作業場（臭化メチル等を用いて燻蒸作業を行う作業場を除く）		特化則24条
	特定化学設備を設置する作業場又は特定化学設備を設置する作業場以外の作業場で第3類物質等を合計100ℓ以上取扱うもの		
	エチルベンゼン等の屋内貯蔵場所		特化則25条
酸素欠乏危険のおそれのある作業	酸素欠乏危険場所及び隣接する作業場所	関係労働者以外の労働者	酸欠則9条
	酸素欠乏危険等のおそれが生じた場所		酸欠則14条

合図の必要な場所

種別	該当項目	合図の方法	合図者	関係条文
一般機械	機械の運転を開始する場合	一定の合図	指名合図者	安衛則 104 条
車両系荷役運搬機械等	車両系荷役運搬機械等の運転で誘導者を置いた場合	一定の合図	誘導者	安衛則 151 条の 8
高所作業車	作業床以外の箇所で作業床を操作するとき、作業床上の労働者と作業床以外で作業床を操作する者との連絡	一定の合図	指名合図者	安衛則 194 条の 12
軌道装置	軌道装置の運転	運転に関する合図方法	運転者	安衛則 220 条
揚貨装置	揚貨装置の運転	一定の合図	指名合図者	安衛則 467 条
クレーン	クレーンの運転	一定の合図	指名合図者	クレーン則 25 条
天井クレーン橋形クレーン	天井クレーン等又は天井クレーン等に近接する建物、機械、設備等の点検、補修、塗装等の作業を行う場合に、天井クレーン等の起動による労働者の墜落、挟まれ等の危険を防止するため	点検等作業者と天井クレーン等運転者との間の連絡及び合図の方法	作業指揮者	クレーン則 30 条の 2
移動式クレーン	移動式クレーンの運転	一定の合図	指名合図者	クレーン則 71 条
デリック	デリックの運転	一定の合図	指名合図者	クレーン則 111 条
簡易リフト	簡易リフトの運転	一定の合図	指名合図者	クレーン則 206 条
ゴンドラ	ゴンドラの操作	一定の合図	指名合図者	ゴンドラ則 16 条

信号・警報の装置設備等

種別	設置条件	必要な装置・措置等	関係条文
軌道装置	状況に応じて	信号装置	安衛則 207 条
動力車	すべての動力車	汽笛、警鈴等の装置	安衛則 209 条
特殊化学設備	内部の異常事態を早期把握するため	自動警報装置	安衛則 273 条の 3
建築物貸与者	・貸与を受けた建築物内で危険物等を扱う場合 ・貸与を受けた建築物内で就業する者が 50 人以上の場合	自動警報設備、非常ベル、携帯用拡声器、手動式サイレン等	安衛則 671 条
	貸与する建築物での火災や有害な化学物質の漏えい等が発生したときに用いるため	警報を統一的に定める	安衛則 678 条
エックス線装置等	・エックス線装置等に電力が供給されている場合 ・放射性物質を装備している機器により照射が行われている場合	自動警報装置	電離則 17 条

安全衛生関係書類の保存 （1）

項目	保存書類名	保存年数	関係条文
会議	安全委員会、衛生委員会、安全衛生委員会の議事録	3 年	安衛則 23 条
訓練	救護に関する訓練記録	3 年	安衛則 24 条の 4
教育	特別教育の記録	3 年	安衛則 38 条
健康診断	健康診断個人票（様式第 5 号）	5 年	安衛則 51 条
	有機溶剤等健康診断個人票（様式第 3 号）	〃	有機則 30 条
	鉛健康診断個人票（様式第 2 号）	〃	鉛則 54 条
	四アルキル鉛健康診断個人票（様式第 2 号）	〃	四鉛則 23 条
	特定化学物質健康診断個人票（様式第 2 号）	5年(特別管理物質は 30 年)	特化則 40 条
	高気圧業務健康診断個人票（様式第 1 号）	5 年	高圧則 39 条
	電離放射線健康診断個人票（様式第 1 号の 2）	30 年	電離則 57 条
	じん肺健康診断記録及びじん肺健康診断に係るエックス線写真	7 年	じん肺法 17 条
	リスクアセスメント対象物健康診断個人票（様式第 24 号の 2）（※施行は 2024 年 4 月〜）	5 年（がん原生物質は 30 年）	安衛則 577 条の 2
面接・指導	面接指導結果の記録	5 年	安衛則 52 条の 6 安衛則 52 条の 18
	労働時間の状況の記録	3 年	安衛則 52 条の 7 の 3
測定・評価記録	騒音の作業環境測定記録	3 年	安衛則 590 条
	暑熱・寒冷作業場の作業環境測定記録	〃	安衛則 607 条
	有機溶剤の作業環境測定記録	〃	有機則 28 条
	有機溶剤の作業環境測定結果の評価記録	〃	有機則 28 条の 2
	鉛の作業環境測定記録	〃	鉛則 52 条
	鉛の作業環境測定結果の評価記録	〃	鉛則 52 条の 2
	特定化学物質の作業環境測定記録	3年(特別管理物質は 30 年)	特化則 36 条
	特定化学物質の作業環境測定結果の評価記録		特化則 36 条の 2
	被ばく線量の測定結果記録	30 年	電離則 9 条
	放射線漏れ等の事故時の測定記録	5 年	電離則 45 条
	放射線業務の作業環境測定結果の記録 ・線量当量率等 ・放射性物質	〃	電離則 54 条 電離則 55 条
	酸素欠乏危険場所の作業環境測定記録	3 年	酸欠則 3 条
	中央管理方式の空気調和設備を使用する事務室の作業環境測定記録	〃	事務所則 7 条
	粉じん濃度の作業環境測定記録	7 年	粉じん則 26 条
	粉じんの作業環境測定結果の評価記録	〃	粉じん則 26 条の 2
	リスクアセスメント対象物ばく露低減措置・ばく露状況（※施行は 2024 年 4 月〜）	3年(がん原正物資は 30 年)	安衛則 577 条の 2

第11章 資格・表示・書類の保存・その他

項目	保存書類名	保存年数	関係条文
定期自主検査記録・点検記録	プレス機械の定期自主検査記録	3年	安衛則 135 条の 2
	遠心機械の定期自主検査記録	〃	安衛則 141 条
	フォークリフトの定期自主検査記録	〃	安衛則 151 条の 23
	ショベルローダー等の定期自主検査記録	〃	安衛則 151 条の 33
	ストラドルキャリヤーの定期自主検査記録	〃	安衛則 151 条の 40
	不整地運搬車・定期自主検査記録	〃	安衛則 151 条の 55
	車両系建設機械の定期自主検査記録	〃	安衛則 169 条
	高所作業車の定期自主検査記録	〃	安衛則 194 条の 25
	電気機関車等の定期自主検査記録	〃	安衛則 231 条
	化学設備等の定期自主検査記録	〃	安衛則 276 条
	乾燥設備等の定期自主検査記録	〃	安衛則 299 条
	ガス集合溶接装置等の定期自主検査記録	〃	安衛則 317 条
	絶縁用保護具等の定期自主検査記録	〃	安衛則 351 条
	作業構台の点検記録	仕事が終了するまで	安衛則 575 条 8
	ボイラーの定期自主検査記録	3年	ボイラー則 32 条
	第一種圧力容器の定期自主検査記録	〃	ボイラー則 67 条
	第二種圧力容器の定期自主検査記録	〃	ボイラー則 88 条
	小型ボイラー・小型圧力容器定期自主検査記録	〃	ボイラー則 94 条
	クレーンの定期自主検査・点検記録	〃	クレーン則 38 条
	移動式クレーンの定期自主検査記録	〃	クレーン則 79 条
	デリックの定期自主検査・点検記録	〃	クレーン則 123 条
	エレベーターの定期自主検査・点検記録	〃	クレーン則 157 条
	簡易リフトの定期自主検査記録	〃	クレーン則 211 条
	ゴンドラの定期自主検査記録	〃	ゴンドラ則 21 条
	有機溶剤用の局所排気装置・プッシュプル型換気装置の定期自主検査記録	〃	有機則 21 条
	鉛業務用の局所排気装置・プッシュプル型換気装置・除じん装置の定期自主検査記録	〃	鉛則 36 条
	特定化学物質用の局所排気装置・プッシュプル型換気装置・除じん装置、排ガス処理装置、排液処理装置の定期自主検査記録	〃	特化則 32 条
	特定化学物質・付属設備等の点検記録	〃	特化則 34 条の 2
	高圧室内設備の自主点検・修理記録	〃	高圧則 22 条
	透過写真撮影用ガンマ線照射装置の定期自主点検記録	〃	電離則 18 条の 7
	機械換気設備の定期自主点検記録	〃	事務所則 9 条
	局所排気装置・プッシュプル型換気装置・除じん装置の定期自主点検記録	〃	粉じん則 18 条
	局所排気装置・プッシュプル型換気装置・除じん装置の使用時・改造・修理時の点検記録	〃	粉じん則 20 条
製造・取扱・作業状況記録	特別管理物質の製造・取扱作業記録	30 年	特化則 38 条の 4
過負荷記録	クレーン過負荷の記録	3年	クレーン則 23 条
	デリック過負荷の記録	〃	クレーン則 109 条

機械設備等	届出が必要な条件等	関係条文
動力プレスの設置・移転・変更	機械プレスでクランク軸等の偏心機構を有するもの及び液圧プレスに限る	安衛則86条1項、別表7第1号
金属その他の鉱物の溶解炉の設置・移転・変更	容量が1t以上のものに限る	安衛則86条1項、別表7第2号
化学設備（配管を除く）の設置・移転・変更	製造し、若しくは取り扱う危険物又は製造し、若しくは取り扱う引火点が65度以上の物の量が厚生労働大臣が定める基準に満たないものを除く	安衛則86条1項、別表7第3号
乾燥設備の設置・移転・変更	安衛令6条8号イ又はロの乾燥設備に限る	安衛則86条1項、別表7第4号
アセチレン溶接装置の設置・移転・変更	移動式のものを除く	安衛則86条1項、別表7第5号
ガス集合溶接装置の設置・移転・変更	移動式のものを除く	安衛則86条1項、別表7第6号
有機溶剤に係る密閉設備・局所排気装置・プッシュプル型換気装置・全体換気装置の設置・移転・変更	有機則5条又は6条（特化則38条の8において、これらの規定を準用する場合を含む）の有機溶剤の蒸気の発散源を密閉する設備、局所排気装置、プッシュプル型換気装置又は全体換気装置（移動式のものを除く）	安衛則86条1項、別表7第13号
鉛に係る密閉設備・局所排気装置・プッシュプル型換気装置の設置・移転・変更	鉛則2条，5条から15条まで及び17条から20条までに規定する鉛等又は焼結鉱等の粉じんの発散源を密閉する設備、局所排気装置又はプッシュプル型換気装置	安衛則86条1項、別表7第14号
第1類物質又は特定第2類物質等を製造する設備の設置・移転・変更		安衛則86条1項、別表7第16号
特定化学設備及びその付属設備の設置・移転・変更		安衛則86条1項、別表7第17号
特定第2類物質又は管理第2類物質に係る発散抑制設備の設置・移転・変更	特定第2類物質又は管理第2類物質のガス、蒸気又は粉じんが発散する屋内作業場に設けるもので、特化則2条の2第2号又は第4号に掲げる業務のみに係るものを除く	安衛則86条1項、別表7第18号
排ガス処理装置の設置・移転・変更	特化則10条の排ガス処理装置であって、アクロレインに係るもの	安衛則86条1項、別表7第19号
排液処理装置の設置・移転・変更	特化則11条1項の排液処理装置	安衛則86条1項、別表7第20号
1・3－ブタジエン等に係る発散抑制設備の設置・移転・変更	屋外に設置されるものを除く	安衛則86条1項、別表7第20の2号
硫酸ジエチル等に係る発散抑制設備の設置・移転・変更	屋外に設置されるものを除く	安衛則86条1項、別表7第20の3号
1・3－プロパンスルトン等の製造・取扱い設備及びその付属設備の設置・移転・変更		安衛則86条1項、別表7第20の4号
放射線装置の設置・移転・変更	放射性同位元素等による放射線障害の防止に関する法律12条の5に規定する表示付認証機器又は同条3項に規定する表示付特定認証機器を除く	安衛則86条1項、別表7第21号

第11章 資格・表示・書類の保存・その他

機械設備等	届出が必要な条件等	関係条文
事務所の空気調和設備又は機械換気設備の設置・移転・変更	事務所則5条の空気調和設備・機械換気設備で中央管理方式のもの	安衛則86条1項、別表7第22号
特定粉じん発生源を有する機械設備・型ばらし装置の設置・移転・変更	粉じん則別表第2第6号及び第8号に掲げる特定粉じん発生源を有する機械又は設備並びに同表第14号の型ばらし装置	安衛則86条1項、別表7第23号
粉じんに係る局所排気装置・プッシュプル型換気装置の設置・移転・変更	粉じん則4条又は27条1項の規定により設ける局所排気装置・プッシュプル型換気装置	安衛則86条1項、別表7第24号
石綿に係る発散抑制設備の設置・移転・変更	石綿等の粉じんが発散する屋内作業場に設ける発散抑制設備	安衛則86条1項、別表7第25号
ボイラーの設置・変更	・小型ボイラーを除く ・設置については移動式ボイラーを除く	ボイラー則 10条、41条
第1種圧力容器の設置・変更		ボイラー則 56条、76条
クレーンの設置・変更	つり上げ荷重3t以上 （スタッカー式は1t以上）	クレーン則 5条、44条
移動式クレーンの変更	つり上げ荷重3t以上	クレーン則85条
デリックの設置・変更	つり上げ荷重2t以上	クレーン則 96条、129条
エレベーターの設置・変更	積載荷重1t以上	クレーン則 140条、163条
ゴンドラの設置・変更		ゴンドラ則 10条、28条

悪天候時に規制のある作業

作業の規制等	強風	大雨	大雪	準拠条項
高さ2m以上の箇所での作業の禁止	○	○	○	安衛則522条
足場の組立て等の作業の中止	○	○	○	安衛則564条
クレーン作業の中止	○			クレーン則31条の2
クレーンの組立て等の作業の禁止	○	○	○	クレーン則33条
移動式クレーン作業の中止	○			クレーン則74条の3
ゴンドラを使用する作業の禁止	○	○	○	ゴンドラ則19条
デリック作業の中止	○			クレーン則116条の2
デリックの組立て等の作業の禁止	○	○	○	クレーン則118条
屋外エレベーターの組立て等の作業の禁止	○	○	○	クレーン則153条

注：強風＝10分間の平均風速が毎秒10m以上の風
　　大雨＝1回の降雨量が50mm以上の雨
　　大雪＝1回の降雨量が25cm以上の雪
　　（昭46.4.15基発309号）

column 7 / 地震時の安全対策

● 震度の階級

震度	屋内	屋外	地形
4	大多数の人が恐怖を感じ、身の安全を図ろうとする 睡眠中の人のほとんどが目を覚ます 吊り下げた物は大きく揺れる 重心の高い置物等が倒れることがある	電線の揺れが明確に確認できる。歩行時に揺れを感じる。自動車の運転中に、突風で一瞬ハンドルを取られる感覚に似て、地震の揺れに気付く人がいる	変化はない
5弱	大多数の人が恐怖を感じ、身の安全を図ろうとする。歩行に支障が出始める 天井から吊るした電灯本体を始め、吊り下げられた物の多くが大きく揺れ、家具は音を立て始める 重心の高い書籍が本棚から落下する	歩行中にふらつく	軟弱な地盤では亀裂が生じることがある。山地で落石、小さな崩壊が生じることがある
5強	たいていの人が行動を中断する テレビ台からテレビが落ちることもある。一部の戸が外れたり、開閉できなくなる 室内で降って来た物に当たったり、転んだりなどで負傷者が出る場合がある	窓ガラスが割れたり、補強していないブロック塀が落ちてくる。道路にも被害が出てくる	軟弱な地盤で、亀裂が生じることがある。山地で落石、小さな崩壊が生じることがある

● 地震予防の例

● 避難のための通路、避難スペースなどを確保する

● 機械への地震対策は確実に固定し、地震発生時に、倒壊、損壊等が起きないようにする

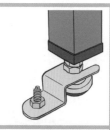

● ガス検知器や防護服等は避難した後に取出し可能にするため、工場建屋の外に保管する

● 危険性の高い高圧ガスや容器等は、出来るだけ工場建屋と別の場所に保管するようにする

● 地震時に多い、配管、ダクトの被害を防ぐために、機械の揺れが影響しない箇所を確実に固定し、機械の揺れの影響を受ける部分は、揺れを吸収できるフレキシブルな配管とする

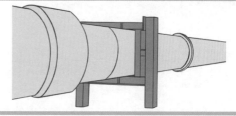

用語の説明

ADI（Acceptable　Daily　Intake）

1日の許容摂取量のことで、長期にわたり体内に取り込むことにより健康への影響が懸念される化学物質について、その量までは人が一生涯にわたり摂取しても健康に対する有害な影響が表れないと判断される摂取量である

A 測定

作業環境測定基準に定められた測定方法で、単位作業場所における測定対象物の濃度の分布を知るために、単位作業場所ごとに5点以上の測定点を無作為に選び出して行う測定

B 測定

A測定は作業場の平均的濃度を知るための測定であるが、A測定のみでは局部的、あるいは短時間の高濃度の出現を見落とす恐れがあるので、これを補うものとして、気中有害物質の濃度が最も高くなると思われる場所と時間帯に行うのがB測定である

C 測定

作業環境測定において、単位作業場所において作業に従事する全時間について、労働者の身体に試料採取機器等を装着し、測定する方法（個人サンプリング法）

D 測定

個人サンプリング法において、発散源に近接した作業の場合、作業時間中最も濃度が高くなると思われる時間帯に15分間試料を採取する測定

GHS

1992年に採択されたアジェンダ21の第19章に基づいて、国、地域によって異なっている化学品の危険性や有害性の分類基準、表示内容などを統一する制度。国連危険物輸送に関する専門家小委員会（UNSCETDG）、OECD、国際労働機関（ILO）で検討され、最終的に、適切な化学物質管理のための組織間プログラム（IOMC）で調整されて2003年7月にとりまとめられた。国連GHS専門家委員会では2年に一度GHSの改訂を行っている

PM（productive maintenance）（生産保全）

故障が起きる前に設備を停止し、劣化部分を交換して故障の未然防止をはかり、さらに機械の精度を向上させ、設備費や保全費等のコストを考慮して生産性の最大化をねらったもの

アーク溶接

電極棒と金属母材との間に発生させたアーク熱を利用して、金属を加熱し溶融接合する、「融接」の一種をいう

アース（接地）

電気機器の外箱や変圧器の低圧側の中性点又は一端と大地を電気的に接続することをいう

あさり幅

材料の切断部分と鋸との接触部の抵抗を解消するために、鋸の刃が左右交互に外側に曲がっている。この幅をあさり幅という。それにより鋸の厚み以上の切り幅で材を切断することになり、摩擦による抵抗を少なくできる。また木屑も外に排出しやすくなる

圧力計

容器などの内部の圧力を測定する計器。ボイラー、圧力容器の安全な運転のために、内部圧力を正確に知ることは重要であり、その設置は義務づけられている。通常、ブルドン管式のものが使用され、胴やドラムの一番高い場所に取付けるのが一般的である

圧力放出設備

化学プラントなどで異常な圧力が発生した時に、設備内部のガス、液体などを外部に放出し、設備の破壊を防止するもので、以下のようなものがある

①安全弁

安全弁は、圧縮されたガス、蒸気について、弁の上流側の圧力により作動し、弁を瞬時に解放するもの

②破裂板

異常な圧力の上昇又は減少が生じたときに、設備の一部に設置した板を破裂させることにより、システム・装置を保護する装置

③緊急脱圧弁

圧力容器などが火災などにより熱せられると爆発等の危険性がある。緊急脱圧弁はこのような状態において、容器内部の圧力を急激に下げるためのもの

④ブリーザバルブ

内部圧力が小さいもの（大容量の石油系タンク等）に設置され、温度変化などによる内部圧力の変化を自動的に大気の吸排気により調節するもの

安全データシート

SDS（Safety Data Sheet）とも呼ばれる、化学物質を含有する製品を他の事業者に提供する際、その性状及び取扱いに関する情報を提供するために製品ごとに配布する説明書

安全標識

災害を引き起こすおそれのある場所に、安全を確保する目的で表示する標識で、次のようなものがある

・防火標識　　・注意標識　　・放射能標識　　・禁止標識　　・救護標識
・方向標識　　・危険標識　　・用心標識　　・指導標識

開先（かいさき）

グルーブ（Groove）ともいい、溶接を行う母材間に設ける溝のことで、形状としては、I形、V形、レ形、X形、U形、K形、J形、両面J形、H形がある。また、開先は滑らかに加工し、付着物を除去する

ガイドロール（P97 上図参照）

糸状や帯状の長い材料を安全に送給するために使用する案内用のロールで、固定式と移動式のものがある

ガウジング

金属の表面に溝を掘ることをいう

①エアーアークガウジング

金属母材と電極の間で発生するアーク熱で溶かした金属を圧縮空気で吹き飛ばして溝掘りを行う方法

②ガスガウジング

ガス炎と酸素で溝掘りを行う方法

火気管理

・衝撃・摩擦　　・自然発熱　　・静電気火花　　・裸火　　・断熱圧縮　　・光線・熱線
・高温表面　　・電気火花　　・雷

などの火気発火源を管理することを火気管理という

荷重曲線（フォークリフトの）

フォークリフトは荷重中心と揚高が変化すると、許容荷重が変化する

「荷重中心」とは、フォーク上の積荷の中心位置からフォークの根元までの距離をいう（積荷の奥行きの半分の長さをいう**右図参照**）

また「許容荷重」は荷重中心が何 mm のときに何 Kg までの荷物を積んでよいかという重量である

この両者の関係を表示したものを「荷重曲線」という

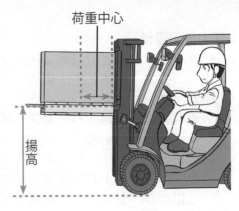

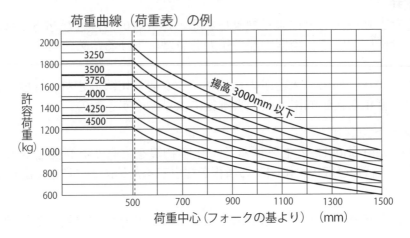

危険の分類

災害の危険因子を排除することが、災害防止の要であることから、多くの危険因子の把握と分類が重要である

　　①機械的危険＝接触的危険、物理的危険、構造的危険
　　②化学的危険＝爆発・火災危険、生理的危険
　　③電気・熱等のエネルギー危険＝電気的、熱そのほかのエネルギー危険
　　④作業的危険＝作業法による危険、場所的危険
　　⑤行動危険
　　⑥システム的危険

これらの分類をもとに、危険の生じやすい事故のタイプ、事故が発生しやすい場所、機械、作業、物質等の関係を明確にしておくことで、より安全対策の構築が容易になる

キャブタイヤケーブル

強じんな外装をもつケーブルで以下の種類がある

　・ゴムキャブタイヤケーブル　　　　　・ブチルゴム絶縁キャブタイヤケーブル
　・クロロプレンキャブタイヤケーブル　・ビニルキャブタイヤケーブル

吸入性粉じん

吸入された粉じんのうち、肺胞にまで達し、肺内に沈着してじん肺の原因となる範囲の粒径の粉じんをいう

緊急しゃ断装置

化学プラント等で運転中止の原因が生じた場合に、短時間で安全に停止することが必要である。この場合において、原材料・製品などの流れを適切に停止する必要があるが、このためのものが緊急しゃ断装置である。プラント設備用のガス等の流れを断つための緊急しゃ断弁があり、主に空気圧作動の弁を使用することが多く、この装置は他のシステムと連動していることが必要である

金属熱（金属ヒューム熱）

真鍮（銅と亜鉛の合金）の鋳造、亜鉛を含有する金属材料の溶接などの作業により、酸化銅のヒューム及び酸化亜鉛のヒュームが発生し、これを吸入することにより発熱する。一般的には、咳、胸部圧迫感、口渇、知覚異常、発熱などである

グリッパーフィーダー

プレス加工において材料をグリップして自動送給する装置で、一次加工用として主にコイル材の送りに使用される

この装置は、素材をつかんで送る移動つめ（グリッパーフィンガー）と素材を固定する固定つめ（ブレーキフィンガー）とからなっている

移動つめが素材をつかんで移動するときは固定つめが開き、送りが終了すると固定つめが素材を固定し、移動つめが開いて戻るようになっている

グレア（眩輝）

不快感や物の見えづらさを生じさせるような「まぶしさ」のことで、VDT作業においてCRTディスプレイのまぶしさは、事務作業でのグレアの代表的なものの1つである。グレアを伴う光環境における長時間の作業は眼の疲労の原因となる

クレーンガーダ

トロリ等を支持する構造物のことで、桁ともいう。クレーン構造規格では、天井クレーンのガータのたわみは、最大たわみを生ずる位置で、定格荷重によるたわみの実測値がスパンの800分の1を超えてはいけないと定められている

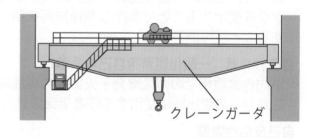

クレーンガーダ

燻蒸

食料、飼料、木材等の輸入時や、穀物等の貯蔵の際に船倉、コンテナ、倉庫等に気体の状態で薬剤を投入して、病虫害を駆除することをいう

血液毒

血液に有害作用をおよぼす化学物質のことで、血液毒には、鉛、ベンゼン、ベンゼンのニトロ化合物やアミド化合物などがある

作業標準

使用設備、加工条件、作業方法、使用材料、作業の管理、異常時の処置などの標準をまとめて作業標準という。

作業標準と標準作業とは混同されがちだが、別個のものである

作業マニュアル

作業条件、作業方法、作業管理、作業手順などを内容とした作業方法の安全化を図るための手引書のこと

なお1つの作業は以下の①〜③の作業に分解できるが、①の「まとまり作業」を集大成した作業マニュアルが一般的である

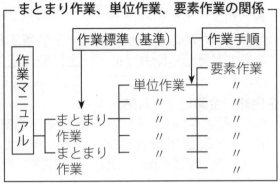

まとまり作業、単位作業、要素作業の関係

①まとまり作業＝ 1つ以上の単位作業からなる仕事

②単 位 作 業 ＝ 1つ以上の要素作業からなる最小の仕事

③要 素 作 業 ＝ 単位作業を構成する要素で目的別に区分される最小の一連の動作又は作業

酸化性の物

酸素を含有する化合物のうち、加熱、衝撃、摩擦等により酸素を放出しやすく、また可燃物と接触すると燃焼、爆発しやすい物質を酸化性の物という。具体的には無機過酸化物や塩素酸、過塩素酸、硝酸、亜塩素酸などのカリウム塩、ナトリウム塩、アンモニウム塩などがある

ジグ（治具）

機械加工の際、部品や工具の加工位置を容易、かつ正確に定めるために用いる器具の総称で、治具は同義の英語「jig」に漢字を当てたものである

ジグを使用することで高度な熟練技術を用いずとも、正確でしかもに迅速に大量生産することが可能である

自己救命器（一酸化炭素用自己救命器）

坑内作業現場でのガス爆発・火災等の事故により発生した煙や一酸化炭素の存在する区域からの脱出時に使用する呼吸用保護具

自己反応性物質

支燃性物質が存在しなくても、加熱、衝撃などで発火、爆発を引き起こす物質のことで、有機過酸化物、硝酸エステル類、ニトロ化合物、ジアジ化合物などがある

シャー

上刃と下刃の二枚の刃の間に板材をセットし、上刃と下刃の交さ運動によって板材を直線状にせん断するための機械

射出成形機

プラスチックなどの加工機械で、プラスチック原材料を加熱溶融し、ノズルから金型に射出し、型に充填して成形する機械

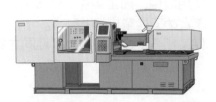

吹管

可燃性ガスを使用して溶接、溶断又は加熱の作業を行うときに使用する器具の１つで、導管によって送られてきた可燃性ガスと酸素とを適正な割合に混合させ、その先端の火口部分で作業に適した高温にガス炎をつくるもの

ストラドルキャリヤー

車体内面上部に懸架装置を備え、荷をつり上げ又は抱きかかえて運搬する荷役車両

ストレーナ（P136 中央図参照）

重油などに含まれる不純物を取り除く油こし器
ストレーナは使用開始後、又は運転中においてストレーナの前後の差圧が大きくなったときは、定期的に詰まりや損傷等の自主検査を行わなければならない

スパウト

中間体、粉状等の原料を運搬する管、樋、箱型のダクトのことで、これにより粉状の原材料等を運搬する際に、袋詰めにする手間を省くことができる

スライド（P93 上図参照）

クランク、シリンダー等の昇降する金型（上型）を取付ける部分

ダイハイト・シャットハイト

①ダイハイト
　プレス機械のスライドが下死点の位置にあるときのスライドとボルスタ間の距離のことをいう
②シャットハイト
　プレス機械からボルスタプレートを外して、ボルスタプレートが乗っていた面からスライド下面までの距離のことをいう

多段型分粉装置

空気中に浮遊している粉じんのうち粗大な粒子を除き、人の肺胞に達して沈着する大きさの粒子（吸入性粉じん）を選択して捕集する分粉装置

短絡接地器具

電路の停電作業時に使用する。電路を短絡して接地するもので、これを設置することで誤送電された場合でも電流は接地線によってほぼ大地に流れ、また短絡線により回路が短絡状態になるのでしゃ断器が作動して感電を防ぐことが出来る

二重絶縁電動機械器具

電動機械器具の充電部と外かくの間に以下の２種類の絶縁を施すことにより、漏電が生じないようにした電動機器
①機能絶縁
　機器本来の機能に必要な絶縁であって、感電に対して基本的な保護物となる絶縁
②保護絶縁
　機能絶縁が破壊した場合、感電防止が出来るように機能絶縁に付加して設けられた独立した絶縁

濃度基準値

安衛法第 22 条に基づく健康障害を防止するための基準であり、全ての労働者のばく露がそれを上回ってはならない濃度の基準

排ガス処理装置

局所排気装置などの排気に含まれる気体の有害物を除去する装置
特化則ではフッ化水素、硫化水素及び硫酸ジメチルならびにアクロレインのガス又は蒸気を含む排気について設置することとなっている
排ガス処理装置は以下の４種類がある

①吸収方式

吸収液を用いてガス又は蒸気を吸収処理する方式で、共存する粉じんも同時に除去できるが、別に廃水処理設備を必要とする場合が多い。他の方式に比べて経済的である

②吸着方式

ガスを固体の吸着剤に吸着させて除去する方式。有機溶剤蒸気の除去回収に多く利用される

③直接燃焼方式

ガスを回収する必要がなく可燃性で、熱分解して無害生成物になる場合に焼却して処理する。高濃度の可燃性ガスの場合はそのまま完全燃焼させ、低濃度の可燃性ガスの場合は燃料を加え、又は燃焼器の火炎をあてて完全燃焼させる

④酸化・還元方式

必要な酸化剤又は還元剤を用いて、排ガス中の対象物質を反応分離する方式

爆発限界

可燃性のガスや蒸気と空気・酸素の混合物は、ある限られた濃度の範囲内で爆発を起こす。一定温度や圧力で爆発をおこす限界組成は２つあり、低濃度側の限界を爆発下限、高濃度側のものを爆発上限といい、この上下限の範囲を爆発範囲といい、その限界を爆発限界という

爆発危険箇所（危険場所）

工場電気防爆指針（産業安全研究所技術指針）等において、電気機器の構造、設置及び使用について特別な安全対策を必要とするほどの爆発性雰囲気が存在し、又は存在することが予測される場所とされ、その分類は以下の通りである。従前は、０種場所、一種場所、二種場所とされていた

①特別危険箇所（ゾーン０）

爆発性雰囲気が通常の状態において、連続して又は長時間にわたって、若しくは頻繁に存在する場所
たとえば、
・ふたが開放された容器内の引火性液体の液面付近

②第一類危険箇所（ゾーン１）

通常の状態において、爆発性雰囲気をしばしば生成する可能性がある場所
たとえば、
・通常の運転、操作による製品の取出し、ふたの開閉などによって爆発性ガスを放出する開口部付近
・点検又は修理作業のために、爆発性ガスをしばしば放出する開口部付近
・屋内又は通風、換気が妨げられる場所で、爆発性ガスが滞留する可能性のある場所

③第二類危険箇所（ゾーン２）

通常の状態において、爆発性雰囲気を生成する可能性が少なく、また生成した場合でも短時間しか持続しない場所

たとえば、
- ガスケットの劣化などのために爆発性ガスを漏出する可能性のある場所
- 誤操作によって爆発性ガスを放出したり、異常反応などのために高温、高圧となって爆発性ガスを漏出したりする可能性のある場所
- 強制換気装置が故障したとき、爆発性ガスが滞留して爆発性雰囲気を生成する可能性のある場所
- 第一類危険箇所の周辺又は第二類危険箇所に隣接する室内で、爆発性雰囲気がまれに侵入する可能性のある場所

ばく露限界

「作業環境におけるばく露限界値（TLV）は、諸物質の気中濃度に関するもので、ほとんどすべての労働者が毎日繰り返し暴露されても有害な影響を受けることはないと信じられる条件を示すものである。しかし、個人の感受性は幅広い差異があるため、閾値（しきいち）以下の濃度でも、物質によっては少数の労働者は不快感を経験するかもしれないし、また、より少数の労働者は、既存の身体的条件の悪化又は職業性疾患の進展に悪影響を受けるかもしれない」としている。TLV には以下の 3 種類がある

①天井値（TLV‐C）

作業中のどの時点においても超えてはならない濃度であり、刺激性ガスなどに設定されている

②短時間暴露限界（TLV‐STEL）

1 日のどの 15 分間の時間加重平均もこの値を超えてはならない。また TLV-TWA を超えない場合でも TLV‐TWA から STEL までの間の高濃度暴露が 1 日 4 回を超えないこと、及びその高濃度暴露と次の高濃度暴露との間には少なくとも 60 分の間隔が必要であるとしている

③時間荷重平均（TLV‐TWA）

時間荷重平均として示された暴露限界を意味し、ほとんどすべての労働者が毎日繰り返し暴露しても悪影響を受けることがない、通常 1 日 8 時間労働又は週 40 時間労働に対しての時間荷重平均濃度である

ばく露濃度

有害物質を発散する作業場内の作業者が呼吸する空気中の有害物質の濃度がばく露濃度である

同じ作業場の作業者であってもばく露濃度は異なり、また、一人の作業者についても暴露濃度は刻々と変化するので、ばく露濃度の測定には一般に、作業者一人ひとりの身体に測定器（個人サンプラー）を取り付けて一定時間作業させ、その間の蓄積量から平均濃度を求める「パーソナルサンプリング法」が使われている

フール・プルーフ

フールは愚か者の意

人は誤りをおかすことを避けられないという人間特性を踏まえて、機械・設備の側から、この特性をバックアップする機能を持たせる。例えば、扉が開いている間は中の機械が作動しない、機械が作動している間は扉を開くことができないシステムなど

フェールセーフ

機械・設備に故障や異常などがあった場合でも作業者の安全が確保される機能を持たせる。例えば、機械側で何らかの異常を感知したときに、直ちに機械の運転を停止させる回路など

フォルト・ツリー

フォルト・ツリー・アナリシス（Fault Tree Analysis）のことで一般に FTA とも呼ばれる

もともとは災害調査のためではなく、アメリカ海軍がミサイルの潜在的な問題点を解明し、システムの安全性を予測・評価するために開発されたものといわれている

その手順は、まず解析しようとする災害を「頂上事象」として最上段に置いて、その下の段に、原因となる不良状態や作業者のエラー（欠陥事象という）を書いて、事象の因果関係を論理記号（AND ゲート 、OR ゲート）を使って図式化して繋いでいく。さらに下の段に原因となる不良状態や作業者のエラー（欠陥事象）を記入していき、最終的に、これ以上分析出来ない末端事象に至るまで、木の枝分かれのように原因を求めて掘り下げていく

不整地運搬車

不整地で荷物を運搬するために設計された自動車で、クローラ式又はホイール式のものがある

ふたの急速開閉装置（第1種圧力容器）

第1種圧力容器のふたの急速開閉装置は、第1種圧力容器内部の残存圧力と外部圧力とが等しくなければふたを開けることが出来ない構造でなければならない。ふたが内圧で飛ばされることによる災害を防止するためである

プッシャーフィーダー

プレス加工において材料を水平に押して金型内に送り込む装置

フランジ（P135 下図参照）

パイプや弁などの部品をつなぐ際に使われるもので、取り外しが必要とする管などには管継手を用いるがこの管継手の接続部分をフランジという。形は通常、円盤状で円周上にボルト穴が設けられ、円盤部分同士をボルトなどで締結してパイプ同士を繋ぎ合わせる

ポアソン分布

仮に起こるかもしれない状況が頻繁にあり、それぞれの事故が互いに独立している条件下において、通常ごくまれにしか起こらない事故が、一度起こると立て続けに起こることがあることを数学的にポアソン分布に従うとされている

例えば、飛行機事故など普段あまり起こらないことが、一度起こると立て続けに起こることがあることもこの例である

労働災害において、一定の期間全く事故がなかったからといって、事業場の安全が改善されたと即断してはならないということを示唆する評価方法の1つである

防爆構造電気機械器具

引火性物質の蒸気や可燃性ガス、可燃性粉じんが存在し、爆発の恐れのあるところで使用する電気機械器具は、存在するガス、蒸気、粉じんに対応する防爆構造のものとする必要がある。防爆構造の種類としては、耐圧防爆構造、内圧防爆構造、安全増防爆構造、油入防爆構造、本質安全防爆構造、樹脂充てん防爆構造、非点火防爆構造、特殊防爆構造、粉じん防爆普通防じん構造及び粉じん防爆特殊防じん構造がある

ラベル

GHS では、危険有害な製品に関する書面、印刷またはグラフィックによる情報要素のまとまりであって、目的とする部門に対して関連するものが選択されており、危険有害性

のある物質の容器に直接、あるいはその外部梱包に貼付、印刷または添付されるものをいう

リスク

ある危険／有害な事象が発生する確率。化学物質の場合、それぞれの固有の影響（危険／有害性）と化学物質に接する機会（特定事象の発生確率、ばく露可能性）とから算出される

粒度分布

粉じんなどの粒子の大きさについて、どの粒径範囲の粒子が全体の何パーセントを占めるかを表す分布のことで、粒径分布ともいう
じん肺を起こす粉じんの場合、粒径の大きい粒子、比重の大きい粒子は、気道の途中に沈着して肺胞に到達しにくいため粒度分布は、じん肺の発生と密接に関係する。粒度分布の測定には１つひとつの粒子の大きさを計測する方法と、いくつかの大きさの段階をつくり、そこに入る粉じん粒子を調べる方法がある

レイノー現象

寒冷刺激やストレスにより、手足の末梢の小動脈が発作的に収縮し、手や足の指などへの血流障害が起こり、皮膚の色が蒼白、暗紫になる現象。冷感、シビレ感、痛みを伴うこともある。血流が回復すると逆に充血し赤くなる。レイノー症状がひどくなると指先などに皮膚潰瘍を起こすこともある
レイノー現象は振動障害で起こり、喫煙により発生の危険度合いが高まる。職業性レイノーの予防として、寒冷ばく露の防止を含めた振動障害防止対策がある

レールクランプ

野外で作業するクレーン等が、強風などにより自走・倒壊するのを防止するため、走行レールを強力な力でつかみ、又は押し付けて風圧などに抵抗する装置で、手動式、電動式、油圧式がある

レスポンシブル・ケア

化学物質の開発から製造、流通、使用、最終消費を経て廃棄に至る全過程にわたって、環境・安全・健康の対策を進め、品質の維持・向上を図っていく、事業者による自主的管理活動のこと

ロールフィーダー

プレス加工において、材料を自動送給する装置の一種で、上下で２本１組のロール間に材料をはさみ、ロールの回転によって板材や棒材を間欠的又は連続的に送給する一次加工用の装置のこと

露出充電部

裸電線及び絶縁電線等の絶縁被膜の老化、欠如等で充電部が露出している箇所のことで、この箇所に身体など（導電体を介する場合を含む）が接触、又は異常に接近すると感電の危険性がある。そのため、安衛則においては、露出充電部に接触することによる危害を防止するために囲い等を設置すること（330条）、溶接ホルダーの絶縁を確保すること（331条）、配線等の絶縁を確保すること（336条）、活線作業を行う場合に絶縁用保護具を使用すること、絶縁用防具を装着すること、活線作業用器具・装置を使用すること（341条等）、絶縁用防護具を装着すること（349条）など多くを規定している

索引

5 S 活動 ……………………………… 232
ADI ……………………………… 256
Ａ測定 ……………………………… 256
Ａ測定平均値 ……………………… 209
Ｂ測定 ……………………… 209,256
PM（生産保全） …………………… 256
PRTR 制度 ………………………… 81
SDS ……………………………… 81
SDS の記載項目 …………………… 48

あ

アーク溶接 ………………………… 256
アース …………………………… 256
合図者（機械一般） ……………… 86
　〃　（クレーン） ……………… 116
　〃　（高所作業車） …………… 165
　〃　（玉掛け作業） …………… 120
悪天候時の作業禁止 ………… 159,252
あさり幅 ………………………… 256

足場 ……………………………… 161
足場用墜落防止設備 ……………… 162
アタッチメント …………………… 104
圧力計 …………………………… 256
圧力放出設備 ……………………… 257
安全委員会 ………………… 12,237
安全衛生教育 ………………… 17,68
安全衛生責任者 ……………… 14,15
安全衛生推進者 …………… 12,235
安全管理者 ………………… 12,234
安全管理者（化学設備） ………… 135
安全プレス ……………………… 94
安全標識 ………………………… 257
安全弁（化学設備） …………… 138
　〃　（クレーン） …………… 114

い

一般健康診断 ……………………… 215
移動式足場 ………………………… 163

移動はしご……………………159

引火性の物……………………124

インターロック機構……………………91

え

衛生委員会……………………12,237

お

覆い・囲い（回転軸）……………………84

〃　　（研削といし）……………88

〃　　（コンベヤー）……………110

〃　　（ストローク端）……………86

〃　　（成形機）……………92

〃　　（切断機）……………91

〃　　（旋盤）……………87

〃　　（墜落）……………158

〃　　（電気機械器具）……………150

〃　　（特定機械等以外の機械）……72

〃　　（のこ車）……………89

〃　　（バフ盤）……………88

〃　　（プレス機）……………94

〃　　（粉砕機・混合機）……………96

か

開先（かいさき）……………257

ガイドライン……………………10

ガイドロール……………97,257

ガウジング……………257

化学設備……………135

化学物質管理者……………45

火気管理……………257

荷重曲線……………258

荷重中心……………258

ガス集合溶接装置等……………145

ガス集合溶接装置の配管……………146

架設通路……………169

型式検定……………74

〃　　（呼吸用保護具）……………200

可燃性ガス……………124,142

感電防止しゃ断装置……………152

管理第2類物質……………183

管理特定化学設備……………185

き

機械、物の不安全状態……………27

危険の分類……………258

危険場所……………262

危険物……………124,126

危険物施設……………127

〃　　（消化設備）……………134

危険物取扱者の種別……………127

危険物の規制（消防法）……………126

危険物保安監督者……………127

危険物保安統括管理者……………127

危険有害性を表す絵表示……………77

気積……………174

喫煙室……………231

技能講習……………16,65

〃　　（クレーン）……………113

〃　　（高所作業車）……………164

〃　　（酸素欠乏症等）……………193

〃　　（玉掛け）……………118

〃　　（フォークリフト）……………105

〃　　（フォークローダー・ショベルローダー）……………106

脚立……………………………… 160

キャブタイヤケーブル……………… 258

救急処置（骨折）………………… 56

　　〃　　（止血）………………… 57

　　〃　　（心肺蘇生）………… 58,59

　　〃　　（熱傷・電撃傷）………… 60

吸収缶の色分け（呼吸用保護具）…… 200

吸入性粉じん……………………… 258

強度率……………………………… 29

局所排気装置………………… 181,198,199

緊急しゃ断装置…………………… 259

金属熱……………………………… 259

く

グリッパーフィーダー……………… 259

グレア……………………………… 259

クレーン運転に必要な資格………… 113

クレーンガーダ…………………… 259

クレーンの巻過防止装置…………… 114

燻蒸………………………………… 259

け

血液毒……………………………… 259

研削といしの最高使用周速度………… 88

検査実施機関……………………… 70

健康診断（一般）………………… 215

　　〃　　（書類の保存）………… 249

　　〃　　（振動障害）…………… 214

　　〃　　（じん肺）……………… 176

　　〃　　（定期一般・事後措置）…… 217

　　〃　　（特定化学物質）………… 189

　　〃　　（有害業務・深夜業）… 218,219

こ

公示………………………………… 10

高所作業車……………………… 164,241

高速回転体………………………… 97

構内運搬車………………………… 242

交流アーク溶接機用自動電撃防止装置… 144

呼吸用保護具………………… 200～205

告示………………………………… 10

骨折………………………………… 56

個別検定…………………………… 74

混合機……………………………… 91

さ

災害発生時の緊急対応……………… 28

災害時の緊急連絡先………………… 28

災害発生要因……………………… 27

作業環境測定……………………… 196

作業環境測定を行うべき作業場……… 197

作業指揮者（足場）………………… 161

　　〃　　（貨物自動車）………… 109

　　〃　　（危険物等）…………… 124

作業主任者………………………… 12,16

作業主任者（足場組立）…………… 161

　　〃　　（ガス溶接）…………… 145

　　〃　　（乾燥設備）…………… 140

　　〃　　（酸素欠乏）…………… 193

　　〃　　（第一種圧力容器）… 149,239

　　〃　　（特定化学物質）………… 188

　　〃　　（鉛）…………………… 190

　　〃　　（はい）………………… 156

　　〃　　（プレス機械）………… 93

　　〃　　（ボイラー）………… 148,239

　　〃　　（木材加工）…………… 89

〃　　　　（有機溶剤）‥‥‥‥‥‥‥ 180

作業標準‥‥‥‥‥‥‥‥‥‥‥‥‥‥ 259

作業標準（玉掛け）‥‥‥‥‥‥‥‥ 118

作業床‥‥‥‥‥‥‥‥‥‥‥‥‥‥‥ 162

作業マニュアル‥‥‥‥‥‥‥‥‥‥ 260

酸化性の物‥‥‥‥‥‥‥‥‥ 124,260

産業医‥‥‥‥‥‥‥‥‥‥‥‥ 12,236

産業用ロボット‥‥‥‥‥‥‥‥‥‥ 238

酸素欠乏症等‥‥‥‥‥‥‥‥‥‥‥ 192

酸素欠乏危険場所‥‥‥‥‥‥‥‥‥ 194

し

シーブ‥‥‥‥‥‥‥‥‥‥‥‥‥‥ 114

事業場‥‥‥‥‥‥‥‥‥‥‥‥‥‥‥ 19

ジグ（治具）‥‥‥‥‥‥‥‥‥‥‥ 260

止血‥‥‥‥‥‥‥‥‥‥‥‥‥‥‥‥ 57

自己救命器‥‥‥‥‥‥‥‥‥‥‥‥ 260

自己反応性物質‥‥‥‥‥‥‥‥‥‥ 260

自主検査指針‥‥‥‥‥‥‥‥‥‥‥ 76

指針‥‥‥‥‥‥‥‥‥‥‥‥‥‥‥‥ 10

地震時の安全対策‥‥‥‥‥‥‥‥‥ 253

指定可燃物‥‥‥‥‥‥‥‥‥‥‥‥ 133

ジブの傾斜角の制限‥‥‥‥‥‥‥‥ 116

シャー‥‥‥‥‥‥‥‥‥‥‥‥‥‥ 260

射出成形機‥‥‥‥‥‥‥‥‥‥‥‥ 260

車両系荷役運搬機械等‥‥‥‥‥‥‥ 102

就業制限‥‥‥‥‥‥‥‥‥‥‥‥‥ 65

就業制限（年少者・女性）‥‥‥ 66,67

〃　　　　（クレーン）‥‥‥‥‥ 113

周速度‥‥‥‥‥‥‥‥‥‥‥‥‥‥‥ 88

重大災害‥‥‥‥‥‥‥‥‥‥‥‥‥‥ 29

消火器区分‥‥‥‥‥‥‥‥‥‥‥‥ 133

消火器の設置場所‥‥‥‥‥‥‥‥‥ 132

消火設備‥‥‥‥‥‥‥‥‥‥‥ 133,134

昇降設備（貨物自動車）‥‥‥‥‥‥ 108

〃　　　（はい作業）‥‥‥‥‥‥ 156

譲渡・貸与・設置制限のある機械‥‥ 72

照度‥‥‥‥‥‥‥‥‥‥‥‥‥‥‥ 154

照度（はい作業）‥‥‥‥‥‥‥‥‥ 157

〃　　（作業環境基準等）‥‥‥‥ 174

省令‥‥‥‥‥‥‥‥‥‥‥‥‥‥‥‥ 10

職長等教育‥‥‥‥‥‥‥‥‥‥‥‥‥ 64

除じん装置‥‥‥‥‥‥‥‥‥‥‥‥ 178

女性の就業制限‥‥‥‥‥‥‥‥ 66,67

ショベルローダー‥‥‥‥‥‥ 106,240

震度‥‥‥‥‥‥‥‥‥‥‥‥‥‥‥ 253

心肺蘇生‥‥‥‥‥‥‥‥‥‥‥‥ 5859

す

吹管‥‥‥‥‥‥‥‥‥‥‥‥‥ 142,261

数値化法‥‥‥‥‥‥‥‥‥‥‥‥‥‥ 43

ストラドルキャリヤー‥‥‥‥‥‥‥ 261

スパークブレーカー‥‥‥‥‥‥‥‥ 88

ストレーナ‥‥‥‥‥‥‥‥‥ 136,261

ストレスチェック制度‥‥‥‥‥‥‥ 226

スパウト‥‥‥‥‥‥‥‥‥‥‥‥‥ 261

スライド‥‥‥‥‥‥‥‥‥‥ 93,95,261

せ

制動装置（貨物自動車）‥‥‥‥‥‥ 108

〃　　　（構内運搬車）‥‥‥‥‥ 107

政令‥‥‥‥‥‥‥‥‥‥‥‥‥‥‥‥ 10

絶縁被覆（ガス溶接・アーク溶断）‥ 144

〃　　　（電気機械器具）‥‥‥‥ 151

接触予防装置（手押しかんな盤）‥‥ 89

〃　　　　（丸のこ盤）………… 87,90
〃　　　　（面取り盤の刃）……… 90
全体換気……………………………… 182

そ

騒音レベル…………………………… 207
騒音の管理区分……………………… 209
総括安全衛生管理者……………… 12,234

た

第1種圧力容器…………………… 149,239
第1類物質…………………………… 183
第3類物質…………………………… 183
第2種圧力容器……………………… 149
第2類物質…………………………… 183
ダイハイト・シャットハイト……… 261
多段型分粉装置……………………… 261
玉掛け作業責任者…………………… 119
玉掛け者……………………………… 120
タンク内作業………………………… 182
短絡接地器具………………………… 261

つ

通達…………………………………… 10
積卸し（貨物自動車）……………… 109
〃　　（構内運搬車）……………… 107

て

定期健康診断………………………… 216
定期自主検査（圧力容器）………… 149
〃　　　　　（遠心機械）………… 96

〃　　　　（化学設備）…………… 139
〃　　　　（ガス集合溶接装置）…… 147
〃　　　　（乾燥設備）…………… 141
〃　　　　（局所排気装置）……… 199
〃　　　　（クレーン）…………… 115
〃　　　　（高所作業車）………… 166
〃　　　　（書類の保存）………… 250
〃　　　　（フォークリフト）…… 105
〃　　　　（フォークローダー等）… 106
〃　　　　（プレス機械等）……… 93
〃　　　　（ボイラー）…………… 148
適用除外（火気）…………………… 129
〃　　　（漏電・感電）…………… 152
〃　　　（粉じん）………………… 177
〃　　　（有機溶剤）……………… 181
〃　　　（鉛）……………………… 190
手払い式安全装置（プレス機）……… 95
手引き式安全装置（プレス機）……… 95
電気機械器具………………………… 150
電気機械器具の使用前点検等……… 153
電気取扱者特別教育………………… 150
電撃傷………………………………… 59

と

同一の場所………………………… 14,19
統括安全衛生責任者……………… 14,15
特定粉じん発生源に係る措置等…… 179
特殊化学設備………………………… 135
特定化学設備………………………… 185
特別管理物質………………………… 189
特定機械等………………………… 70,71
特定機械等以外の機械等………… 72,73
特定自主検査………………………… 76

特定元方事業者……………… 14,19〜25

特定第2類物質…………………… 183

特別教育を必要とする業務………… 62

特別教育に準じた教育を必要とする業務… 63

特別有機溶剤等…………………… 183

度数率………………………… 29

トロリーコンベヤー……………… 111

な

鉛………………………………… 190

に

二重絶縁電動機械器具…………… 261

ね

熱傷……………………………… 60

熱中症………………………220〜223

年少者の就業制限………………… 66

年千人率………………………… 29

は

はい……………………………… 156

排ガス処理装置………………… 262

はいくずし作業………………… 157

爆発危険箇所…………………… 262

爆発限界………………………… 262

爆発性の物……………………… 124

ばく露限界……………………… 263

ばく露濃度……………………… 263

はしご道………………………… 169

派遣先責任者………………30〜33

派遣元責任者………………30〜33

発火性の物……………………… 124

発注者…………………………… 13

反ぱつ予防装置………………… 87,90

ひ

非定常作業……………………… 34

避難階…………………………… 169

ふ

フール・プルーフ……………… 263

フェールセーフ………………… 263

フォークリフト……………… 105,240

フォークローダー…………… 106,240

フォルト・ツリー……………… 264

腐食防止（化学設備）………… 135

　〃　（特定化学物質）………185

不整地運搬車…………………… 264

ふたの急速開閉装置…………… 264

フックの外れ止め装置………… 116

プッシャーフィーダー………… 264

プッシュプル型換気装置……… 176

踏切橋（機械一般）…………… 84

　〃　（コンベヤー）　………… 112

フランジ……………………… 135,264

プレスブレーキ用レーザー式安全装置…95

粉じん…………………………… 176

へ

ヘッドガード（フォークリフト）……105

　〃　（フォークローダー・

　　　ショベルローダー）…… 106

ほ

ポアソン分布……………………… 264
防火管理者……………………… 132
防爆構造電気機械器具…………… 264
法律………………………………… 10
保護帽の着用（貨物自動車）………… 109
　　〃　　（はい作業）………… 157
　　〃　　（飛来崩壊）………… 167
保護具着用管理責任者……………… 45

ま

埋頭型の止め具…………………… 84
マトリクス法……………………… 43

や

雇入れ時の健康診断……………… 216

ゆ

有機溶剤…………………………… 180
有機溶剤業務……………………… 180

よ

要求性能墜落制止用器具等の取付設備… 158
用後処理（特定化学物質）………… 184
溶接棒のホルダー………………… 143

り

リスク低減措置の優先順位
　（一般のリスクアセスメント）……… 42
　（化学物質等のリスクアセスメント）… 53

れ

粒度分布…………………………… 265

レイノー現象……………………… 265
レールクランプ…………………… 265
レスポンシブル・ケア…………… 265

ろ

ロープ式非常停止装置（コンベヤー）…110
ロールフィーダー………………… 265
ロール機…………………………… 97
労働安全衛生マネジメントシステム… 36
労働者の不安全行動……………… 27
労働者派遣契約関係……………… 30
労働損失日数……………………… 29
露出充電部………………………… 265

わ

ワークレスト……………………… 88
割刃………………………………… 90

安全法令ダイジェスト　製造業編 テキスト版　改訂第3版

平成 29 年 1 月 17 日　　初　版
令和 6 年 4 月 1 日　　第 3 版第 2 刷

編　者　株式会社労働新聞社

発行所　株式会社労働新聞社

〒 173-0022　東京都板橋区仲町 29-9

TEL：03-5926-6888（出版）　03-3956-3151（代表）

FAX：03-5926-3180（出版）　03-3956-1611（代表）

https://www.rodo.co.jp　Email：pub@rodo.co.jp

表　　紙　尾﨑 篤史（株式会社ワード）

印　　刷　モリモト印刷株式会社

イラスト　山口 紀典

ISBN978-4-89761-937-8　C2036